丛书主编：张景中院士
执行主编：王继新

信息技术教学论（第二版）

Information
Technology
Teaching
Methodology

雷体南　叶良明　主编

图书在版编目(CIP)数据

信息技术教学论/雷体南，叶良明主编．—2版．—北京：北京大学出版社，2013.9
（21世纪教育技术学精品教材）
ISBN 978-7-301-22105-1

Ⅰ.①信⋯　Ⅱ.①雷⋯②叶⋯　Ⅲ.①信息技术－教学理论－高等学校－教材　Ⅳ.①G202-42

中国版本图书馆 CIP 数据核字（2013）第 024975 号

书　　　名：	信息技术教学论（第二版）
著作责任者：	雷体南　叶良明　主编
丛 书 策 划：	周志刚
责 任 编 辑：	唐知涵
标 准 书 号：	ISBN 978-7-301-22105-1/G · 3584
地　　　址：	北京市海淀区成府路 205 号　100871
网　　　站：	http：//www.pup.cn　　新浪官方微博：@北京大学出版社
微信公众号：	通识书苑（微信号：sartspku）　　科学元典（微信号：kexueyuandian）
电 子 邮 箱：	编辑部：jyzx@pup.cn　　总编室：zpup@pup.cn
电　　　话：	邮购部 010-62752015　　发行部 010-62750672　　编辑部 010-62753056
印　刷　者：	北京虎彩文化传播有限公司
经　销　者：	新华书店
	787 毫米×1092 毫米　16 开本　14.75 印张　350 千字
	2009 年 3 月第 1 版
	2013 年 9 月第 2 版　2024 年 6 月第 7 次印刷
定　　　价：	49.00 元

未经许可，不得以任何方式复制或抄袭本书之部分或全部内容。
版权所有，侵权必究
举报电话：010-62752024　　电子邮箱：fd@pup.cn

本书编委会

主编：雷体南　叶良明

编委（按姓氏笔画排列）：

  代朝霞　叶良明　纪宏璠　李真真　汪学均

  姜　庆　胡建栗　徐海霞　雷体南

前 言

自2000年10月,教育部颁布《关于在中小学普及信息技术教育的通知》,在中小学(包括中等职业技术学校)普及信息技术教育,开设信息技术必修课,信息技术课程的独立地位正式确立。以信息化带动教育的现代化,努力实现我国基础教育跨越式发展。

2000年教育部颁发了《中小学信息技术课程指导纲要(试行)》,对我国信息技术课程的课程目标、教学内容、课时设置等方面做了明确要求。2003年3月又颁布了普通高中信息技术课程标准,新课标对信息技术课程进行了全新定位,使信息技术课程从理念、目标、内容到实施过程出现了全面更新。信息技术课程以培养学生的信息素养为课程目标,标志着信息技术课程已成为中小学生信息素养培养的重要阵地。

2010年7月,中共中央、国务院颁布的《国家中长期教育改革和发展规划纲要(2010—2020)》明确指出:"国运兴衰,系于教育";"百年大计,教育为本";"教育大计,教师为本。有好的教师才有好的教育";"信息技术对教育发展具有革命性影响,必须予以高度重视"。2012年3月,教育部颁布了《教育信息化十年发展规划(2011—2020年)》,特别指出:"基础教育信息化是提高国民信息素养的基石,是教育信息化的重中之重。以促进义务教育均衡发展为重点,以建设、应用和共享优质数字教育资源为手段,促进每一所学校享有优质数字教育资源,提高教育教学质量;帮助所有适龄儿童和青少年平等、有效、健康地使用信息技术,培养自主学习、终身学习能力。"

中小学信息技术课程的有效实施需要大量高素质师资作保障,为了让有志投身于中小学信息技术教育的在校大学生掌握和了解信息技术课程与教学相关的知识,并使已经在中小学从教的教师们不断丰富自己,提高信息技术课程建设和实施能力,2008年9月,我们编写了《信息技术教学论》一书。随着信息技术课程的性质、理念以及人们对它认识的变化,我们在第一版的基础上对相关内容进行了更新和补充,出版本教材的第二版。

编写这本教材,我们重点考虑了以下问题,这也是本教材的特点所在:

第一,紧扣"新课标"。这本教材是针对信息技术课程"新课标"并结合目前中小学信息技术课程开设情况而编写的,教材内容紧扣"新课标"。在内容的组织上采用"理论方法为主、教学实践为线、侧重能力培养"的原则,立足于"易学,易用"的编写策略。

第二,实用性强。参加教材编写的人员都是各高校从事"信息技术教学论"课程教学的主讲教师和中学从事信息技术课程教学的一线教师。编写过程中,将理论、方法与技术并重,循序渐进地介绍信息技术课程教学与学习过程中的问题及问题解决的模型与方法,将实际教学中的问题及经验充分反映出来,能理论联系实际,可操作性强。

第三,具有启发性。教材中的所有案例均来自中小学信息技术课程的教学实例,理论清晰易懂,例证生动可信,能引导学生正确、高效地掌握中小学信息技术课程教学的思路与方法。

第四,内容新颖全面。教材注重信息技术课程教学的新思想、新方法,选题适当,结构完整、层次分明,能从多维视觉纵观信息技术课程的教与学问题,内容覆盖广,问题的分析具有一定的深度。

本书由八章构成:第一章信息技术教学论概述,对信息技术教学论的学科特点、研究对象和研究方法、开设信息技术教学论的目的进行了分析讨论;第二章中小学信息技术课程,主要介绍了信息技术在中小学教育课程中的地位和作用,美国、英国、日本以及我国信息技术课程的发展情况,中小学信息技术课程教学目标、教学内容和课时设置;第三章中小学信息技术课程的特点与教学原则,主要介绍了信息技术课程的六大特点和六大教学原则;第四章中小学信息技术课程的教学方法与技能,主要介绍了信息技术课程常用的几种教学方法,信息技术课程教学的组织形式和各种组织形式下的教学管理方法,信息技术课程的教学导入、提问、讲解、指导及结课技能的类型与正确应用;第五章信息技术课程教学设计,主要介绍了信息技术课程教学设计的基本思想与方法;第六章信息技术学习能力与信息素养的培养,主要介绍了学生学习信息技术的特点,影响学生学习信息技术的主要因素,四种信息技术学习能力的培养策略,信息素养的培养途径;第七章信息技术教师能力与专业化发展,主要介绍了中小学信息技术教师应该具备的能力结构,信息技术课教学研究的特点和意义,信息技术课教学研究课题的选择与研究报告、论文的撰写,教师专业化发展的意义、策略和途径;第八章信息技术课程教学评价,主要分析了信息技术课程教学评价的意义、原则及基本要求,介绍了学生信息技术课程学习绩效评价和信息技术教师工作绩效评价的思路与方法。

本书可作为高校教育技术学、计算机教育以及相关专业(本科、专科通用)的教材,也可作为教育技术学教育硕士的教学参考书和中小学信息技术教师继续教育用书,还可作为信息技术教育相关研究人员的参考资料。

本书第二版由雷体南主持编写,雷体南、叶良明为主编。各章编写人员为:第一章,李真真;第二章,纪宏璠;第三章,徐海霞;第四章,叶良明;第五、八章,汪学均;第六章,代朝霞;第七章,姜庆。全书案例由胡建栗编写。在编写过程中参阅的主要文献资料已在参考文献中列出,在此谨向有关作者表示深深的谢意。由于编者视野及能力所限,书中错误和不足之处在所难免,敬请读者批评指正。

编者

2013 年 4 月

目 录

第一章 信息技术教学论概述 …………………………………………… (1)
 第一节 信息技术教学论的学科简介 ………………………………… (2)
 第二节 信息技术教学论的课程目标 ………………………………… (9)
 第三节 信息技术教学论的历史沿革 ………………………………… (12)

第二章 中小学信息技术课程 …………………………………………… (14)
 第一节 信息技术课程在中小学教育中的地位和作用 …………… (15)
 第二节 信息技术课程发展 …………………………………………… (20)
 第三节 信息技术课程设置 …………………………………………… (29)

第三章 中小学信息技术课程的特点与教学原则 ………………… (44)
 第一节 中小学信息技术课程的特点 ………………………………… (44)
 第二节 中小学信息技术课程教学原则 ……………………………… (47)

第四章 中小学信息技术课程的教学方法与技能 ………………… (56)
 第一节 中小学信息技术课程教学方法 ……………………………… (56)
 第二节 信息技术课程教学组织形式与管理 ………………………… (88)
 第三节 中小学信息技术课程的教学技能 …………………………… (98)

第五章 信息技术课程教学设计 ………………………………………… (111)
 第一节 信息技术课程教学设计概述 ………………………………… (112)
 第二节 信息技术基础知识教学设计及案例 ………………………… (129)
 第三节 信息技术应用软件教学设计及案例 ………………………… (136)
 第四节 程序与算法教学设计与案例 ………………………………… (142)

第六章 信息技术学习能力与信息素养的培养 …………………… (147)
 第一节 信息技术学习 ………………………………………………… (147)
 第二节 信息技术学习能力的培养 …………………………………… (154)
 第三节 信息素养培养 ………………………………………………… (166)

第七章 信息技术教师能力与专业化发展 ………………………… (174)
 第一节 信息技术教师能力的内涵与结构 …………………………… (174)

第二节　信息技术教师教学研究能力 …………………………………（179）
　　第三节　信息技术教师的专业化发展 …………………………………（186）

第八章　信息技术课程教学评价 ……………………………………………（192）
　　第一节　信息技术课程教学评价概述 …………………………………（193）
　　第二节　学生信息技术课程学习绩效评价 ……………………………（198）
　　第三节　信息技术教师工作绩效评价 …………………………………（218）

参考文献 ………………………………………………………………………（226）

第一章　信息技术教学论概述

学习目标

1. 理解信息技术教学论的含义；
2. 了解信息技术教学论的特点、研究对象和研究方法；
3. 了解开设信息技术教学论的目的，明确信息技术教学论的学习任务和学习要求；
4. 知道信息技术教学论的历史沿革。

本章导读

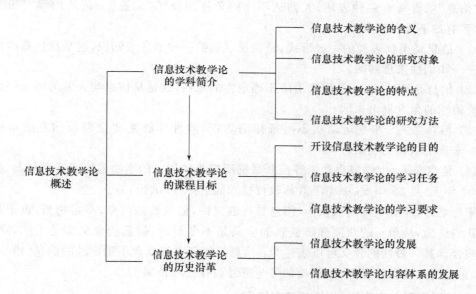

人类社会已经迈向信息时代，计算机技术、通信技术以及由此支撑的网络技术的发展，加速了信息技术的应用和渗透，同时也加速了社会信息化的进程，掀起了全球信息化热潮。信息技术的日新月异，使信息迅速成为全球最具有价值的资源。为了迎接信息时代的挑战，适应时代发展的要求，20世纪70年代以来，世界各国的中小学纷纷开设了一门新的课程，有的称之为计算机教育，也有的称之为信息技术教育，除此之外，还有各种各样的称谓，但都是围绕着提高个人的信息素养而开展的。

随着信息技术教育的普及及其在基础教育中地位的确立，迫切需要对信息技术教育的自身规律进行研究，以用来指导信息技术学科更好、更快地发展。目前信息技术教育理论研究已经初具雏形，但仍需要不断地完善和发展，这是每一个信息技术教育工作者义不容辞的责任和义务。

第一节　信息技术教学论的学科简介

信息技术教育已全面展开，对信息技术教学论的研究也正蓬勃发展。信息技术教学论是关于信息技术学科教学的基础理论，本节将从信息技术教学论的含义、研究对象、学科特点、研究方法几个方面一一进行介绍。

一、信息技术教学论的含义

在探讨信息技术教学论的含义之前，首先必须认识信息、信息技术的含义以及信息技术的分类及基本特征，以更好地理解信息技术教学论的含义。

(一) 信息的含义

"信息"一词自古有之，源于拉丁文，英文为"information"。

"信息"的含义有多种表述，人们从不同的角度阐释了"信息"一词的内涵。归纳起来，大致有如下几种观点：

(1) 信息是事物表现的一般形式，是表征事物的一种消息或知识，这是从信息的内容乘性——知识性来理解的。

(2) 信息是熵的减少，是用来消除不确定性的东西，这是从信息与人的关系——新颖性与价值性的角度提出来的。

(3) 信息是关于事物运动状态与规律的表征，此种理解主要是强调信息的本质属性——来自于事物的反映。

(4) 信息是人、生物或自动机等控制系统所接收和加工的事物属性或运动状态（教育部2004年12月15印发《中小学教师教育技术能力标准（试行）》）。

除此之外，还有一种观点认为，信息具有独立性，信息就是信息，不是物质，也不是能量。我们认为，从单一的角度理解信息的含义是不全面的，信息的含义应是上述各种观点的整合。其一般性的含义可以表述为：信息是能消除接受者不确定性的消息、指令、数据等，它是由人或事物发出的，依赖信号与符号而存在和传播。

(二) 信息技术的含义、分类与基本特征

1. 信息技术的含义

信息技术作为社会广泛使用的术语，在不同领域、不同阶段都有不同的定义，但均没有形成主流公认的定义。根据信息技术使用的目的、范围、层次的不同，人们对信息技术的含义做出了不同的表述。

(1) 信息技术是指利用电子计算机和现代通信手段获取、传递、存储、处理、显示信息和分配信息的技术（《新华词典》）。

(2) 信息技术是指有关信息的收集、识别、提取、变换、存储、处理、检索、检测、分析和利用等的技术（中国公众科技网）。

(3) 信息技术包括信息传递过程中的各个方面，即信息的产生、收集、交换、存储、传输、显示、识别、提取、控制、加工和利用等技术。

（4）信息技术（Information Technology，简称IT）是指获取信息、处理信息、传输信息的有关方法、技术手段和操作程序等，是能够提高或扩展人类信息能力的方法和手段的总称。

还有一种观点认为，信息技术有三个层面的含义。广义而言，信息技术是指能充分利用与扩展人类信息器官功能的各种方法、工具与技能的总和。该定义强调的是从哲学上阐述信息技术与人的本质的关系。中义而言，信息技术是指对信息进行采集、传输、存储、加工、表达的各种技术之和。该定义强调的是人们对信息技术功能与过程的一般理解。狭义而言，信息技术是指利用计算机、网络、广播电视等各种硬件设备及软件工具与科学方法，对图文声像各种信息进行获取、加工、存储、传输与使用的技术之和。

我国著名的教育技术专家南国农教授认为信息技术包含三种技术：视听技术、计算机技术、整合技术。他认为，信息技术是指对信息的采集、加工、存储、交流、应用的手段和方法的体系。它主要有两个层面的意思：第一，手段，也就是各种信息媒体。如印刷媒体、电子媒体、计算机网络等，是物化形态的技术。第二，方法，也就是运用信息媒体对各种信息进行采集、加工、存储、交流、应用的方法，是一种智能形态的技术。所以说，信息媒体和信息媒体应用的方法是信息技术的两个基本要素。

通过对以上关于信息技术含义的分析，我们比较认同南国农先生对信息技术的含义的界定。信息技术不仅包含各种信息媒体，还包括运用信息媒体采集、加工、存储、交流、应用信息的方法，所以说信息技术是采集、加工、存储、交流、应用信息的手段和体系的总和。

2. 信息技术的分类

依据不同的分类标准，人们对信息技术的分类也多种多样，如表1-1所示。

表1-1 信息技术的分类

分类标准	分类内容
信息设备	电话技术、电报技术、广播技术、电视技术、卫星技术、计算机技术、网络技术等
工作流程	信息获取技术（信息的测量、存储、搜索、感知和采集等） 信息传递技术（信息的发送、传输、接收、显示、记录等） 信息存储技术（保存信息的技术，如印刷术、光盘术等） 信息加工技术（对信息进行描述、分类、排序、转换、压缩等） 信息标准化技术（提高信息交换共享能力，使信息的获取、传递、存储、加工各个环节有机衔接）
表现形态	硬技术（物化的技术，如计算机、通信卫星等） 软技术（非物化的技术，如计算机软件技术、语言文字处理技术等）
发展历史	口语信息技术、文字信息技术、印刷信息技术、电子视听信息技术、多媒体网络交互信息技术

除此之外，还有其他的划分方法，这里就不再一一列举。目前传感技术、电子计算机技术和现代通信技术成为现代信息技术的三大核心技术，三者相辅相成、互相结合，它们共同构成了包括经济信息在内的现代信息管理工作的技术手段和现实基础，极大地提高了人类收集、传递、存储、加工和显示信息的能力，为高速度、高效率地处理大量信息提供

了可能。

3. 信息技术的基本特征

有人从数字化、网络化、多媒体化、智能化、虚拟化来理解信息技术的特征。通过对信息技术的含义的分析可以发现，信息技术既离不开技术，也离不开信息。因此，我们认为信息技术的特征应从如下两方面来理解：技术性和信息性。

（1）技术性。信息技术具有技术的一般特征。具体表现为方法的科学性、工具设备的先进性、技能的熟练性、经验的丰富性、作用过程的快捷性、功能的高效性等。

（2）信息性。信息技术具有区别于其他技术的特征。表现为信息技术主要是为信息服务的，其核心功能是提高信息处理与利用的效率、效益。除此之外，信息技术具有信息的一系列特征：普遍性、客观性、相对性、动态性、共享性等。

（三）信息技术教学论的含义

从实质上来讲，探讨信息技术教学论的学科含义，也就是探讨信息技术教学论的学科性质。信息技术教学论作为一门教育学科，它同其他学科教学论（如语文教学论、数学教学论、科学教学论等）一样，只是学科教学论中的一种。因此，在界定信息技术教学论的学科性质之前，必须先弄清楚学科教学论的学科性质。

对学科教学论的学科性质的认识，还没有达成共识，目前大致有如下几种观点：

第一种观点：学科教学论是一种理论性学科。认为学科教学论既然称为"论"，那就应该是一门理论性学科，它是一般教学论的一部分，属于教育科学的一个分支学科。

第二种观点：学科教学论是由过去的"学科教学法"或"学科教材教法"发展而来的，它所要解决的主要是指导师范生能够走上讲台和学会上课的问题，因而它的性质实际上并没有发生根本的变化，它只是一门实践性的、培养师范生技能的课程，况且它至今也没有多少自己的理论。所以，它应该是一门应用性学科。

第三种观点：学科教学论既不是纯理论性学科，也不是纯应用性学科，而是既能对教学实践做出高度理论概括，又能积极有效地解决教学实践中的各种问题的学科，也就是说，它既有理论性，又有应用性，是应用理论性学科。

还有一种观点认为，学科教学论是一种不规范的纯科学。由于学科教学论的主要任务在于探索由各学科的特殊性所决定的"特殊规律"，而不在于说明如何运用教育理论的知识去指导相应学科的教学实践，所以认定它不是应用科学。

上述各种观点都有一定的合理性，但是，只把学科教学论看做一门纯理论性学科或者一门纯应用性学科都过于简化了学科教学论的学科性质；把学科教学论说成是应用理论性学科或者说是研究学科教学特殊规律的学科，虽然比之前的说法有所进步，但没有突出学科教学论与一般教学论的区别，没有反映出学科教学论的自身特点。所以我们认为，学科教学论是一门理论性和实践性相结合的学科，它是将一般教学理论与具体的学科教学相结合，对学科教学实践起一定的指导作用，同时在学科教学实践的基础上研究有关的一般理论，对有关的一般理论进行整合、补充、发展和完善，并且研究具体学科教学规律的学科。

通过对学科教学论的学科性质的分析，信息技术教学论的学科性质也就非常明了。信息技术教学论是一门理论性和实践性相结合的学科，它是将一般教学理论与信息技术学科教学实践相结合,用来指导信息技术的教学实践,同时在此基础上研究一般理论,对有关的一般理论进行整合、补充、发展和完善,并且研究信息技术学科教学规律的学科。

二、信息技术教学论的研究对象

信息技术教学论的研究对象极其宽泛,涉及多个方面。有人用系统论的方法来研究,认为信息技术教学论的研究对象是构成信息技术教学的各个要素(教师、学生、教学内容、教学目的)及其之间的关系和相互作用;有人认为,信息技术教学论的研究对象是中学信息技术教育系统,具体包括信息技术课程、信息技术教学、计算机辅助教育、计算机远程教育四个方面;还有人认为,信息技术教学论的研究对象是"学信息技术和利用信息技术促进学"的现象和规律,包括信息技术课程、信息技术教学、信息技术学习、信息技术管理教学、信息技术辅助教学五个方面。尽管人们对信息技术教学论的研究对象的说法不一,但是在认识上还是比较一致的。下面,我们将从两个方面阐述信息技术教学论的研究对象。

信息技术教学论是一门理论性和实践性相结合的学科,概括地讲,信息技术教学论的研究对象主要有两个方面——信息技术教学的理论与实践。信息技术教学的理论方面主要是指信息技术教学的基本理念、中小学信息技术课程的地位和作用、信息技术课程目标、信息技术课程的设置、信息技术课程的教学原则和教学方法以及信息技术教师的能力和专业化发展,等等;信息技术教学的实践方面是指中小学信息技术教学的教学环境、教学设计与教学组织形式、从事中小学信息技术教学所需要的有关技能、信息技术教学评价以及如何进行教学研究,等等。

具体来说,信息技术教学论的研究对象主要有以下几个方面:

第一,信息技术教学的目的和任务。也就是信息技术课程目标及开设信息技术课程的意义所在,也即信息技术课的课程价值。通俗地讲,也就是为什么要开设信息技术,通过信息技术的教学,学生应该达到何种素质,等等。

第二,信息技术的课程设置。这是中学信息技术的教学内容和教材的知识体系,具体解决教师"教什么"和学生"学什么"的问题。

第三,信息技术教学原则和教学方法。这是任何一名有志于从事信息技术教学的教育技术学专业学生所必须掌握的,是信息技术教学必须遵循的原则和方法,它直接关系到信息技术的教学效果,具有至关重要的地位。它具体解决教师"怎样教"和学生"怎样学"的问题。

第四,信息技术教学评价。即对信息技术"教的效果"和"学的效果"进行测量和评价,为教学提供及时、有效的反馈。它主要研究采取何种评价方法能更客观、公正地反映教学效果,从而使教学设计及其成果更趋有效。

第五,信息技术教学环境。信息技术教学环境主要包括硬件环境和软件环境两个方面。硬件环境主要是指进行信息技术教学所具备的设备、设施等;软件环境也就是进行信息技术教学所具备的教学软件、资源等。

第六,信息技术教师专业化及其发展。它主要研究从事信息技术教学所需要的素质以及信息技术教师专业化发展的途径等。

总之,信息技术教学论的研究内容非常丰富,学生不可能在有限的教学时间里学习完所有内容。因此,在学习信息技术教学论的过程中,要有重点地学习信息技术教学论学科主要的、基本的内容。

三、信息技术教学论的特点

每一门学科都有其自身的特点,信息技术教学论是一门交叉学科,它不仅具有学科教学论的基本特征,而且也具有信息技术课程的学科特点,但又不同于学科教学论和信息技术课程本身,具有自身的特色。归纳起来,信息技术教学论具有综合性、基础性、独立性、发展性和实践性的特点。

1. 综合性

一方面,信息技术教学论是一门理论性和实践性相结合的学科,它不仅研究与信息技术学科教学相关的一般教学理论,而且还涉及信息技术学科的教学实践;另一方面,信息技术教学论与哲学、心理学、教育学、逻辑学、信息技术学科、人工智能等多学科理论有密切的关系,所以说信息技术教学论具有综合性。

2. 基础性

信息技术教学论的基础性主要表现在两个方面。一方面,信息技术教学论是高等师范院校教育技术学专业的一门必修课,旨在通过本课程的学习使学生具备从事中小学信息技术教育工作所需要的基本理论知识和有关技能,从而为今后从事中小学信息技术教育工作奠定基础。另一方面,信息技术教学论基本上涵盖了从事信息技术教育工作所需要的基本理论知识和基本技能,对中小学信息技术教师和即将从事中小学信息技术教育的工作人员都能够提供一定的理论指导和实践上的帮助。因此,信息技术教学论又是一本比较基础的参考资料。

3. 独立性

信息技术教学论是信息技术学科与教育学、心理学等诸多学科相互结合的产物,它需要综合运用各门学科的一般原理和方法,并受到这些学科的特点和要求的影响。但是,信息技术教学论作为一门科学,又具有自身的特殊规律和基本方法,它以信息技术学科为基础,以现代教育思想和理论为指导,以教育心理学为依据,形成独特的理论体系。因此,信息技术教学论具有一定的独立性。

4. 发展性

在如今科技飞速发展的时代,信息技术的发展可谓是日新月异,无论是硬件方面还是软件方面都在不断地创新。这必然带来信息技术课程内容的更新和教学方法的改变。作为信息技术课程教学理论指导和实践帮助的信息技术教学论学科,其内容自然而然也会随之更新和发展。另外,在我国,中小学"信息技术"课程还是一门新的发展中的学科,信息技术教学也刚刚开始,尚未成熟,可供借鉴的经验还比较少。信息技术教学论的研究体系虽已基本形成,但仍处在起步阶段,还需要不断地发展和完善。因此,信息技术教学论同样具有发展性。

5. 实践性

信息技术教学论以信息技术科学为基础,而信息技术科学本身就具有很强的实践性。信息技术教学论运用有关的理论指导信息技术教学实践,并在指导实践的过程中完善自身的理论,这本身就是一个实践过程。除此之外,在信息技术教学论的课程教学过程中,要紧密结合中小学信息技术课的教学实践,同时要创造条件为学生提供锻炼教学技能的机会。所以说信息技术教学论具有很强的实践性。

四、信息技术教学论的研究方法

学习信息技术教学论,或者进行教学论的研究工作,都必须掌握正确的研究方法。信息技术教学论的理论性和实践性都非常强,它的理论、观点必须与一定的教育理论、思维科学相联系。所以信息技术教学论的理论研究必须以正确的哲学思想——唯物主义辩证法为指导。在进行信息技术教学论研究的时候,应全面正确地运用唯物主义辩证法的立场、观点、方法去分析问题,立足现实、实事求是地分析国内外信息技术教学理论观点和经验教训,并在实践中检验,吸取其中的精华。另外,在进行信息技术教学论研究时,应多关注当前中学信息技术教学中亟须解决的理论与实际问题,选择合理的、适用的研究方法。下面,我们简要介绍几种常用的研究方法。

1. 教育调查法

教育调查法是在现代教育理论指导下,运用列表、问卷、访谈、个案研究以及测验等科学方式,搜集研究问题的资料,科学分析教育现状并提出具体工作建议的一种实践活动。

教育调查法是获得中学信息技术教学情况第一手资料的重要手段,通常的做法是访谈、问卷调查、听课、开座谈会等。一般来说,教育问卷的份数不应少于 30 份,少于 30 份的问卷可以看做是无效的。同时,运用调查法的时候,调查对象应尽可能广泛,这样得到的资料就更多,也就更符合客观现实。例如:要调查中学生的信息素养,必须选择不同年级、不同水平的班级进行调查,这样得出的结果与实际情况就比较接近。

2. 文献法

文献法是指根据一定的研究目的,研究有关文献,从而全面地正确地了解、掌握所研究的问题,揭示其规律和属性的一种方法。就信息技术教学论学科而言,它可以对以往的信息技术教学实践和教学理论历史资料的分析和研究,认识和掌握信息技术教学的发展规律,以指导当前的信息技术教学实践。

文献法能够使研究人员全面了解所要研究问题的情况,帮助他们选定研究课题和确定研究方向,避免重复劳动,提高科学研究的效益。此外,还可以为教育研究提供科学的论证依据和研究方法。

利用文献法,要尽可能地搜集第一手资料,在搜集文献的时候,一般应从宽到窄、从易到难、由近及远地查找相关资料,应注意把主要精力放在重要文献上,同时还应注意对搜集到的资料进行分类,从中找出有规律的东西。就信息技术教学论来讲,在查阅期刊资料的时候,就可以把重心放在《中国电化教育》、《电化教育研究》、《教育信息化》等核心期刊上。如今,互联网的飞速发展,为我们提供了丰富、大量的信息,利用网络搜集资料已经成为搜集文献的首选方式。各种中文、外文期刊库中收录的资料基本上涵盖了国内外的研究成果,如国内使用较多的中国期刊网、万方数据库等;博客、BBS 等平台,不仅可以了解到不同人对相关领域一些问题的看法,同时还为我们提供了一个交流的平台,可以和相关专家探讨、请教并了解信息。

3. 行动研究法

行动研究法主要是指教育实践工作者(主要指教师群体)在实践过程中发现并确定问题,系统地制定并根据研究实际不断调整方案、开展探究活动,进而改进教育实践的研究方式。值得注意的是行动研究法并不仅仅是教师的自我反思,它需要科学的研究方案和详细的研究计划。从研究目的看,行动研究法并不是为了创设一种理论或者验证一种理论,它的直接目的是要通过研究改进教育实践,解决教育问题。

行动研究有助于改进教育实践,突出教育研究的应用价值,同时有助于教师的专业化发展,实现教师的角色转变。但是,行动研究法也有其局限性,由于行动研究的研究对象主要是某一组织或个体,因此取样通常缺乏代表性,研究成果推广价值非常有限。

4. 教育实验法

教育实验法是为了解决某一问题,依据一定的教育理论和假设,在观察和调查的基础上,控制影响实验结果的某些研究变量,组织有计划的教育实践,观察教育现象的变化和结果,从而揭示变量间因果关系的教育科学研究方法。它的主要特点就是研究者可以根据研究的需要,控制某些实验条件,排除或尽量减小无关因素的干扰,突出所要研究的变量,从而准确地研究事物间的因果关系。

教育实验法是形成教育理论和假设的科学基础,能有效地检验教育假设和理论的科学性。因此,教育实验法的使用范围比较广泛,只要涉及研究变量间的因果关系的研究课题均可以使用。例如,研究信息技术对学生创新能力的影响,可以选择同一老师带的两个平行班级,一个班级使用信息技术教学,另一个班级采取常规教学,不使用信息技术,经过一段时间的教学后,对两个班级的学生创新能力进行比较,便可以得出信息技术与学生创新能力之间的关系。有一点要注意的是,在运用教育实验法时,必须要注意科研的伦理道德问题,以维护参加实验人员的利益。

5. 教育经验总结法

教育经验总结法是教育科研中一种重要的传统研究方法,是教育科研三大基本方法之一。它主要是指有意识、有目的地总结教育教学工作的先进经验,从而探索教育教学规律的一种科学研究方法。

教育经验总结法是在自然状态下进行研究,研究的课题主要是对原有的教学经验的提炼和概括,因此在教育科研中应用得非常广泛。在进行信息技术教学论研究时,可以对信息技术教学中有效的方法进行总结、提炼。运用教育经验法,应注意经验总结的对象要具有典型的意义,对经验的总结要提升到理论高度,不能仅仅停留在表面性的描绘过程和现象,并积极推广先进经验,扩大其影响范围。

6. 基于设计的研究

基于设计的研究是近年来教育技术学研究的一种新范式,它同样适用信息技术教学论的研究。基于设计的研究是一种为了解决现实教育问题,管理者、研究者、实践者和设计者等共同努力,在真实自然的情境下,通过形成性研究过程和综合运用多种研究方法,根据来自实践的反馈不断改进直至排除所有的缺陷,形成可靠而有效的设计,进而实现理论和实践双重发展的新兴研究范式,其研究的核心要素是教育干预的设计、实施、评价和完善。

作为一种新的研究范式,基于设计的研究构筑了教育实践与教育理论之间的桥梁,为解决现实问题,发展理论提供了一种新的研究视角。它有助于研究者对一些新型的、多种因素混合的、复杂的学习方式进行探索,进行有针对性的教育创新,并根据实际需要做出相应的调整和改变,促进新型学习环境的创设;另外,基于设计的研究将教与学的理论与具体实践相结合,有助于新的教学理论的形成,同时对教师的创新能力和研究积极性的提高有很大的促进作用。一般来说,信息技术教学论包含四个阶段,具体如图 1-1 所示。

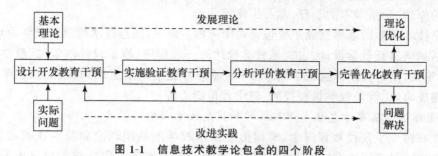

图 1-1　信息技术教学论包含的四个阶段

总之,信息技术教学论的研究方法多种多样,在信息技术教学论研究中,应根据具体实际情况,综合利用各种研究方法。

第二节　信息技术教学论的课程目标

课程目标是教育思想、教育目的的体现,是培养目标在特定课程门类或科目中的具体化、操作化表述。它是某一课程门类或科目学习完以后所要达到的学生发展状态和水平的描述性指标,是课程设计的基础环节和重要因素,直接影响和制约着课程内容。在上节对信息技术教学论的含义、研究对象、学科特点、研究方法论述之后,本节将从开设信息技术教学论的目的、信息技术教学论的学习任务和信息技术教学论的学习要求三个方面来阐述信息技术教学论的课程目标。

一、开设信息技术教学论的目的

作为高等师范院校教育技术学本科专业的必修课,信息技术教学论的首要目标就是为中小学信息技术教育培养师资力量。概括地讲,信息技术学科教学论的课程目标是:通过信息技术学科教学论的学习,使学生树立现代教育理念,掌握信息技术教学的基础理论和基本技能,具备从事信息技术教学和信息技术科研的能力,也就是培养教育技术学专业本科毕业生成为一名中小学信息技术教师的基本素质。

从信息技术学科教学论的课程目标可以看出,开设信息技术教学论的目的突出表现在三个方面:

1. 树立现代教育理念

树立现代教育理念,也就是要树立新的教师观和学生观,以学习者为中心,促进学生的全面发展和个性化发展，改变传统的教学方式和学习方式，充分调动学生的积极性，使学生成为学习的主动参与者，成为意义建构的主体，培养学生勤于思考，勇于实践，努力创新的精神。

2. 掌握信息技术教学的基础理论和基本技能

同其他学科的教学一样，信息技术教学也同样是以课程论、教学论和学习论为其基础理论来指导具体的教学实践。课程论主要是研究课程的设计、编制、实施和课程评价等理论；教学论则是研究教师"怎样教"的理论，具体内容包括教学原则、教学方法、教学规律、教学模式、教学评价等理论；学习论则主要研究学生"怎样学"的理论，具体内容包括学习的原理、学生学习的心理、学习策略等理论。

信息技术教学的基本技能主要包含两个方面：第一，信息技术教学的教学设计能力，主要包括如何进行教学设计，也就是教学设计的一般程序、教学设计的策略、教学方案的编写等；第二，信息技术课堂教学的能力，具体内容包括教学组织调控能力、教学信息呈现和传递能力，也就是教学讲授技能、教学评价能力等。

3. 培养学生从事信息技术课程教学和信息技术科研的能力

学生在树立了现代教育理念，掌握信息技术教学的基础理论和基本技能之后，并不意味着学生就具备了一名中小学信息技术教师的基本素质。信息技术教学论的首要目标是为中小学信息技术教育培训师资力量，因此，开设信息技术教学论的最终目的也就是培养学生从事信息技术教学和信息技术科研的能力。教学是一项复杂的活动，它不仅是一门学问，更是一门艺术。只有经过教学实践的锻炼，才能逐渐具备成为中小学信息技术教师的各种素质。所以，在信息技术教学论的教学过程中，应相应的为学生提供进行实际教学和科研的机会，使学生具备信息技术教学和科研的基本能力。

二、信息技术教学论的学习任务

明确了开设信息技术教学论的目的，实际上也就为我们认识、理解信息技术教学论的学习任务奠定了基础。确定信息技术教学论的学习任务，必须以信息技术教学论的开设目的为出发点，并最终回到信息技术教学论的开设目的上来。从某种意义上说，信息技术教学论的学习任务，也就是开设信息技术教学课程目的的具体体现。

作为一名信息技术教育工作者，必须具备扎实的信息技术专业知识，但是仅仅具备专业知识还是不够的，要想在教学中使学生有效地掌握知识、提高教学效率和教学质量，还必须掌握信息技术教学的方法、原则和有关的教学理论等。因此，对于即将从事中小学信息技术教育工作的教育技术学本科生，学习信息技术教学论是必要的，也是必需的。

概括地说，信息技术教学论的任务就是使学生通过信息技术教学论的学习，明确"中小学信息技术"课的学科教学规律，加强从事信息技术教育工作的专业知识和技能的训练，进一步提升他们的信息素养，从而具备中小学信息技术教育工作所需要的素质和能力。具体来说，信息技术教学论的学习任务主要包括以下几个方面：

（1）以教育学、心理学为基础，进一步学习现代教育教学理论，树立"以人为本"、"以学习者为中心"、"促进学生全面发展"的教育理念。

（2）明确信息技术课程在中小学教育中的地位和作用，掌握信息技术课程标准，熟悉中小学各阶段信息技术课程的设置、课程目标和课程内容。

（3）掌握信息技术教学的特点，教学的一般原理和方法；具备教学设计、教学组织和教学评价的基本能力。

（4）了解信息技术科研的一般方法，掌握信息技术常用科研方法的基本步骤，具备信息技术科研的初步能力。

（5）了解信息技术教师专业发展的意义，明确专业发展的方向和途径，不断提升自身的专业素质和科研能力。

三、信息技术教学论的学习要求

为了保证信息技术教学论的学习效果，结合信息技术教学论的学科特点、设课目的和学习任务，提出以下几点要求。

1. 端正态度，明确信息技术教学论学习的重要性

信息技术教学论是高等学校教育技术专业的一门必修课，它从理论和实践两个方面培养学生从事信息技术教学所需要的各种基本能力。因此，信息技术教学论的学习效果，直接影响着学生成为一名信息技术教师的起始素质。即使如此，对信息技术教学论学科的学习，不同的学生有不同的认识。有的学生认为，信息技术教学论的学习为自己今后从事中小学信息技术教学工作奠定了基础，应认真对待，努力达到信息技术教学论的教学要求；还有的学生认为，一名好教师是在教学实践中锻炼出来的，与信息技术教学论的学习关系不大；还有的学生认为，我以后又不去当信息技术教师，没有必要学习这门课。

当然，要使每个学生都意识到信息技术教学论学习的重要性是不可能的。但是，信息技术教学论是教育技术学专业的一门必修课。尽管不同的学生有不同的认识，然而，信息技术教学论的基础理论及科研方法对学习其他科目也是同样适用的；信息技术教学论学习中的教学实践对提升个人的语言表达、组织调控能力也是很有帮助的。因此，不管是对待信息技术教学论的学习，还是其他科目的学习，都应该提高认识，端正态度，认真学习。

2. 重视方法，提高能力

与教育技术学专业的其他课程的学习相比，信息技术教学论的学习有明显的不同。它既不同于纯理论性课程的学习，也不同于纯技能性课程的学习，而是一门综合性较强的课程。信息技术教学论的学习既包含对理论知识的学习，还包含对教学设计、教学组织能力以及具体的课堂教学的实践性学习。因此，要学好信息技术教学论，对学生的要求也是比较高的。学习信息技术教学论应注意以下几点：

第一，主动学习，及时整理、归纳学习内容。学习是学习者主动建构知识的过程，信息技术教学论的学习同样也需要学习者自身积极、主动的投入。在学习的过程中，随时整理、归纳所学内容，在整理、归纳中明晰事物的规律，加深对知识的理解。

第二，勇于实践，理论学习与实践学习相结合。理论对实践起指导作用，实践反过来可以丰富和发展理论，同时，由于信息技术教学论的特点，在学习过程中更应该将理论和实践结合起来。在具体的实践中领会各种理论的优缺点和适用范围，并不断改进，以便

更好地指导实践。

第三,多与教师、同学和专家交流。在交流的过程中,必然伴随着学习者的思考,通过与他人的探讨,不仅可以加深自己对知识的理解,还可以获得大量的信息,及时了解学科前沿动态,促进自身的学习。

3. 与时俱进,不断学习新的理论和技术

21世纪是一个知识爆炸的时代,新的理论和技术不断呈现,信息技术的发展更是日新月异。正是由于信息技术的高速发展性,信息技术教学论的内容也必然会受到影响。因此,在学习信息技术教学论的过程中,应与时俱进,关注新的理论和技术,紧跟时代发展的步伐。

第三节 信息技术教学论的历史沿革

信息技术教学论是随着学科教学论的发生而产生的,同时也随着信息技术教育学科的发展而不断完善。本节将从信息技术教学论的发展、信息技术教学论内容体系的发展两个方面介绍信息技术教学论的发展历程。

一、信息技术教学论的发展

从根源上来讲,信息技术教学论是由信息技术教材教法发展而来的,它是信息技术教材教法不断发展、不断完善的结果。从信息技术教材教法或信息技术教学法更名到信息技术教学论,这还要追溯到学科教学论的产生。

最初,教材教法课只是对教材、教法进行介绍,是教育学的一部分,以后逐渐有了分析和讨论的内容,即剖析教学大纲和教科书、教会师范生如何上好课。随着学科教学实践的发展,产生了对不同的教学活动及其效果进行解释、比较、评价等需要。为此,人们由学科逻辑来确定学科课程的结构、内容的做法,越来越多地借鉴教育学、心理学理论,并开始了学科教学自身规律的探索。为了提高学科教学质量,在进行学科教学时,通常先要在头脑里自觉地形成有关的设想和理念。这就需要对各种理论进行整合,结合学科教学经验和具体条件,制定指导教学的规则和具体方案。此外,学科教学工作者还常常根据学科教学实践,总结学科教学规律,对教育学、心理学等揭示的一般规律进行补充。顺应当代学科不断分化又不断综合的趋势,这门课程不断拓展自己的视野,越来越重视自身特点和规律的研究,越来越多地运用、借鉴各相关学科的发展成果,使自身开始发生质变。由于内容、方法等发生变化,原先的"教材教法"已经名不副实,被改为"学科教学论",成了一门分支性学科,进入了新的发展阶段。

信息技术教学论作为学科教学论中的一种,与信息技术教材教法相比,它不仅仅是名称上的变化,更重要的是它研究的内容更加丰富,研究方法也更加科学,也更符合当代对学科教学论的要求。2001年,由鲁正火、孙名符两位教授主编的《信息技术教学论》被认为是我国首部试图构建信息技术教学理论的体系、进行信息技术教学理论研究的专著,这说明我国对信息技术教学论的研究已经走上了更加科学、规范的道路。

二、信息技术教学论内容体系的发展

信息技术教学论是为中小学信息技术教育服务的，它的研究内容也是随着中小学信息技术课程内容的变化而变化。从内容体系上来看，信息技术教学论的发展大致经历了两个阶段：以计算机学科教学研究为主和以信息技术学科教学研究为主的阶段。

以计算机学科教学研究为主的阶段：这一阶段主要是 1981 年到 2000 年期间。由于我国中小学信息技术教育是从计算机教育演变而来的，在 2000 年以前，中小学信息技术课程的名称一直为计算机，课程的目标也主要是以掌握计算机知识和技能为主，因此，这一阶段的信息技术教学论自然而然地就以计算机学科教学的研究为主。在这一阶段，计算机教学也发生了从"计算机文化论"到"计算机工具论"的转变。

以信息技术学科教学研究为主的阶段：随着信息技术，特别是多媒体计算机、网络计算机的发展与普及，计算机课程已不能完全覆盖信息技术的内容。许多从事信息传播、信息学研究的专家提出了信息教育、信息技术教育、信息科技教育的概念。进入 21 世纪以后，人类对信息社会的到来逐渐形成共识。各个国家和地区纷纷把中小学计算机课程的名称改为与信息有关的"信息技术"课程或者"信息科学"课程，并且课程的内容和目标也发生了相应的变化。与此同时，顺应国际教育发展的趋势，我国将中小学计算机学科的名称改为"信息技术"。从此，信息技术教学论就转向了以信息技术学科教学为主的研究阶段。

学习活动：

查找相关资料，对信息技术教学论的发展及其内涵变化进行分析、讨论。

思考与练习：

1. 信息技术教学论的含义是什么？
2. 信息技术教学论的研究对象是什么？
3. 信息技术教学论的学习任务是什么？
4. 简要说明信息技术教学论的历史沿革。

第二章 中小学信息技术课程

学习目标

1. 了解信息技术教育的意义；
2. 理解信息技术课程在中小学教育中的地位和作用；
3. 能够阐述中小学信息技术课程教学目标、教学内容和课时设置，并能做出评价；
4. 了解美国、英国、日本各国信息技术课程的发展情况；
5. 能够叙述我国信息技术课程的发展历程，并能与其他国家的信息技术课程相比较。

本章导读

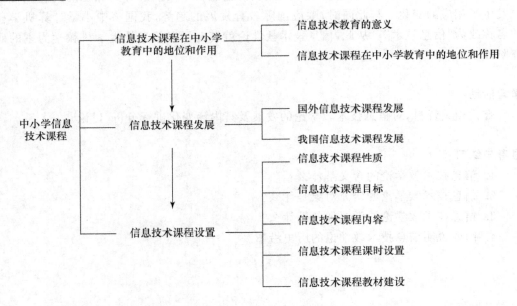

20世纪以来，信息技术的迅猛发展和广泛、深入应用，推动着各行各业的进步。进入21世纪以后，以计算机和互联网为代表的当代信息技术，更是以惊人的速度改变着人们的生存方式和学习方式。教育也不可避免地受到巨大而深刻的影响，更是对基础教育提出了巨大的挑战，在中小学普及信息技术教育已成为不可阻挡的趋势。本章将从信息技术课程在中小学教育课程中的地位和作用、信息技术课程发展和信息技术课程设置三个方面讲述中小学信息技术课程。

第一节 信息技术课程在中小学教育中的地位和作用

随着信息科学与技术、现代教育的不断发展,信息技术在中小学教育中扮演着越来越重要的角色。信息技术课程已成为带动其他课程改革的重要支撑力量,其课程地位空前提高,在中小学教育中起着举足轻重的作用。

一、信息技术教育的意义

人们对信息技术教育大致有两种不同的理解:第一,运用信息技术进行教育活动,以培养学生信息素质(信息意识、知识、能力、道德)为目标的教育;第二,培养学生信息处理能力的教育。而南国农教授认为,信息技术教育不仅仅是培养学生的信息处理能力,还应包括信息意识、知识、道德的培养。即信息技术教育的本质是利用信息技术培养学生的信息素质。

在中小学普及信息技术教育,不仅是社会发展的必然要求,而且是个人发展的必然要求,下面从社会发展的要求、个人发展的要求两个方面说明信息技术教育的意义。

(一)信息技术教育是社会发展的必然要求

1. 信息化社会呼唤信息技术教育

而今,人类已经步入信息社会,知识经济端倪初露。以计算机技术、网络技术、多媒体技术为核心的现代信息技术的紧密结合,"信息高速公路"的建立,互联网技术的发展,标志着人类已经进入一个全新的时代——信息时代。在信息时代,整个人类社会的主要特征就是高度的智能化、电子化、全球化和个性化。光电和网络将代替工业时代的机械化生产,知识的生产将成为主要的生产形式,知识成了创造财富的主要资源,而使信息增殖的关键则在于信息的共享性和开放性。同时,信息技术使时间和距离的概念发生了变化,大大加速了全球化的进程。随着因特网的发展和全球通信卫星网的建立,国家概念将受到冲击,各网络间可以不受地域的限制而重新组合在一起。此外,在信息时代,信息和信息交换遍及各个地方,人们的活动将更加个性化,信息交换除了在社会之间、群体之间进行外,个人之间的信息交换日益增加,以至于成为主流。

信息化社会是人类继工业化阶段发展以来的一个以信息为标志的新阶段。在信息化这个新阶段里,信息资源已成为与物质资源同等重要的资源,人类生存的一切领域,包括政治、商业、甚至个人生活中,都是以信息的获取、加工、传递和分配为基础。所以,为了适应信息化社会的发展,必须进行信息技术教育,提高全民的信息素质,迎接信息化社会的挑战。

2. 教育信息化呼唤信息技术教育

教育信息化,是教育领域的信息化的简称。教育信息化的主要特点是在教学过程中,比较全面地运用以计算机和网络通信为基础的现代信息技术,促进教学过程的全面革新,使学校能够适应信息化对教育的新要求。教育信息化包括教育思想的"信息化"、教育资源的"信息化"、课程教材的"信息化"、教学模式的"信息化"、教学技术的"信息化"、教育环境的"信息化"、教学评估的"信息化"、教育管理的"信息化"、教师素质的"信息化"九个方面。教育信息化的到来,必然要求教师和学生具备一定的信息素养,而提高教师和学生信息素养的一个重要途径就是开展信息技术教育。

3. 经济全球化呼唤信息技术教育

经济全球化是指世界经济活动超越国界,通过对外贸易、资本流动、技术转移、提供服务、相互依存、相互联系而形成的全球范围的有机经济整体,它包括生产的全球化、贸易的全球化、金融的全球化等。

经济全球化在一定程度上引起了教育的全球化,它为教育发展提供了宝贵的机遇,同时也带来了严峻的挑战。经济全球化使社会对人才的需求有了新的变化。传统的人才观已经不能满足经济全球化的需要,国际化、复合型、创造性的人才才能符合经济全球化的需要。因此,教育要更新人才培养观念,优化人才培养模式,加强对学生创新意识、创新思维、创新能力的培养,创造有利于学生个性发展的良好环境。中小学信息技术教育的普及和发展,在提升学生的信息素养的同时,为发展学生个性、培养学生的创新精神、提高实际动手能力等方面提供了难得的发展空间。

(二)信息技术教育是个体发展的必然要求

1. 信息技术是基础学力的重要组成部分

不同时代,基础学力的组成是不同的。古代中国读书人的基础学力主要包含读和写两个方面,读主要是背四书五经,写主要指写毛笔字和写文章。后来,随着时代的发展,读与写的内容渐渐变了,学习文史、科学知识替代了狭隘的四书五经,硬笔书法取代了毛笔书法。中华人民共和国成立以后,基础学力包含了读、写、算等方面,而且对读、写、算也赋予了新的内涵。例如,现代及未来社会要求人们具备的阅读能力不仅仅是语言文字的阅读能力,而是以语文阅读能力为基础,包括外语阅读能力、数学阅读能力、科技阅读能力在内的综合阅读能力;而运算能力不仅包含纸笔演算、心算、口算,还包含了应用计算器、计算机完成基本计算的能力。今天,基于知识和信息的新经济形态已经崭露头角,以多媒体计算机和网络为代表的信息技术取得的飞速发展使"21世纪是知识与信息的时代"成为共识。为了迎接信息时代的挑战,适应信息化的社会,从浩瀚的信息海洋中获取必要的信息,儿童就必须具备相应的信息素养。因此,信息素养与读、写、算等能力一起构成新时代儿童适应未来社会、开展终身学习、促进自身的完善与发展所必须具备的基础学力。教育要面向现代化、面向世界、面向未来,就必须直面"培养儿童的信息素养"这一问题,教育部原部长陈至立更是强调要"通过积极推进教育的信息化进程,使中国教育在现代信息技术的基础上实现跨越式发展,从而将我国沉重的人口负担变成宝贵的人力资源"。

2. 信息技术转变了人类的思维方式

思维方式是一定时代人们的理性认识方式,是按一定结构、方法和程序把思维诸要素结合起来的相对稳定的思维运行样式。思维主体、思维客体和思维中介系统三者社会历史地结合,构成特定时代的思维方式。在大机器生产为主的工业社会,思维主体以个人为主、以人脑为主,思维客体受思维主体及社会关系的影响,主要以现实世界为主,思维中介主要由工业技术中介系统和工业文明所产生的各种物化的思维工具构成,这标志着工业社会时人类的思维方式的发展状况和水平。进入信息化社会以后,思维主体则由个人为主发展到以群体为主,以人脑为主发展到以人—机系统为主,思维客体由现实性为主进入虚拟为主,思维中介系统由工业技术中介系统和工业文明所产生的各种物化的思维工具构成转变为网络技术中介系统和信息技术所产生的各种物化的思维工具构成,从而实现思维方式由现实性转换到虚拟性思维。

3. 信息技术能有效支持终身学习

国际21世纪教育委员会在向联合国教科文组织提交的报告中指出:"终身学习是21世纪人的通行证。"而终身学习特指"学会求知,学会做事,学会共处,学会做人",这是21世纪教育的四大支柱,也是每个人一生成长的支柱。终身教育理论强调,教育所包含的深刻意义是贯穿于人的一生,是不断积累、日益发展、长期连续的一个过程。联合国教科文组织1972年发表的《学会生存——教育世界的今天和明天》报告中指出:"每一个人必须终身不断地学习。终身教育是现代化社会的基石——我们建议把终身教育作为发达国家和发展中国家在今后若干年制定教育政策的主导思想。"这种教育观念已经被世界上的大多数国家所接受,成为这些国家进行教育改革的指导方针。而今,人类已经进入信息社会,任何人都可以根据自己的需要,选择适合自己的内容进行学习。但是,在信息社会,知识更新换代的速度将超过以往任何一个时代。为了应付这种挑战,每个人都必须具备能够快速获取信息、处理信息的能力,也就是我们常说的信息素养,以满足终身学习的需要。而提升信息素养的一个重要途径就是开展信息技术教育,所以说,信息技术教育能够有效支持终身学习。

4. 信息技术改变了日常生活方式

由于信息化建立了一个规模庞大、四通八达的网络通信系统,从而使信息作为最有效、最有价值的资源,改变了传统的生活方式。第一,更便捷的人际沟通。通过网络体系,人类的观念大大地流通、渗透、互相影响,这将有利于人们按照共同利益协调行为。第二,更灵活的办公方式。网络技术的发展,使人们工作方式发生很大变化,由以前的按时定点上班变为可以在家上班,通过网络体系处理各种资料和信息。第三,信息化的日常生活方式。人们的访友、购物、会议、娱乐等许多事情都可能通过网络进行;在不远的将来,人们还可能通过居住网络住宅、使用网络冰箱、乘坐网络汽车等,进入科技家庭的生活模式,体验科技带给人们的便利。

总之,信息技术日新月异的发展以及由它引发的社会信息化,给社会生活带来了巨大的影响,使人类社会将进入信息时代。而作为时代的引领者,我们中学生有权利,也有义务充分掌握这门技术,为中国的腾飞,以至于全人类的进步,作出自己的一份贡献!

二、信息技术课程在中小学教育中的地位和作用

1. 信息技术课程的地位

《义务教育阶段信息技术课程标准》中明确表示:"中小学信息技术课程是为了适应技术迅猛发展的信息时代对人才培养提出的新要求而设置的必修课程。"2000年11月,教育部在《关于在中小学普及信息技术教育的通知》中提出在中小学普及信息技术必修课的阶段性目标。该目标是:"2001年年底前,全国普通高级中学和大中城市的初级中学都要开设信息技术必修课。2003年年底前,经济比较发达地区的初级中学开设信息技

术必修课。2005年年底前，所有的初级中学以及城市和经济比较发达地区的小学开设信息技术必修课，并争取尽早在全国90%以上的中小学校开设信息技术必修课。"目前信息技术课已经在全国普及，国家对信息技术教育也非常重视，投入力度也越来越大。信息技术课作为一门必修课开设，意味着信息技术课程已经成为基础教育中的基础文化课程之一。这对信息技术课程来说，是一个重大的飞跃，同时也是对信息技术课程地位的肯定和确立，对信息技术课程的实施和发展具有巨大的推动作用。

信息技术课程的地位空前提高，这是国家对信息技术教育重视的体现，也是广大信息技术教育工作者共同努力的结果。我们坚信，随着信息技术在教育中应用的深入和信息技术对教育影响深度和广度的加大，信息技术课程的地位将日益提高，对中小学教育的作用也将更加强大。

2. 信息技术课程的作用

信息技术是一个独立的教学分支，也是所有学科发展的基础。与其他课程相比，信息技术课程在中小学教育中有着独特的作用和魅力。

(1) 提升信息素养，培养终身学习的能力

人的基本素养是随着社会的发展和科技的进步而不断变化的。在信息社会，信息技术已成为人类文化的一部分，同时，由于信息社会知识更新的速度非常之快，人们必须持续学习才能跟上时代发展的步伐。这就要求每个公民必须具备一定的信息素养，以适应信息社会日益变化的工作、学习和生活方式。

中小学开设信息技术课程的一个重要目的就是提高学生的信息素养，它是培养学生信息素养的重要途径。通过信息技术课程的开设，除了使学生掌握信息技术的基本知识和技能，掌握获取信息、利用信息、开发信息方面的修养与能力，还有一个重要的方面就是使学生具备一定的伦理道德修养，形成对社会的责任感。由于信息伦理不是由国家强行制定和强行执行的，是在信息活动中以善恶为标准，依靠人们的内心信念和特殊社会手段维系的。在全球化的信息浪潮中，我国必须把工业化和信息化结合起来，充分吸取西方发达国家信息化的成功经验，力争跳跃式地实现向信息社会的转型。而要顺利地完成我国信息化的任务，要构建一个有序的信息社会，除了加快信息技术的发展，信息资源的开发之外，构建适合我国国情的信息伦理体系也势必成为当务之急。通过对信息技术课程的学习，可以促进学生明确信息社会公民的权利和义务、伦理与法规，形成与信息社会相适应的价值观与责任感，为适应未来学习型社会提供保证。

此外，信息技术课程的开设在提高学生信息素养的同时，也使学生具备了组织信息、寻找信息、如何利用信息学习的能力，终身学习的能力也逐步提高。

(2) 培养创新能力和实践动手能力

江泽民同志在北京师范大学建校100周年中的讲话中把教育创新作为一个明确的概念与科技创新、理论创新、制度创新并提，并且在讲话中指出，"进行教育创新，必须充分利用现代科学技术手段，大力提高现代化水平"，"加强中小学信息技术教育，推动信息技术课程和教材建设"。由此可见，在中小学开设信息技术课程，进行信息技术教育对教育创新的重要作用。

教育创新,就是要培养具有创新能力和实践能力的人才。信息技术教学的过程,既是培养学生创新能力的过程,也是提高学生实践动手能力的过程。一方面,信息技术知识的综合性、程序性和先进性为培养学生创新能力提供了土壤。信息技术的综合性使学生能够接触多面的知识,在这些不同知识的结合、联合中自然而然地就产生了创新的火花;信息技术知识的程序性教会学生如何应用知识去解决问题。在解决问题的过程中,现代思维方法的运用使学生的思维能力得到发展,而思维能力的发展是培养创新能力不可缺少的。另一方面,信息技术课程的教学为学生创新能力的培养提供了良好的环境。信息技术学习的开放性,有利于学生开阔视野,增长知识,集思广益,重组经验,从而激发创造的潜能;信息技术学习的模仿性为学生通过模仿进行创造提供了可能;信息技术学习的探索性则为学生提供了探究和体验的机会,使学生在完成任务的过程中大胆想象,完成富有个性的作业,这也是培养学生创新能力和实践能力的一个重要途径。

(3) 提高学生的人际交往能力和团队协作能力

信息技术教学多采用案例教学、任务驱动式教学、探究式教学等教学模式,这就需要学生之间互相交流、讨论,共同探索完成学习任务。在不断的交流、合作过程中,学生的人际交往能力和团队协作能力也会得到不同程度的提高。

(4) 有效支撑其他学科的课程改革

我国新一轮基础教育改革已经进行了很长时间,它的一个显著特色就是在其他学科教学中广泛使用信息技术,使教学手段、教学内容、教学模式和师生观念都得到一定程度的更新。《基础教育课程改革纲要(试行)》中明确指出:"大力推进信息技术在教学过程中的普遍应用,促进信息技术与学科课程的整合,逐步实现教学内容的呈现方式、学生的学习方式、教师的教学方式和师生互动方式的变革,充分发挥信息技术的优势,为学生的学习和发展提供丰富多彩的教育环境和有力的学习工具。"在具体的学科教学中,信息技术作为一个载体,它的作用主要体现在:第一,信息技术作为教师和学生之间、学生和学生之间的交流工具;第二,信息技术提供资源环境;第三,信息技术作为情境工具;第四,信息技术作为知识构建工具;第五,信息技术作为反馈工具。而要保证信息技术在其他学科教学中的有效利用,帮助学生和教师实现学习方式和教学方式的转变,促进其他学科的课程改革,必须使学生和教师具备一定的信息素质,以便教师在具体教学中熟练运用信息技术。信息技术课程的开设,正是为了提高学生的信息素养,使其达到课程改革的要求。所以说,信息技术课程是其他学科课程改革顺利进行的有力支撑。

(5) 为培养信息技术人才起到奠基作用

进入信息社会,信息同物质、能源一样是人类社会发展的三种重要资源之一。大到国家政府,小到企事业单位,其持续发展能力在很大程度上取决于它对信息资源的利用能力。对一个国家来讲,信息技术人才的占有率,直接影响到这个国家国民经济各个方面的发展。因此,世界各国纷纷开展信息技术教育,为提高全社会的科技文化水平,培养国家建设和国际竞争所需要的信息技术人才做铺垫。

总之,信息技术课程的开设,是大势所趋,在学生信息素养的提高,创新能力和实践能力的培养,人际交往和团队协作能力的锻炼,学科课程改革的顺利进行,国家信息人才的培养等方面都起着非常重要的作用。

第二节 信息技术课程发展

信息技术课程是在新时期形成的一门新课程,与中小学其他课程的发展相比,信息技术课程的历史比较短暂。它作为一门新课程还处于不断的发展变化之中,这是由信息技术本身的发展所造成的,也是由信息技术课程是一门新课程的性质所决定的。本节将从国外信息技术课程发展和我国信息技术课程发展两个方面介绍各国信息技术课程发展情况。

一、国外信息技术课程发展

(一) 美国中小学信息技术课程

作为政治、经济、军事、教育强国,美国在信息技术教育方面也一直走在世界的前列,可以说,美国是世界上最早进行信息技术教育的国家,因此,研究美国的信息技术课程改革具有至关重要的意义。

1. 美国信息技术的发展历程

1967 年,美国费城学区给 13～14 岁的学生开设了计算机基础课程。此后,该课程作为一门实用技术课程在美国各中小学逐步推广。

1985 年,美国科学促进协会(American Association for the Advancement of Science,简称 AAAS)发起了有关教育改革长期规划的研制工作。该机构聘请国内外各方面的专家,花费了四年的时间,于 1989 年完成并公布了题为《2061 计划:面向全体美国人的科学》(Project 2061: Science for All Americans)。这是一份旨在提高全体美国人的科学素养的教改纲要。该纲要第一次将信息科学、计算机技术、人工智能纳入科学教育体系中,把提高全民的"科学素养"作为科学教育的首要目标和解决教育问题的主要办法,为"信息素养"概念的拓展奠定了基础。

1996 年是美国信息技术教育发展史上非常重要的一年,美国教育部发表了美国历史上第一份有关信息技术教育的正式报告——《让美国学生为 21 世纪做好准备:面向信息素养的挑战》,提出了信息技术教育的国家目标:全国所有的教师都要接受训练,教师帮助学生学会运用计算机和"信息高速公路"方面的需要都要得到支持;所有的教师和学生都能够在课堂中运用现代多媒体计算机;每一间教室都要连上信息高速公路;将有效的软件和在线学习资源作为每一门学校课程的内在组成部分。

此后,美国分别在 2000 年和 2005 年发表了题为《电子化学习:将世界级的教育置于儿童的指尖》和《迈向美国教育的黄金时代:因特网、法律和当代学生变革展望》的报告。

2. 美国信息技术课程形态

美国是一个典型的教育分权国家,州、行政区、学区、学校都有教育自主权。学校和教师在教育的目标、内容、课程的制定,教科书的选择等方面,拥有比较自由的空间。因此,信息技术教育呈现多元化格局。如表 2-1 所示。

表 2-1 信息技术课程形态和阶段目标

	阶段目标	课程形态
小学	重在激发学生兴趣,并不强调学科系统	因校而异,各式各样
初中	旨在使学生对计算机等信息技术、资源有大致了解	第一类,不设完整的信息技术课程,仅在数学或物理等课程中介绍一些计算机和信息技术知识; 第二类,设一门信息技术必修课或选修课; 第三类,设一系列信息技术必修课或选修课,如计算机应用、程序设计、人工智能等
高中	注意培养学生使用信息技术的技能与意识及逻辑运算和抽象思维能力	

3. 美国信息技术课程标准

虽然美国没有统一的信息技术课程,但由教育研究机构制定的反映信息技术教育领域目标要求的学术标准,逐渐被联邦和各州政府认同。2007年,美国国际教育技术协会(International Society for Technology in Education)颁布了新版《国家学生教育技术标准》(National Education Technology Standards for Students),相当于美国信息技术教育的课程标准,该标准对学生的能力素质要求体现在以下6个维度:

(1) 创造力与创新(Creativity and Innovation):学生表现出创造性思维、建构知识,以及利用技术开发创新的产品和过程的能力。

(2) 交流与合作(Communication and Collaboration):学生能够利用数字媒体和环境促进沟通和协同工作(包括远程的),支持个人学习和帮助他人学习。

(3) 研究和信息娴熟度(Research and Information Fluency):学生能够利用数字工具来收集、评价及使用信息。

(4) 批判性思维、问题解决与决策(Critical Thinking, Problem-Solving & Decision-Making):学生能够使用批判性思维技能计划和引导研究、管理项目,利用合适的数字工具和资源解决问题并且做出明智决策。

(5) 数字公民职权(Digital Citizenship):学生理解与技术相关的人类的、文化的以及社会的问题、法律实践与道德行为。

(6) 技术操作与概念(Technology Operations and Concepts):学生表现出对技术概念、系统和操作的充分理解。

4. 美国信息技术的课程目标和内容

信息技术课在美国已经普及,该课程的目标为:(1)运用模拟、实验进行高层次知识技能的教学;(2)通过人工智能进行训练和教学;(3)建立信息数据库并运用它处理各种教育信息;(4)通过计算机程序的编写和设计,增强学生解决问题的能力和技巧;(5)运用计算机加强个别化教学,落实教育机会均等原则;(6)运用计算机加速完成班级、学校以及各教育行政机构信息的搜集与共享;(7)通过计算机进行各种新教学策略的实验研究。

美国高中阶段的信息技术内容分为两部分:(1)培养学生使用信息技术的技能与意识。它包括:第一,资料处理与应用,使学生学会使用各种信息资源(文本、数据、图像、声音等信息)进行处理与应用计算机软件和工具；第二，信息技术系统概论，从含计算机在内的各种信息技术产品的软件、硬件介绍起，使学生对信息技术系统组成有一个全面完整的认识，对日常工作和生活中使用的各种信息技术产品的组成和功能有所了解，并初步掌握其使用方法；第三，人工智能概论，使学生认识人工智能的意义及其应用，并接收自动化系统、机器人和虚拟现实技术等。(2) 计算机程序设计。通过学习计算机语言和编写程序，使学生学会使用计算机完成一定的任务，进一步培养他们的逻辑运算和抽象思维能力。

(二) 日本中小学信息技术课程

日本是当今世界上教育水平较高的国家之一。为了顺应信息化的浪潮，日本也积极进行了教育改革，改革的重心在于强化所有学生的信息素质。

1. 日本信息技术教育的发展进程

1985年，日本的信息技术教育被引入普通学校，因此，这一年通常也被称为日本的计算机元年。1989年4月日本颁布并开始实施《学校指导纲要》(即课程标准)，规定以计算机有关内容为中心开展信息技术教育，提出在高中阶段开设"信息必修课"，在初中阶段以"技术·家庭"课程中的选修内容"信息基础"来开展信息教学(约20～30课时)。

20世纪90年代以后，日本在信息技术素质教育方面表现出赶超英美的势头，一系列计划也在这一时期相继提出，适应信息化社会的各项实验项目也逐步建立。

1997年10月，日本"适应信息化发展的初等、中等教育中有关促进信息教育的课程调查研究协力者会议"组织经过一年的讨论，提出了日本信息技术教育的目标，包括信息运用的实践能力、对信息的科学理解和参与信息社会的态度等三个方面。

1997年11月，为了提高学生处理信息的能力，学会运用现代信息技术手段，日本中央教育审议会又公布了面向21世纪的《关于改善教育课程标准的基本方向》的文件。文件指出"要培养能够适应运用计算机和信息通信网络等信息手段的基本素质和能力，加深对信息发出和接受的基本原则与信息化影响的理解"，为此，从小学到高中开设信息技术课。

2002—2003年，为了进一步推动教育信息化进程，使学生熟练掌握和使用计算机与因特网，中小学的新课程学习发生了三个重大变化。第一，在小学阶段出现了以"综合学习时间"命名的新课程。这一课程主要面向小学三、四年级的学生开设的。第二，在初中阶段开设"综合学习时间"课程外，还开设了信息技术(IT)和计算机学习的必修课程。第三，在高中阶段出现了以"IT"命名的新课程。据2002年的相关统计资料显示：从2002年开始，在新课程的学习过程中，所有的学习科目都要运用计算机和因特网；从2003年开始要构建强迫性的信息通信技术(Information and Communication Technology，简称ICT)学习课程。

2. 日本信息技术课程目标和课程内容

在日本，小学阶段的信息教育没有明确的细化内容，只停留在原则性的要求水平，各校发展水平和侧重点不尽相同。因此，这里就只详细地介绍日本初中和高中的信息技术课程目标和内容。如表2-2所示。

表 2-2　信息技术课程目标和内容

	课程目标	课程内容
初中	通过实践和体验的学习活动,在学会物品制作、能源利用以及计算机运用等有关的基础知识和技能的同时,加深对技术所起的作用的理解,培养学生对其恰当地运用能力与态度	必修:第一,生活与产业中信息手段所起的作用。知道信息手段的特征、生活与计算机的关联;知道信息化对社会和生活的影响,思考信息道德的必要性; 第二,计算机的基本构成、技能与操作。知道计算机的基本构成与技能,能够操作;知道软件的技能; 第三,计算机的运用。知道计算机的运用形态;能够运用软件进行基本的信息处理; 第四,通信网络。知道信息传递方法的特征与运用方法;能够收集、判断、处理和发送信息; 选修:第五,计算机多媒体的运用。知道多媒体的特征和运用方法;能够选择软件表达和发送信息; 第六,程序、仪器测量与控制。知道程序的技能,能够制作简单的程序;能够运用计算机进行简单的仪器测量与控制
高中	学会运用信息和信息技术的知识和技能,养成对信息的科学认识和思考,理解社会中信息及信息技术所起的作用和影响,培养自主对应信息化进展的能力与态度	开设了"信息"学科,由"信息 A"、"信息 B"和"信息 C"3 个科目组成,每个科目标准学分为 2 分,要求至少选择其中一个科目进行学习。 "信息 A"主要内容为:使用信息时信息手段的有效性,信息的收集、发出、处理和信息手段的有效利用,信息手段的使用在生活上引起的变化等。 "信息 B"主要内容为:利用计算机解决问题时的有效利用方法,计算机的构造和机能,信息处理的模式和数据管理,对信息社会发展有利的信息技术等。 "信息 C"主要内容为:信息的数字化,信息通信网和通信,信息的收集、发出和自己的责任,信息化的进展和对社会的影响等

(三) 英国中小学信息技术课程

英国作为老牌的资本主义国家,教育的各个方面也都走在世界的前列。英国的信息技术教育也是世界上最先进的国家之一。

1. 英国信息技术教育发展进程

1987 年底,英国首相撒切尔夫人为了实践在竞选时在教育方面许下的诺言,重写了《1944 年教育法》,提出了全面的教育改革方案,并于 1988 年 7 月获议会通过,称《1988 年教育改革法》,在该文件中,制定了 5~16 岁学生的全国统一课程,其中信息技术教育的内容被包含在"技术"课程之中。

1996 年,教育技能部(Department for Education and Skills,简称 DFES)对英国全国统一课程进行了修改,增加了"信息技术的教育课程"。

1997 年,英国政府宣布在公立学校的教与学中普遍运用信息通信技术(ICT)。

2000 年 9 月,英国开始全面实施国家新课程,"信息通信技术"被列为义务教育阶段的必修课。该课程把 5~16 岁的学生分为 5~7 岁、8~11 岁、12~14 岁、15~16 岁四个阶段,并对每个阶段掌握 ICT 的知识、技能以及对 ICT 的理解提出了相应的要求。此外,在学校的其他各门课程中也要求使用 ICT,以使学生在毕业时具有求职、终身学习所需的 ICT 技能,并能投身于 ICT 丰富的社会。

2002年,教育与技能部部长莫丽斯女士重申:"ICT 技术,如果应用得当,能够帮助学生通过各种方式实现自身才华,为教师在学校教室或虚拟教室发展专业技能提供全新的机会。因此,ICT 成为一切学校教育改革的核心内容。"

2. 英国信息技术课程的要求和学生业绩目标

在英国,ICT 教育被作为一门必修课,从小学到高中一直开设。它由两个部分组成,一是专门的 ICT 课程,把它作为一门课来学习;二是与其他学科进行整合,运用 ICT 进行其他学科的学习。而今,由于 ICT 知识的不断提升,融合在其他学科中学习已经不能满足现实的需要,于是把 ICT 课程作为一门单独的课程学习。

英国 ICT 教育的总体目标就是培养学生的能力,提高学生的综合素质。一方面通过专门的 ICT 课程的学习,发展学生的知识和技能;另一方面通过整个国家课程的实施,提高学生应用 ICT 的能力,促进综合素质的提升。

英国的 ICT 课程主要分为四个学段,每一阶段对应不同的内容。

学段一(5~7 岁),要求学生摸索 ICT 的用法,学会自主地使用,并能开始用信息与通信技术来描述自己的一些观点,记录所做的工作,同时,对软件硬件有一定的了解。

学段二(8~11 岁),要求学生使用更为广泛的信息与通信技术工具和信息资源进行其他学科学习,对信息质量与合理性提出自己的看法,能用别人乐于接受的形式发表自己的研究成果。

学段三(12~14 岁),要求学生能更独立地使用信息源和信息与通信技术工具,对信息与通信技术如何促进他们的工作,以及何时、如何使用信息与通信技术有更深刻的理解,在信息与通信技术的使用中做到更专注、更高效和更精确。

学段四(15~16 岁),要求学生对信息与通信技术工具和信息源的选择更为慎重,在大多数情况下,学生能独立工作,并能运用许多与信息和通信技术有关的应用程序来进行高效的工作。能根据不同的目的,选择和设计一些信息与通信技术系统,甚至为别人设计实现新的系统,还能适当加以评价。

伴随着英国国家课程的出台,政府规定了 5~16 岁的儿童的学业成绩目标,分为 8 个水平,并规定了一个附加的学业成绩目标。四个学段的学生分别要求达到水平 2、水平 4、水平 5~6、水平 7~8。

水平 1:学生能够探索来自各个方面的信息,了解各种形式的信息;能够运用 ICT,通过文本、图像和声音进行学习,识别日常信号,对教学结果做出反应并能讨论 ICT 的使用。水平 1 是 ICT 的基本的训练和应用,主要用于学前教育。

水平 2:学生能够运用 ICT 对信息进行分类,展示自己的探索成果;能够通过文本、图像、声音等各种形式输入、存储和分享自己的观点;能够自己设计并且给出指令使工作运转,并描述其作用;能够使用 ICT 探究虚拟和真实的情况,讨论校内外信息,交流使用 ICT 的经验。水平 2 一般是对小学二年级的要求,是对 ICT 的早期应用。

水平 3:学生能够运用 ICT 存储信息并利用这些存储的信息;能够使用 ICT 组织、发展、展示自己的工作;能够与他人交流、分享自己的观点;能够运用 ICT 取得特定的成绩;能够运用 ICT 的方法和模拟情境来解决问题;能够描述 ICT 在校内外的应用。水平 3 是对小学四年级的要求,是一种相对的应用。

水平4：学生能够在搜集信息、发现信息的过程中，对所提问题的重要性做出判断；能够解释自己的探索成果，判断所用信息的可信度，知道低质量的信息对结果的影响；能够把不同的信息进行加工和整合；能够通过各种方式展示信息；能够通过多种方式与他人交流信息；能够使用ICT控制事件，关注元数据；能够运用ICT技术模拟环境，得出事物的相关性，对可能的结果做出预测；能够比较使用ICT的方法和使用其他方法解决问题的优劣。水平4是ICT的一种扩展应用，多要求小学六年级的学生达到此水平。

水平5：学生能够根据目的的需要选择并组织信息；能够运用ICT组织展示信息，以达到不同的目的，形成不同的风格；能够采用多种形式与他人交流观点；能够运用ICT控制事件并使信息更加精确；能够理解和运用ICT控制事件在控制和测量外部事件的用法；能够探索和运用ICT控制事件模式中变量的变化情况；能够讨论运用ICT技术的知识、经验以及在校内外的应用；能够评价ICT在工作中的应用，并加以批判性的思考。水平5用于初中或有特殊能力的小学生，培养学生的能力。

水平6：学生能够运用ICT发展、优化自己的工作；能够根据需要，使用特殊的方法对假设做出检验；能够用多种方法展示观点；能够用ICT监控事件的发展及进程；能够运用ICT改变模式发生的规则；能够把和其他渠道获得的信息及行为进行比较，评估模式的效用；能够讨论ICT对社会的冲击。

水平7：学生能够把从ICT获得的信息和从其他渠道获得的信息进行整合、展示；能够辨别不同信息处理技术的优缺点；能够在各种情境下使用ICT工作，并能够将一般语言转换成能被计算机识别的语言；能够用ICT记录、测量、分析自然变量，并控制事件进程；能够根据需求设计出特定的程序；能够使用ICT，理解信息所带来的优势和局限性，客观判断自己工作质量的好坏；能够就ICT对社会的冲击与他人进行讨论。

水平8：学生可以根据任务的需要选择合适的信息和ICT工具支持系统；能够设计高效的方法收集信息；能够为他人设计信息处理系统；能够有效运用反馈信息，使工作更加完善；能够理智地迎接ICT技术对社会、经济、伦理等问题带来的冲击的挑战。

水平6、7、8都是属于对学生更高层次的要求。

附加成绩目标：学生能够对ICT模式和软件包的情况做出评价；能够对现行的ICT处理系统提出建议，并为他人设计、实施和演示ICT处理系统，预测使用这一系统时可能出现的情况；在讨论自己和他人对ICT技术的运用时，能够根据自己的ICT知识和经验来形成对ICT带来的社会、经济、政治、法律、伦理和道德问题的观点。

(四) 国外信息技术课程发展趋势

20世纪90年代以来，纵观国外信息技术教育改革，都有一个共同的趋势，就是加强信息技术教育，强调信息资源的开发和创新，基于信息技术的学习方式和教学方式的变革。

1. 加强信息技术教育

20世纪90年代以来，各国纷纷加强信息技术教育，从对信息技术教育的投入、课程的设置、信息技术教育的实施、信息技术教育的培养目标等方面强化信息技术教育。

第一，优先发展信息技术教育，加大信息技术教育的投入。在各国开展的教育改革中，信息技术教育基本上都被置于优先发展的地位，加强信息技术教育已成为各国教育改革中的一项重要内容。每年在信息技术教育方面的投入也越来越大。这些投入,一方面用于中小学的计算机设备的购置,另一方面主要用于师资培训。越来越多的国家注意到,教师的教育观念和信息技术能力对信息技术教育的顺利推行起着非常重要的作用。因此,教师的信息技术培训受到各国的极大关注。

第二,重视信息技术教育课程的设置。近年来,各国已经把计算机科学的理论和技术列为幼儿园、小学、中学和大学的主要课程,以此培养公民的信息意识、基本技能和基本能力。在这里,值得注意的是,各国把按照小学、初中、高中各个发展阶段制定具有整合性、一贯性的信息技术教育作为一项策略来抓,强调设置一种综合性的课程,并建立实施这一课程的相应制度。

第三,重视信息技术与各学科课程的整合。近年来在中小学课程的改革中,发达国家特别注重信息技术教育与其他学科的融合。要求各学科教师给学生提供这方面的机会,让学生在具体的学科教学中接触一些软件,学会利用信息技术去获取知识、查找资料,使信息技术成为学生学习的有力工具。由此可见,国外中小学信息技术的一个重要目的就是通过信息技术教育的学习,培养学生获取信息、处理信息、运用信息的能力,实现信息技术与其他课程的整合。

第四,不断调整信息技术课程目标。信息技术的课程目标不再只是让学生了解信息技术的理论知识、掌握计算机及各种软件的操作技能,而是有所转变。一方面,要引导学生对各种操作系统或软件的性能的比较,找出其中的普遍规则,以利于在今后不断改进产品;另一方面是在课堂上教育学生注意与计算机和多媒体有关的方法论问题、伦理问题和法律问题,尊重学校生活中关于设备使用的规定,尊重知识产权法律,如使用正版的软件等。这种转变,是信息技术课程从一门单纯的工具性课程发展成一门具有教育意义的课程。此外,在发达国家,与以往培养专业技术人员的专业教育相比,大众化的信息技术教育开始受到关注。

2. 注重信息资源的开发和创新

在计算机等各种硬件逐渐普及的情况下,信息资源的开发和创新成为信息技术教育的一大趋势。各国纷纷采取不同的措施,丰富网络教育资源。有些国家要求全国所有的科研单位和图书馆一律使用因特网,从整体上开发和盘活教育信息资源。有些国家则强调全方位的全民开发模式,如德国。这种模式不仅针对学校,而且面向家庭和社会。德国 6~17 岁的学生家中均有电脑,与美国水平相当。其中,在家上网的学生达到 6%。德国的做法不仅大大提高了学生应用、操作和搜集教育信息的水平,而且把重心放在发展创新和预测教育信息的能力上,旨在培养对信息资源的主动创新和教学软件的开发能力。

3. 基于信息技术的学习方式和教学方式的变革

信息技术教育的发展带来了教育的信息化。教育信息化的一个重要方面就是教学过程的信息化,比如计算机辅助教学、多媒体教学、网络教学等现代教学模式。与传统教学模式相比,基于信息技术的教学模式在教学的目标、教学的方法、教学设计、教学组织等方面都发生了巨大的变化,在提高教学效率、教学效果方面起到了重要的作用。学生的学习方式与传统的学习方式也发生了很大的变化。学生可以利用信息技术与远程学伴、专家等进行交流,也可以进行虚拟学习。除此之外,学生还可以充分利用因特网的资源,开阔视野,拓展能力,加强自身的学习,不断提高自己解决问题的能力和创新能力。信息技术已成为学生学习的有效工具。

二、我国信息技术课程发展

我国中小学信息技术教育起步比较晚,但在党和政府的努力下,我国中小学信息技术教育从无到有,发展迅速。

(一)我国信息技术课程发展

我国中小学信息技术课程发展大致经历了三个阶段,掀起了三次浪潮,见表2-3。从发展阶段的性质来看,经历了试验阶段、逐步发展阶段和快速发展、基本普及阶段。

表2-3 信息技术课程发展历程

	20世纪80年代 (1981—1990年)	20世纪90年代 (1991—1999年)	21世纪前10年 (2000—2010年)
阶段性质	试验阶段	逐步发展阶段	快速发展、基本普及阶段
课程内容	基本知识、BASIC语言	基本知识(模块自选)	基本知识(基础模块、拓展模块)
推进方式	高中选修课	初中、高中选修、必修课,小学活动课	小学到高中作为必修课
理论依据	计算机文化论	计算机工具论	信息文化论
学科结合	少数教师编制小软件简单的CAI	计算机辅助教育	深层整合,提高创新能力和信息素养
支撑环境	计算机教室	多媒体教室	多媒体网络教室

1. 试验阶段

第一阶段开始于20世纪70年代末。1978年,在北京、上海等地的少数中小学和少年宫,先后成立了计算机课外兴趣小组。1982年,教育部要求在北京大学和清华大学等五所附中开设计算机选修课的试验工作,标志着我国中小学计算机教育的开始。在试验阶段,重点是进行计算机学科教学,使学生学习和掌握信息技术的基础知识和基本技能,课程内容最初为BASIC程序设计语言,后来逐渐增加了应用软件的操作和使用,该阶段的标志性口号是"程序设计是第二文化"。

2. 逐步发展阶段

第二阶段是从20世纪80年代中后期开始。1986年5月,在福建省福州市召开了"全国中学计算机教育第三次工作会议"。这次会议在我国计算机教育的发展上起到承上启下、继往开来的重要作用。该阶段的重点是计算机辅助教学和计算机辅助管理,主要是开发教学软件、课件和教育教学管理软件,把计算机当做一种工具,与学科教学结合起来,以提高教学效率,改变传统的教学模式,改善教学效果。该阶段以"计算机辅助教育"为标志。

3. 快速发展、基本普及阶段

第三阶段从20世纪90年代中后期开始,该阶段的重点是网络化教育。建多媒体教室、校园网、实施"校校通"工程;学校开设网络课程,开发教育资源库;探索基于网络的教学模式和基于网络的研究性学习；试验远程教学模式。该阶段的标志性口号是"网络就是计算机"。

学习资料：信息技术教育发展大事记

自1982年教育部在北京大学附中、北京师范大学附中、清华大学附中、复旦大学附中、华东师范大学附中五所中学实施计算机选修课教学试点到现在，我国先后颁布了6套教学大纲（教学纲要、指导纲要、课程标准），见表2-4。

表2-4 我国中小学信息技术课程教学大纲（教学纲要、指导纲要、课程标准）一览表

时间	教学大纲（教学纲要、指导纲要、课程标准）	备注
1983年	制定了《中学计算机选修课教学大纲》	第一次全国中学计算机教育工作会议
1984年	颁发了《中学电子计算机选修课教学纲要（试行）》	
1986年	讨论、修订了《普通中学电子计算机选修课教学大纲（试行）》	第三次全国中学计算机教育工作会议
1987年	颁布《普通中学电子计算机选修课教学大纲（试行）》	
1991年	讨论了《中小学计算机课程指导纲要》	第四次全国中学计算机教育工作会议
1994年	印发《中小学计算机课程指导纲要》	教基司[1994]51号
1997年	印发《中小学计算机课程指导纲要（修订稿）》	教基厅[1997]17号，自1998年9月起在我国实行
2000年	印发《中小学信息技术课程指导纲要（试行）》	全国中小学信息技术教育工作会议，教基[2000]35号
2003年	颁发了《普通高中技术课程标准（实验）》	信息技术课程为一部分，由人民教育出版社出版发行，2004年9月进入实验区

（二）我国信息技术课程发展中存在的问题

虽然我国在信息技术课程发展中取得了一定成绩，有了长足发展，但仍然存在着一些问题，主要表现在以下几个方面：

1. 重视力度不够

目前在中小学，由于信息技术课不参加中考和高考，许多学校对信息技术课不够重视，出现了经常被班会和其他任课老师占用，临近大考或期末考试的时候，信息技术课程基本处于停课状态的现象。

2. 指导纲要不先进

目前，我国中小学信息技术课程目标和课程内容多参照2000年颁布的《中小学信息技术课程指导纲要（试行）》，在该纲要中，初中和小学基本上均为"零起点"，随着计算机教育的普及和发展，许多小学都开设了信息技术课程，原有"纲要"显然不能有效指导现在的初中信息技术教学。

3. 课程发展不平衡

由于我国各地经济发展不平衡，直接导致信息技术教育发展的不平衡，信息技术课程发展也就受到了很大影响。

4. 信息素养培养欠缺

信息技术课程的核心任务就是培养学生的信息素养,但是在实际的教学过程中,却出现了教师偏重知识和技能的传授,而忽视了对学生计算机文化、网络伦理等方面的培养。

5. 教学方法效果不佳

尽管信息技术教学采用了多种方法,如案例教学、任务驱动教学法、探究教学、游戏教学等多种教学形式,但是学生学习的积极性却没有充分调动起来,教学效果也因此受到影响。

6. 师资队伍薄弱

从全国范围来看,信息技术教师仍有很大的缺口,尤其是在农村中小学和偏远地区,信息技术教师非常缺乏。

(三) 问题解决思路

1. 正确认识信息技术教育

各级学校应认真学习教育部关于信息技术的各项文件,积极贯彻《关于在中小学普及信息技术教育的通知》精神,充分认识信息技术教育的重大意义,把信息技术教育作为迎接全球信息化挑战、实现科教兴国战略的一项重大举措来抓。

2. 加大资金投入力度

通过各种渠道融资,鼓励社会团体、企业和个人对中小学信息技术教育的支持,搭建信息技术教学的硬件环境,满足信息技术课程教学需要。

3. 研制新的课程指导纲要

鉴于《中小学信息技术课程指导纲要(试行)》在初中和小学衔接问题上存在的一些缺陷,有关部门应尽快研制一套适合我国目前信息技术教育现状的新的纲要,从而有效指导中小学信息技术课程教学。

4. 改进教学方法

总结现有教学方法在教学中存在的问题,积极改进,探索教学方法有效实施的措施。进行教学方法的创新,在重视操作技能培养的同时,兼以作品设计,充分提高学生信息技术学习的积极性、主动性和创造性,让学生体会到学习的乐趣。

5. 加强师资队伍建设

采取有效措施加强中小学信息技术教育师资队伍建设,确保信息技术教学质量。一方面,鼓励和引导信息技术相关专业毕业生到中小学任教。另一方面,对现有信息技术教师进行新大纲、新教材和信息技术教学论的学习和培训工作,提高他们的信息素养。

第三节 信息技术课程设置

课程设置是指一定学校选定的各类各种课程的设立和安排。课程设置主要包括:合理的课程结构和课程内容。合理的课程结构指各门课程之间的结构合理,包括开设的课程合理,课程开设的先后顺序合理,各课程之间衔接有序,能使学生通过课程的学习与训练,获得某一专业所具备的知识与能力。合理的课程内容指课程的内容安排符合认识论的规律,能够反映学科的主要知识、主要的方法论及时代发展的要求与前沿。课程设置必须符合培养目标的要求,它是一定学校的培养目标在一定学校课程计划中的集中表现。

本节将从信息技术课程的课程性质、课程目标和课程内容、课时设置、信息技术教材设置几个方面来说明我国中小学信息技术课程的设置。

一、信息技术课程性质

2000年1月9日,教育部《关于加快中小学信息技术课程建设的指导意见》中指出:"中小学信息技术课程是一门知识性与技能性相结合的基础工具课程,应作为必修课开设。"同年11月14日,教育部在《中小学信息技术课程改革纲要(试行)》中表示"高级中学要将信息技术课程列入毕业考试科目"、"在条件成熟时,也可作为普通高校招生考试的科目"。2001年6月8日,在教育部颁发的《基础教育课程改革纲要(试行)》中明确规定:"从小学到高中设置综合实践活动并作为必修课程,其内容主要包括:信息技术教育、研究性学习、社区服务与社会实践以及劳动与技术教育。"

概括地讲,中小学信息技术是作为中小学的必修课来开设的,并且属于综合实践活动课的范畴。信息技术课的课程性质主要表现在基础性、综合性、实践性、层次性和人文性五个方面。

1. 基础性

信息技术课程是在其他学科教学乃至整个教育活动中应用信息技术的有力支撑,是学生在以后的工作和生活中有效解决问题的基础,是学生在未来学习型社会能够持续学习、不断发展的基础。

2. 综合性

中小学信息技术课程的综合性主要表现在它的课程内容上,既包括信息技术的基础知识、基本技能,也包括如何使用信息技术来解决实际问题的方法,还包括对信息技术过程、方法与结果的评价方法,信息技术在日常生活和学习中的应用,以及有关的权利义务、伦理道德、法律法规等。

3. 实践性

要掌握信息技术的基本知识和基本操作技能,离不开上机实践和实际操作,所以说信息技术课程具有很强的实践性。

4. 层次性

信息技术课程的层次性主要表现在,不同阶段(小学、初中、高中)的学生其兴趣爱好、接受能力和学习需求会有所不同,因此强调分层设计、分级教学。

5. 人文性

中小学信息技术课程对个人的创新能力和实践能力以及个性的发展都有很大的帮助,它是为了实现人的全面发展而设置的,即表现出基本的工具价值又表现出丰富的文化价值,既有恰当而充实的技术内涵,又体现科学精神,强化人文精神。

二、信息技术课程目标

课程目标是在课程设计与开发过程中,课程本身要实现的具体要求,它期望一定阶段的学生在发展品德、智力、体质、素养等方面所达到的程度。

（一）信息技术课程的总目标

在我国《中小学信息技术课程指导纲要（试行）》（以下简称《纲要》）中，明确提出了中小学信息技术课程的主要任务是："培养学生对信息技术的兴趣和意识，让学生了解和掌握信息技术基本知识和技能，了解信息技术的发展及其应用对人类日常生活和科学技术的深刻影响。通过信息技术课程使学生具有获取信息、传输信息、处理信息和应用信息的能力，教育学生正确认识和理解与信息技术相关的文化、伦理和社会等问题，负责任地使用信息技术；培养学生良好的信息素养，把信息技术作为支持终身学习和合作学习的手段，为适应信息社会的学习、工作和生活打下必要的基础。"

在我国《全日制普通高中信息技术课程标准》（以下简称《标准》）中指出，"普通高中信息技术课程的总目标是提升学生的信息素养。学生的信息素养表现在：对信息的获取、加工、管理、表达与交流的能力；对信息及信息活动的过程、方法、结果进行评价的能力；发表观点、交流思想、开展合作并解决学习和生活中实际问题的能力；遵守相关的伦理道德与法律法规，形成与信息社会相适应的价值观和责任感。"

由此可见，《纲要》与《标准》在我国基础教育阶段信息技术课程的总目标上不谋而合，即培养和提升学生的信息素养，适应信息时代对中小学生的要求。

（二）信息技术课程分阶段目标

在《纲要》中，提出了中小学信息技术课程设置的总要求和总目标："信息技术课程的设置要考虑学生心智发展水平和不同年龄阶段的知识经验和情感需求。小学、初中和高中阶段的教学内容安排要有各自明确的目标，要体现出各阶段的侧重点，要注意培养学生利用信息技术对其他课程进行学习和探究的能力。努力创造条件，积极利用信息技术开展各类学科教学，注重培养学生的创新精神和实践能力。"

目前，我国小学和初中的信息技术课程主要参考《纲要》规定的阶段目标进行设置，而高中阶段主要参考《标准》规定的课程目标进行设置。小学、初中、高中三个阶段信息技术课程教学目标规定如下：

1. 小学阶段

（1）了解信息技术的应用环境及信息的一些表现形式。

（2）建立对计算机的感性认识，了解信息技术在日常生活中的应用，培养学生学习、使用计算机的兴趣和意识。

（3）在使用信息技术时学会与他人合作，学会使用与年龄发展相符的多媒体资源进行学习。

（4）能够在他人的帮助下使用通信工具远距离获取信息、与他人沟通，开展直接和独立的学习，发展个人的爱好和兴趣。

（5）知道应负责任地使用信息技术系统及软件，养成良好的计算机使用习惯和责任意识。

2. 初中阶段

（1）增强学生的信息意识，了解信息技术的发展变化及其对工作和社会的影响。

（2）初步了解计算机基本工作原理，学会使用与学习和实际生活直接相关的工具和软件。

(3) 学会应用多媒体工具、相关设备和技术资源来支持其他课程的学习,能够与他人协作或独立解决与课程相关的问题,完成各种任务。

(4) 在他人帮助下学会评价和识别电子信息来源的真实性、准确性和相关性。

(5) 树立正确的知识产权意识,能够遵照法律和道德行为负责任地使用信息技术。

3. 高中阶段

在新课改背景下,《标准》将高中信息技术课程目标设定为强调知识与技能、过程与方法、情感态度与价值观"三维"目标的达成,如表2-5所示。

表2-5 高中信息技术课程三维目标

知识与技能	1. 理解信息及信息技术的概念与特征,了解利用信息技术获取、加工、管理、表达与交流信息的基本工作原理,了解信息技术的发展趋势。 2. 能熟练地使用常用信息技术工具,初步形成自主学习信息技术的能力,能适应信息技术的发展变化
过程与方法	1. 能从日常生活、学习中发现或归纳需要利用信息和信息技术解决的问题,能通过问题分析确定信息需求。 2. 能根据任务的要求,确定所需信息的类型和来源,能评价信息的真实性、准确性和相关性。 3. 能选择合适的信息技术进行有效的信息采集、存储和管理。 4. 能采用适当的工具和方式呈现信息、发表观点、交流思想、开展合作。 5. 能熟练运用信息技术,通过有计划的、合理的信息加工进行创造性探索或解决实际问题,如辅助其他学科学习、完成信息作品等。 6. 能对自己和他人的信息活动过程和结果进行评价,能归纳利用信息技术解决问题的基本思想方法
情感态度与价值观	1. 体验信息技术蕴含的文化内涵,激发和保持对信息技术的求知欲,形成积极主动的学习和使用信息技术、参与信息活动的态度。 2. 能辩证地认识信息技术对社会发展、科技进步和日常生活学习的影响。 3. 能理解并遵守与信息活动相关的伦理道德与法律法规,负责任地、安全地、健康地使用信息技术

(三) 信息技术课程目标解读

正确理解信息技术课程目标的内容,将有助于在课堂教学中贯彻课程目标,达到课程目标的要求。信息技术课程的总目标是培养和提升学生的信息素养,按照新课改对课程目标"三维"化的要求,可将信息素养的培养目标归纳如表2-6所示。

表2-6 信息素养在课程目标不同维度的体现

知识与技能	强调了解或掌握信息技术的基本概念、原理、思想,以及常用工具、手段、技术的基本操作与应用
过程与方法	强调通过具体操作或应用过程,在实际体验中掌握利用信息技术解决实际问题的方法,并逐步养成良好的学习习惯
情感态度与价值观	强调理解信息技术的技术思想,在应用信息技术的具体过程中,形成积极的技术观和价值观,对信息道德、信息伦理、信息文化产生感悟与内化,养成利用信息技术促进学习和改善生活的意识和态度,积极、负责、安全、健康地使用信息技术

三、信息技术课程内容

(一) 信息技术课程内容的选择与重构

信息技术发展迅速,更新速度快,而课程标准和教科书的改版却相对比较慢,迫切要求添加新内容,以适应时代的发展。同时,由于各地区、各学校教学条件差异比较大,相对统一的教学目标难以适应各地的要求,这也要求根据实际条件选择与重构教学内容。此外,信息技术知识量较多而且面广,学生学习的时间又非常有限,所以,精选和重构教学内容就显得非常必要。在进行信息技术课程内容选择与重构时,必须坚持以下几项基本原则:

(1) 与课程目标一致的原则。

(2) 与社会经济、科技、文化发展要求相适应的原则。

(3) 与学生的身心发展协调的原则。

(4) 与信息技术的发展同步更新的原则。

(5) 基础知识、基本技能教学和创新素质培养相结合的原则。

(6) 循序渐进原则。该原则要求课程内容的重新组织中避免零散与无序状况;要遵循由易到难、先简单后复杂的顺序,内容的逻辑先后顺序和学生学习的心理发展顺序。但这种顺序可以是线性的,也可以是非线性的。

(7) 整合原则。要注意课程内容的连贯性、协调性及与综合实践活动的一致性。

(8) 可扩展原则。要注意为学生的拓展性学习、研究性学习提供参考资料科目与超级链接;要注意内容表述的启发性与问题化;要建立配套使用的网站,以利于课程内容的实时更新。

(二) 信息技术课程内容

《中小学信息技术课程改革纲要(试行)》中指出,中小学信息技术课程教学内容目前要以计算机和网络技术为主(教学内容附后)。教学内容分为基本模块和拓展模块(带 * 号),各地区可根据教学目的和当地的实际情况在两类模块中选取适当的教学内容。

各阶段的教学内容分别如下。

1. 小学阶段

模块一 信息技术初步

(1) 了解信息技术基本工具的作用。如计算机、雷达、电视、电话等。

(2) 了解计算机各个部件的作用,掌握键盘和鼠标的基本操作。

(3) 认识多媒体,了解计算机在其他学科学习中的应用。

模块二 操作系统简单介绍

(1) 汉字输入。

(2) 掌握操作系统的简单使用。

(3) 学会对文件和文件夹(目录)的基本操作。

模块三 用计算机画画

(1) 绘图工具的使用。

(2) 图形的制作。
(3) 图形的着色。
(4) 图形的修改、复制、组合等处理。

模块四　用计算机作文
(1) 文字处理的基本操作。
(2) 文章的编辑、排版和保存。

* 模块五　网络的简单应用
(1) 学会用浏览器收集材料。
(2) 学会使用电子邮件。

* 模块六　用计算机制作多媒体作品
(1) 多媒体作品的简单介绍。
(2) 多媒体作品的编辑。
(3) 多媒体作品的展示。

2. 初中阶段

模块一　信息技术简介
(1) 信息与信息社会。
(2) 信息技术应用初步。
(3) 信息技术发展趋势。
(4) 计算机在信息社会中的地位和作用。
(5) 计算机的基本结构和软件简介。

模块二　操作系统简介
(1) 汉字输入。
(2) 操作系统的基本概念及发展。
(3) 用户界面的基本概念和操作。
(4) 文件和文件夹(目录)的组织结构及基本操作。
(5) 操作系统简单工作原理。

模块三　文字处理的基本方法
(1) 文本的编辑、修改。
(2) 版式的设计。

* 模块四　用计算机处理数据
(1) 电子表格的基本知识。
(2) 表格数据的输入和编辑。
(3) 数据的表格处理。
(4) 数据图表的创建。

模块五　网络基础及其应用
(1) 网络的基本概念。
(2) 因特网及其提供的信息服务。
(3) 因特网上信息的搜索、浏览及下载。

(4) 电子邮件的使用。

*(5) 网页制作。

＊模块六　用计算机制作多媒体作品

(1) 多媒体介绍。

(2) 多媒体作品文字的编辑。

(3) 作品中各种媒体资料的使用。

(4) 作品的组织和展示。

模块七　计算机系统的硬件和软件

(1) 数据在计算机中的表示。

(2) 计算机硬件及基本工作原理。

(3) 计算机的软件系统。

(4) 计算机安全。

(5) 计算机使用的道德规范。

(6) 计算机的过去、现在和未来。

3. 高中阶段

为了响应国家新课改的号召,培养出适应信息社会发展和需要的人才,高中信息技术课程采用学分制来描述学生的课程修习状况,包括必修与选修两个部分,共六个模块,每个模块 2 学分。高中信息技术课程总学分为 $2+2+(x)$,其中必修 2 学分,科目内选修 2 学分,跨领域选修 x 学分,修满 4 学分是取得高中毕业资格的最低要求。

信息技术课程各模块之间的关系结构如图 2-1 所示。

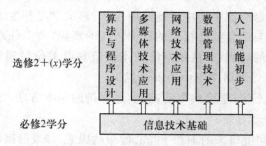

图 2-1　信息技术课程各模块之间的关系结构

必修模块：信息技术基础

本模块的教学强调在信息技术应用基础上信息素养的提升；要面向学生的日常学习与生活,让学生在亲身体验中培养信息素养。

本模块由 4 个主题组成,结构如图 2-2 所示。

图 2-2　信息技术基础模块的构成

(1) 信息获取

① 描述信息的基本特征,列举信息技术的应用实例,了解信息技术的历史和发展趋势。

② 知道信息来源的多样性及其实际意义;学会根据问题确定信息需求和信息来源,并选择适当的方法获取信息。

③ 掌握网络信息检索的几种主要策略与技巧,能够合法地获取网上信息。

④ 掌握信息价值判断的基本方法,学会鉴别与评价信息。

(2) 信息加工与表达

① 能够根据任务需求,熟练使用文字处理、图表处理等工具软件加工信息,表达意图;选择恰当的工具软件处理多媒体信息,呈现主题,表达创意。

② 合乎规范地使用网络等媒介发布信息、表达思想。

③ 初步掌握用计算机进行信息处理的几种基本方法,认识其工作过程与基本特征。

④ 通过部分智能信息处理工具软件的使用,体验其基本工作过程,了解其实际应用价值。

(3) 信息资源管理

① 通过实际操作或实地考察,了解当前常见的信息资源管理的目的与方法,描述各种方法的特点,分析其合理性。

② 通过使用常见的数据库应用系统,感受利用数据库存储、管理大量数据并实现高效检索方面的优势。

③ 通过对简单数据库的解剖分析,了解使用数据库管理信息的基本思想与方法。

(4) 信息技术与社会

① 探讨信息技术对社会发展、科技进步以及个人生活与学习的影响。

② 能利用现代信息交流渠道广泛地开展合作,解决学习和生活中的问题。

③ 增强自觉遵守与信息活动相关的法律法规的意识,负责任地参与信息实践。

④ 在使用因特网的过程中,认识网络使用规范和有关伦理道德的基本内涵;能够识别并抵制不良信息;树立网络交流中的安全意识。

⑤ 树立信息安全意识,学会病毒防范、信息保护的基本方法;了解计算机犯罪的危害性,养成安全的信息活动习惯。

⑥ 了解信息技术可能带来的不利于身心健康的因素,养成健康使用信息技术的习惯。

选修模块一:算法与程序设计

本模块的教学,应注意与数学课程中有关内容的衔接,要强调理论与实践的结合,引导学生注意寻找、发现身边的实际问题,进而设计出算法和计算机程序去解决这些问题。教师要注意发现对程序设计有特殊才能的学生,根据具体情况为他们提供充分的发展空间。本模块强调的是通过算法与程序设计解决实际问题的方法,对程序设计语言的选择不作具体规定。

本模块由3个主题组成,结构如图2-3所示。

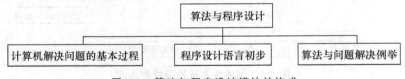

图 2-3 算法与程序设计模块的构成

（1）计算机解决问题的基本过程

① 结合实例,经历分析问题、确定算法、编程求解等用计算机解决问题的基本过程,认识算法和程序设计在其中的地位和作用。

② 经历用自然语言、流程图或伪代码等方法描述算法的过程。

③ 在使用计算机解决实际问题的过程中,通过观看演示、模仿、探究、实践等环节,了解顺序、选择、循环三种基本结构及其重要作用,掌握计算机程序的基本概念,能解释计算机程序执行的基本过程。

④ 了解程序设计语言、编辑程序、编译程序、连接程序以及程序开发环境等基本知识。

（2）程序设计语言初步

① 理解并掌握一种程序设计语言的基本知识,包括语句、数据类型、变量、常量、表达式、函数。会使用程序设计语言实现顺序、选择、循环三种控制结构。

② 理解模块化程序设计的基本思想,初步掌握其基本方法。

③ 初步掌握调试、运行程序的方法。

④ 在使用某种面向对象程序设计语言解决问题的过程中,掌握面向对象程序设计语言的基本思想与方法,熟悉对象、属性、事件、事件驱动等概念并学会运用。

⑤ 能够说出程序设计语言产生、发展的历史与过程,能够解释其意义。

（3）算法与问题解决列举

① 解析法与问题解决

了解解析法的基本概念及用解析法设计算法的基本过程;能够用解析法分析简单问题,设计算法,编写程序求解问题。

② 穷举法与问题解决

了解穷举法的基本概念及用穷举法设计算法的基本过程;能够根据具体问题的要求,使用穷举法设计算法,编写程序求解问题。

③ 查找、排序与问题解决

了解数组的概念,掌握使用数组存储批量数据的基本方法;通过实例,掌握使用数据查找算法和排序算法设计程序解决问题的方法。

④ 递归法与问题解决

了解使用递归法设计算法的基本过程;能够根据具体问题的要求,使用递归法设计算法、编写递归函数、编写程序、求解问题。

选修模块二：多媒体技术应用

本模块教学要密切结合学生学习与生活的实际,注重利用多媒体表现创意、表达思想,实现直观有效的交流。

本模块由 3 个主题组成,结构如图 2-4 所示。

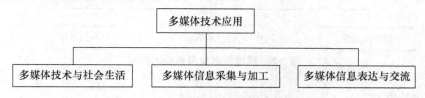

图 2-4　多媒体技术应用模块的构成

(1) 多媒体技术与社会生活

① 能够说出多媒体技术的现状与发展趋势，关注多媒体技术对人们的学习、工作、生活的影响。

② 通过调查和案例分析，了解多媒体在技术数字化信息环境中的普遍性。

③ 通过网络浏览、使用多媒体软件或阅读相关资料，体验和认识利用多媒体技术呈现信息、交流思想的生动性和有效性。

④ 体验并了解多媒体作品的集成性、交互性等特征。

(2) 多媒体信息采集与加工

① 了解常见的多种媒体信息如声音、图形、图像、动画、视频的类型、格式及其存储、呈现和传递的基本特征与基本方法。

② 能选择适当的工具，分别对声音、图形、图像、动画、视频等信息进行采集；能解释多媒体信息采集的基本工作思想。

③ 能根据信息呈现需求，选择适当的工具和方法，分别对声音、图形、图像、动画、视频等多种媒体信息进行适当的处理。

(3) 多媒体信息表达与交流

① 通过网络浏览、软件使用和资料阅读，理解多媒体技术是人类在信息社会中表达思想、实现交流的一种有效技术。

② 通过案例分析，了解从问题解决的需要出发，规划、设计、制作多媒体作品的一般方法。

③ 学会使用非线性方式组织多媒体信息。

④ 能根据表达、交流或创造的需要，选择适当的媒体和多媒体编辑或集成工具完成多媒体作品，实现表达意图，并能够对创作过程与结果进行评价。

⑤ 能使用一种常用的工具制作简单的虚拟现实作品，并能描述其基本特点。

⑥ 通过评价与鉴赏他人的多媒体作品，体验其创作思想，明了其中所蕴含的意义。

选修模块三：网络技术应用

本模块的教学，要注重激发学生对网络技术和参与创造性活动的兴趣；要结合实际条件，把网络技术基础知识和基本技能整合到学生的日常学习和生活中去，避免技术与应用、理论与实践相脱节；要充分展示网络技术发展的指导思想，展示网络技术与现代社会生活的相互作用。

本模块由 3 个主题组成，结构如图 2-5 所示。

图 2-5　网络技术应用模块的构成

(1) 因特网应用

① 通过使用因特网，了解因特网服务的基本类型、特点与应用领域；了解因特网服务

组织的类型、提供的服务与服务特点。

② 通过尝试与分析,了解因特网信息检索工具的类型与特点;知道搜索引擎、元搜索引擎(又称集成搜索引擎)等因特网信息检索工具的产生背景、工作原理与发展趋势;掌握常用因特网信息检索工具的使用方法,能熟练使用检索工具获取所需信息。

③ 通过使用或演示,了解与人们学习、生活密切相关的因特网应用技术的基本使用方法,初步了解其基本工作思想。

④ 能够根据实际需求选择恰当的方式方法,利用因特网获取所需信息、实现信息交流;体验因特网在跨时空、跨文化交流中的优势,分析其局限性。

(2) 网络技术基础

① 了解计算机网络的主要功能、分类与拓扑结构。

② 理解网络协议的基本概念,能描述网络的开放系统互联协议(OSI)分层模型的基本思想,能描述因特网 TCP/IP 协议的基本概念、思想与功能。

③ 能列举并解释网络通信中常用的信息交换技术及其用途。

④ 能描述浏览器/服务器(B/S)结构、客户机/服务器(C/S)结构的概念与特点。

⑤ 理解 IP 地址的格式与分类;知道域名的概念和域名解释的基本过程。

⑥ 知道因特网 IP 地址、域名的管理办法及相应的重要管理机构。

⑦ 通过实地考察,了解小型局域网的构建方法与使用方法;知道网络服务器的主要作用与基本原理;能说出代理服务器的概念并知道其作用。

(3) 网站设计与评价

① 知道 WWW、网页、主页、网站的基本概念及其相互关系。

② 理解动态网页的概念,能解释其工作过程。

③ 能够根据表达任务的需求,使用常用的网页制作软件制作与发布动态网页。

④ 通过开发实践,学会规划、设计、制作、发布与管理简单网站的基本方法。

⑤ 能够根据网站主题要求设计评价指标,对常见网站的建设质量与运行状况进行评价。

选修模块四:数据管理技术

本模块的教学,要突出对数据库技术中"关系"这一核心特征的理解,着眼于数据管理技术在实际生活和学习中的应用,关注相关技术的发展趋势。在具体教学活动中,可以根据实际情况选择介绍一种常用的数据库管理系统。

本模块由 3 个主题组成,结构如图 2-6 所示。

图 2-6 数据管理技术模块的构成

(1) 数据管理基本知识

① 知道数据管理技术的基本概念,能说出数据管理技术的产生历史与发展趋势。

② 能够使用现有数据库辅助学习,开展专题研究。
③ 掌握关系数据库中的库、表、字段、记录等概念,理解"关系"所表达的含义。
④ 通过调查与实例分析,了解数据库在多媒体和网络方面的应用方法与应用价值。

(2) 数据库的建立、使用与维护

① 通过实例分析,初步掌握数据收集、数据分类和建立关系数据模型的基本方法。学会使用实体—关系图描述关系数据模型。
② 熟悉一个数据库管理系统软件;掌握建立数据库结构、添加数据和编辑数据库的常用方法。
③ 掌握数据检索及报告输出的基本方法;掌握常用的数据筛选、排序及统计的方法。
④ 掌握同类数据库之间的链接、数据导入导出的基本方法。
⑤ 了解结构化查询语言 SQL 的基本概念;掌握 SQL 的基本数据操作与数据查询语句(SELECT、INSERT、DELETE、UPDATE)的使用方法。

(3) 数据库应用系统

① 理解层次和网状数据模型的基本概念。
② 通过案例分析,理解数据库、数据库管理系统、数据库应用系统的概念及相互关系。
③ 初步掌握设计和实现简单的数据库应用系统的基本方法。
④ 能描述数据库应用系统在信息资源管理中的作用。
⑤ 明确数据规范化的思想、意义,知道其在数据库应用系统建设和使用中的价值与作用。

选修模块五:人工智能初步

本模块的教学应强调让学生体验若干典型人工智能技术的应用;要根据高中学生的知识基础和本校实际情况开展教学;要发现有特长的学生并对他们进行有针对性的教学。本模块对采用的人工智能语言与专家系统工具不作具体要求,可以根据实际情况自主选择。

本模块由 3 个主题组成,结构如图 2-7 所示。

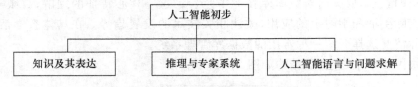

图 2-7　人工智能初步模块的构成

(1) 知识及其表达

① 能描述人工智能的概念与基本特点;知道人工智能技术随着计算机硬、软件技术的进步和应用需求而发展的事实和客观规律。
② 列举人工智能的主要应用领域;通过演示或实际操作,体验人工智能的若干典型应用,知道其发展现状。
③ 掌握知识的概念;学会知识表达的基本方法。

（2）推理与专家系统

① 演示或使用简单的产生式专家系统软件，感受用专家系统解决问题的基本过程；了解专家系统的基本结构。

② 通过实例分析，知道专家系统正向、反向推理的基本原理；会描述一种常用的不精确推理的基本过程。

③ 了解专家系统解释机制的基本概念及其在专家系统中的重要作用。

④ 了解专家系统外壳的概念；学会使用一个简易的专家系统外壳，并能用它开发简单的专家系统。

（3）人工智能语言与问题求解

① 了解一种人工智能语言的基本数据结构和程序结构，掌握相关概念，知道人工智能语言的主要特征。

② 初步学会使用该语言设计程序求解简单问题，并能够上机调试、执行相应的程序。

③ 了解状态空间的概念与方法，学会用该方法描述待求解的问题。

④ 通过简单博弈问题的分析，了解用盲目搜索技术进行状态空间搜索的基本过程，知道启发式搜索的基本思想及其优点。

（三）信息技术课程内容分析

总的来看，无论是小学、初中还是高中，信息技术课程内容都比较丰富，注重双基训练，与2000年我国信息技术教育刚刚起步时的国情基本上相适应。高中部分侧重与生活、科技相联系的"活"的知识，注重学生全面、自主、有个性的发展，这基本符合基础教育课程改革对课程内容的要求。但是，中小学信息技术课程各阶段的内容基本上都是从"零起点"的水平制定的，随着信息技术教育的普及和发展，各阶段的内容在实际的教学实践中也凸显出了一些问题。

小学信息技术课程内容分为"信息技术初步"、"操作系统简单介绍"、"用计算机画画"、"用计算机作文"四个基本模块和"网络的简单应用"、"用计算机制作多媒体作品"两个拓展模块。这基本上涵盖了课程目标所要求的信息技术基础知识与简单技能的学习，体现了现代信息技术课程中的"工具"意识、"文化"意识、"道德"意识、"整合"思想与"弹性"课程理念；注重培养学生的兴趣、年龄特征，符合全国一般小学的实际需要。该课程内容是在小学四、五年级开课，每周1学时共68课时的课时量标准进行设计的。而在颁布的《义务教育阶段课程设置及课时安排检查表》中，小学信息技术课程应在三、四、五、六共四个年级开设。所以，课时总量与课程内容总量可适当增加。此外，可以适当增加一些如"电脑音乐"、"网上购物"、"机器人与社会"等模块内容。在小学高年级可适当安排一些"利用网络做研究"的综合实践活动。同时，在小学技术课程设计与教学中，恰当融入游戏性学习与兴趣诱导等课程理念。

从"零起点"视角看，初中信息技术课程内容比较丰富，注重双基，但从今天信息技术教育发展的水平来看，一方面初中信息技术课程基本上处于孤立状态，与小学和高中课程内容不能有机衔接；另一方面，初中信息技术课程内容与小学信息技术课程内容有较多的重复与重叠。这将会造成我国信息技术教育中人力、物力、财力的巨大浪费；此外，信息技术教学的实践性、综合性、创造性没有落到实处，事实上仍然以学科性为中心。

从"零起点"视角看,初中信息技术课程内容比较丰富,注重双基,但从今天信息技术教育发展的水平来看,一方面初中信息技术课程基本上处于孤立状态,与小学和高中课程内容不能有机衔接;另一方面,初中信息技术课程内容与小学信息技术课程内容有较多的重复与重叠。这将会造成我国信息技术教育中人力、物力、财力的巨大浪费;此外,信息技术教学的实践性、综合性、创造性没有落到实处,事实上仍然以学科性为中心。

高中信息技术课程内容分为必修与选修两部分,必修部分只有"信息技术基础"一个模块,它是信息素养培养的基础,是学习后续选修模块的前提。选修部分增强了课程选择的自由度,五个选修模块并行设计,相对独立,注重应用技术领域的能力训练。虽然高中阶段的课程内容避免了与初中信息技术课程内容的再次重复,但与义务教育阶段的课程内容衔接性不强,知识跨越度大,学生不能充分利用先前的信息技术学习经验进行有效的学习,从而产生义务教育阶段信息技术课程内容无用性的错误观念。

综上所述,目前中小学信息技术课程内容主要存在知识点重复、衔接性不强等问题,为了更好地实现信息技术教育的目标,高效地培养适应信息时代的高素质人才,教育部应组织专家学者、一线教师编写起草、尽快颁布先进统一的中小学信息技术课程标准,以重新指导信息技术课程内容的设置。2000年教育部颁布《纲要》至今,未出现一个关于中小学信息技术教育的最新标准,在全社会的强烈呼唤下,中国教育技术协会信息技术教育专业委员会于2012年发布了《基础教育信息技术课程标准》(以下简称《新标准》),《新标准》中规定的中小学各阶段信息技术课程内容如表2-7所示。

表 2-7 《新标准》规定的各阶段教学内容

	基础模块	拓展模块
小学阶段	专题一:"硬件与系统管理" 专题二:"信息加工与表达" 专题三:"网络与信息交流"	模块一:"算法与程序设计入门" 模块二:"机器人入门"
初中阶段	专题一:"硬件与系统管理" 专题二:"信息加工与表达" 专题三:"网络与信息交流" (相比小学阶段,在内容广度和深度上均有加强)	模块一:"算法与程序设计" 模块二:"机器人设计与制作"
高中阶段	由三个基础性与方向性兼备的模块构成,分别是"网络技术应用"、"多媒体技术应用"、"算法与程序设计",这些模块的学习需要以小学、初中信息技术课程相关模块的学习作为基础	

与《纲要》相比,《新标准》中规定的各阶段的内容相互衔接、各有侧重,呈螺旋上升状态。以"算法与程序设计"为例,小学阶段以体验为主,强调借助积木式编程工具,通过对对象、模块、控制、执行等概念及作用的直观操作体验,感受编程思想;初中阶段以高级程序设计语言为工具,通过尝试设计与实现基本程序结构,将实际问题解决与算法思想形成联结;而高中阶段则从面向实际问题的解决入手,借助几种比较典型算法问题的解决,帮助学生体会算法与程序设计的作用及其魅力。

四、信息技术课程课时设置

一般来讲,信息技术课程多从小学三年级开始开设。根据《中小学信息技术课程指导纲要(试行)》,中小学信息技术课时安排如下:

小学阶段信息技术课程,一般不少于 68 学时;初中阶段信息技术课程,一般不少于 68 学时;高中阶段信息技术课程,一般为 70～140 学时。上机课时不应少于总学时的 70%。

五、信息技术课程教材建设

教育部颁发的《基础教育课程改革纲要(试行)》中,明确要求"改变课程内容'难、繁、偏、旧'和过于注重书本知识的现状,加强课程内容与学生生活以及现代社会和科技发展的联系,关注学生的学习兴趣和经验,精选终身学习必备的基础知识和技能。改变课程管理过于集中的状况,实行国家、地方、学校三级课程管理,增强课程对地方、学校及学生的适应性";"学校在执行国家课程和地方课程的同时,应视当地社会、经济发展的具体情况,结合本校的传统和优势、学生的兴趣和需要,开发或选用适合本校的课程。各级教育行政部门要对课程的实施和开发进行指导和监督,学校有权利和责任反映在实施国家课程和地方课程中所遇到的问题"。目前,我国各地根据地区的特色,制定出了适应地区发展的中小学信息技术课程标准和课程内容版本,如苏教版、粤教版、北师大版等多个版本。有关部门在编写信息技术教材的时候,要遵循教育部在《关于加快中小学信息技术课程建设的指导意见(草案)》中有关信息技术教材编写的原则。

(1) 实行"多纲多本",统一性和灵活性相结合。各省级教育部门可以按照《关于加快中小学信息技术课程建设的指导意见(草案)》的有关要求,根据当地的有关情况,制订本地区使用的教学大纲,指导编写和选用教材。

(2) 教材编写的指导思想应以培养应用信息技术解决实际问题能力为主线。教材内容以基本知识、基本操作和应用为主。

(3) 教材体系应以"模块化"结构组织教学内容以适应技术的发展。

(4) 教材内容安排应遵循学生的认知规律,要注意采用学生乐意接受的方式,使学生不但"知其然",还要"知其所以然"。

(5) 知识及技能的传授应以完成典型"任务"为主,注重学生解决问题能力的培养。教材内容应从完成提出的某一"任务"着手,通过讲解或操作实践使学生完成"任务",从而达到培养学生提出问题、分析问题、解决问题的综合能力。

学习活动:

对我国信息技术教育的现状进行调查研究分析,写一份调查报告。

思考与练习:

1. 你是如何理解信息技术课程在中小学教育中的地位和作用的?
2. 中小学信息技术课程的课程目标、教学内容是什么?你是如何看待的?
3. 谈谈美国、英国、日本信息技术课程改革对我国信息技术课程改革的启示。

第三章 中小学信息技术课程的特点与教学原则

学习目标

1. 了解信息技术课程的特点,能结合实例进行描述;
2. 了解研究信息技术教学原则的意义、作用和依据;
3. 理解信息技术课程教学的原则,明确每项原则实施过程中应注意的问题。

本章导读

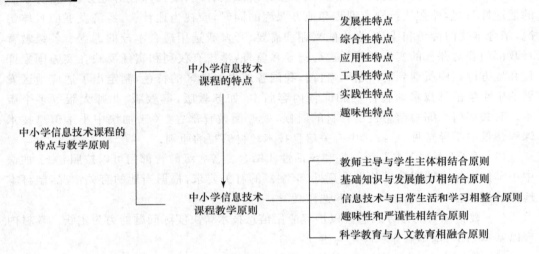

第一节 中小学信息技术课程的特点

中小学信息技术课程成为一门独立的知识型与技能型相结合的基础性学科。它既与数学、物理等其他学科有共性,又具有它自身的个性。根据我国现代中小学信息技术教学体系和教学内容来分析,中小学信息技术课程具有如下几个主要特点。

一、发展性特点

现代信息技术的发展日新月异,无论是硬件还是软件均取得了不少突破性的成就,开辟了许多新的领域,提出了许多新的观点,这使得中小学信息技术课程具有鲜明的时代发展性特点。

现实表明,以计算机和网络为核心的信息技术的发展速度是当今任何一门学科都未曾有过的。"每18个月计算机芯片的性价比将提高一倍"普遍地被计算机工程师称为摩尔定律。计算机硬件技术的高速发展带来的是软件的不断更新换代。这样就使得信息技术课程的学科将在一个很长的时间里处于高速度发展与淘汰并存的演进状态之中。那么,如何在中小学阶段为学生打好基础,使学生学到信息技术和操作技能,尽可能地对学生的长远发展起作用,是在信息技术课程教学过程中要解决的问题。

从实际调查中发现,现行中小学由于各地经济和教育发展不平衡,计算机硬件和软件配备及教师水平与学生的素质等条件差别较大,因此没有使用统一的教材,教学内容仅是根据本地区甚至是本学校计算机的硬件和软件配置及教师信息技术水平等因素确定。但不管使用何种教材,我们都应该从培养学生的信息素质角度出发,选取信息技术课程学科中的基础知识和技能作为中小学信息技术课程的教学内容,因为越是基础的东西越具有普适性和迁移性,也就越适应于中小学的素质教育。不能将现在的教学内容和若干年后学生走上工作岗位时的实际需要简单地连接起来。

二、综合性特点

中小学信息技术课程与中小学其他学科比较,具有较强的综合性。它涉及众多的边缘和基础科学,比如信息论、控制论、系统论、哲学等学科。这就是说,中小学信息技术课程本来就不具备严格意义上的所谓计算机学科性,它兼有基础文化课程、劳动技术教育和职业教育的特点,也兼有学科课程、综合课程和活动课程的特点。就目前中小学的现实情况来看,信息技术与基础教育结合通常分为三个方面:即信息技术课程教学、计算机辅助教学和计算机辅助管理。"应试教育"的主要弊端之一是"学科本位",在我们的实际调查中发现:由于受传统"应试教育"的影响,这三者的界限分得极为清楚,似乎信息技术课程只能讲计算机"学科"的内容,这种片面强调信息技术课程的所谓学科性,严重束缚了众多信息技术课程教育工作者的思路,因此,现在从小学、初中到高中的信息技术课程教材内容几乎雷同,都是计算机基础知识、操作系统、文字处理、计算机语言等,只不过低年级少一两项,或难度低一些而已。实施素质教育,提高教育教学质量,减轻学生课业负担的出路之一是"淡化"学科界限,现代教育技术引入了多媒体教学手段,提出了超文本方式组织教学信息,以任务驱动教学过程的思想,这为实施综合课程教学提供了理论基础和技术手段。

从这一特点出发,针对目前我国中小学信息技术发展的状况,我们应淡化中小学信息技术课程的"学科性",强调它的综合性,特别是小学阶段,主要是用计算机,而不是学计算机,是以计算机为工具,与其他学科或活动整合在一起,其综合性非常强。另外,在教学中,应适当淡化信息技术课程与计算机辅助教学、计算机辅助管理之间的界限。这样,可以开拓思路,既有利于信息技术课程教学,也有利于促进计算机辅助教学的发展,同时可以提高计算机硬件的使用率,也能使学生在计算机文化综合应用的熏陶中提高他们的信息素质。

三、应用性特点

中小学信息技术课程是一门应用性学科。在信息技术课程教学过程中应创设尽可能多的机会(既包括课内也包括课外)让学生亲自动手使用计算机,学生只有在不断的使用过程中才能学好计算机。理论和实践也已表明,计算机在教学中有着巨大的应用潜力。正因为计算机拥有图画、声音、交互控制、动画视频等多种手段和正在日益发展的远程通信能力,计算机在教学中的应用越来越大,在某种程度上将打破传统的教学模式。这方面的作用主要体现在:计算机辅助教学能够使教学更贴近学生和学习实际;减少学生的理解障碍;同时能够提高教学效率。比如教育部基础教育司和电化教育办公室从1997年开始实施的"全国中小学现代教育技术实验学校"项目中采用"计算机与语文识字教学整合",就是一个非常成功的范例。

四、工具性特点

计算机不是一般的计算工具,而是"人类通用智力工具"。所以,计算机具有工具性特点。信息技术教学已经不以"BASIC=计算机"为教学内容了,而是要贯彻"加强基础,淡化语言,注重应用,强化实践"的指导思想。也就是说,信息技术教学,要求我们的学生必须掌握和应用计算机这个现代化的工具,去处理现代社会的信息。

在计算机辅助教育领域,计算机更体现出其工具性的特点。教学过程通常应用幻灯片、电影、电视等手段。现在随着计算机的普及,特别是多媒体技术的发展,计算机在教育领域中的应用越来越广泛了,并越来越体现出它的优越性。计算机在教育领域的应用主要有以下两个方面:计算机辅助教学和计算机管理教学。

信息技术学科教学中应用计算机辅助教学,可以充分发挥计算机所具有的生动、形象、直观、交互性和快捷反馈的特点,对学生进行各种练习、测验,并给予提示和评判答案是否正确,最后给予评分。这样可以适应各种不同水平的学生,做到个别化教学,激发学生的学习兴趣,提高学生学习的积极性,提高信息技术教学质量。另外,教师在教学过程中可以通过计算机这个教学工具演示和模拟种种教学例子和实验过程,增强课堂教学效果。

计算机管理教学可以帮助教师管理和指导教学过程,能为教师提供作出教学决策所需要的有关信息,如学生的学籍管理、学生学习情况的分析、学习成绩的统计和评价等。目前,越来越多的学校开始应用计算机进行管理教学,以提高教学管理水平。

五、实践性特点

中小学信息技术课程是离不开实践的学科。它的创立和发展都离不开计算机的操作。同样,中小学信息技术教学也必须突出实践性特点。信息技术教学的性质决定了它不能离开上机实验,上机实验操作直接关系到中小学信息技术教学的发展水平和教学水平。在中小学信息技术教学过程中,我国发达地区的中小学,上机实验操作课时数与授课课时数之比达2:1。我国《中小学信息技术课程指导纲要(试行)》中明确规定:"上机课时不少于总学时的70%。"

中小学信息技术学科的实践性特点主要表现在以下几个方面:

第一,信息技术学科是实践性极强的学科。不实践学不会,不实践学了也没有用。针对这一特点,我们强调中小学信息技术学科教学应该"面向应用",以实践为主,精讲多练。"精讲"是指教师要讲出内容的基本知识点和精华;"多练"是指让学生有足够的上机时间,进行有目标、有实际效果的操作,并培养学生的计算机操作意识和应用意识,不能搞"纸上谈机"和"无机教学"。

第二,中小学信息技术教学,要求从以计算机程序设计为主逐步向以计算机操作和应用为主过渡。也就是说,淡化计算机语言教学、加强计算机操作训练是中小学信息技术教学的必然趋势。

第三,对学生来讲,坐在计算机面前,他所面对的不是一般的物理仪器、化学装置或生物仪器,而是用来学习、动手操作和进行构思与创造,进而培养他们的学习能力、实践能力和创造能力的环境。

第四,上机操作是实现中小学信息技术教学智力目标的基本手段,是培养学生操作技能的主要途径,是发展学生非智力因素的一个重要环节。

六、趣味性特点

中小学信息技术课程是一门趣味性很强的学科。因此,在教学过程中,应该充分利用计算机的趣味性,无论在哪个年级,无论什么样的教学内容都应该重视挖掘和体现信息技术课程的趣味性,重视激发、培养学生学习计算机的兴趣。教师应为学生创设一个良好的学习环境,努力激发学生主动探索的愿望,细心诱导学生的想象,热情鼓励学生的每一点进步,耐心点拨学生的每一个困惑,使学生在学会和会学中不断取得进步。教师还特别要挖掘计算机与其他课程教学整合中体现出来的优越性,用学生身边实实在在的事实去激发其对信息技术课程的浓厚学习兴趣。比如有位数学教师将计算机与数学课教学整合,采用多媒体计算机讲授"轴对称"概念:先利用几何画板制作一只会飞的花蝴蝶,这只蝴蝶刚一"飞"上屏幕,立刻吸引了全体学生的注意,一些平时不爱上数学课的学生这时也活跃起来。学生根据蝴蝶的两只翅膀在运动中不断重合的现象很快就理解了"轴对称"的定义,并受此现象的启发还能举出成轴对称的两个三角形,并利用多媒体计算机的动画和隐藏功能,时而让两个对称的三角形动起来,使之出现不同情况的对称图形(例如图形在对称轴两侧、两图形交叉或是对称点在轴上等);时而隐去或显示一些线段及延长线。在这种形象化的情境教学中,学生一点不觉得枯燥,相反在老师的指导和启发下他们始终兴趣盎然地认真观察、主动思考,并逐一找出对称点与对称轴、对称线段与对称轴之间的关系,在此基础上学生们很自然地就发现了轴对称的三个基本性质,并理解了相应的定理,从而实现了对知识意义的主动建构。这样既高效优质地完成了数学教学任务,又激发了学生对信息技术课程知识学习的浓厚兴趣,更重要的是培养了学生运用信息技术获取知识的信息素质。

第二节 中小学信息技术课程教学原则

教学原则是根据教学目标、教学的客观规律,在总结教学实践经验基础上制定的、为教学工作所必须遵循的一般原理或准则。科学的教学原则,能够为正确处理教学过程中的各种矛盾、关系及各种矛盾的转化创设条件,是提高教学质量的重要保证,它包括三方面的含义:首先,教学原则从属于教学目的,是为实现教学目的服务的;其次,教学原则的确定有赖于人们对教学规律的认识;再次,教学原则对教学内容、教学方法、教学组织形式的设计与运用起指导作用。

信息技术教学原则是指为培养学生的信息素质和提高教学效果，反映信息技术教学规律而制定的指导信息技术教学工作的基本要求。本节所阐述的信息技术课程的五大教学原则，是在分析信息技术新课标所提倡的课程理念、目标和内容，总结信息技术教学实践经验的基础上形成的。

一、教师主导与学生主体相结合原则

教师主导作用，是指教学的进程、内容、方法、组织和实施通常都是由教师来设计和决定；学生的主体性，是指学生作为认识和发展的主体，要主动积极而不是消极被动地学习。教师主导与学生主体相结合原则，就是要教师在发挥主导作用的前提下，充分调动学生学习的自觉性，引导学生积极地开展思维活动，主动地获取知识，并且能够把知识创造性地运用到实际中去，教师要对教学效果和质量负责，学生的积极主动性也必须由教师引导，学生学习积极性如何，课堂秩序好坏，上课学生注意力是否集中，成绩优劣，主要责任者是教师。从这个观点出发，如果上课时学生秩序不好，这时教师首先想到的应该是自己的课讲得怎样，而不是责备学生。学生的成绩，很大程度上反映出教师的教学成绩。

教师主导与学生主体相结合原则合乎学生认识规律，合乎建构主义教学原则。学习是一种创造性的劳动，尤其是信息技术的学习，学生对于所学习的东西，要进行感知、理解和应用，只有通过他们自己的实际操作和探索，认真思考分析研究，达到融会贯通的程度，才能使所学的知识成为他们的可靠"财富"，"老师主导"是外因，"学习主动"是内因，外因通过内因而起作用。教师要循循善诱，不可因急于求成而包办代替，把知识嚼得太烂，以致学生感到无味，应使学生在思考中掌握知识，在实践中理解概念和掌握技能，并学会学习。不论具体使用什么教学方法和手段，教师主导与学生主体相结合的原则都应贯穿其中。教师主导与学生主体相结合的原则，应做到以下几点：

第一，吃透教材，了解学生。贯彻教师主导与学生主体相结合的原则，首先必须弄清楚所教内容的知识结构、来龙去脉、地位、作用、重点、难点、关键和内在联系等，才有可能充分发挥教师的主导作用；而对学生的知识水平、接受能力和有关思想实际（如学习目的、态度、方法、兴趣等）的了解是调动学生积极性、主动性的基础，只有吃透教材，了解学生，才能有的放矢地进行启发。

第二，创设问题情境，引导学生积极思维。教师要善于提供具有典型意义的任务，既富有挑战性，又难易适中，既涵盖教学内容，又不照抄书本案例（信息技术知识更新太快）。教师要善于提出富有启发性的问题，引导学生积极思考，步步深入以实现教学目标。

第三，教师要运用各种方式预设锚点，进行启发，帮助学生克服完成学习任务过程中可能出现的问题和困难，主导整个教学过程。教师主导作用还在于在学生完成学习任务过程中预设一些锚点，给一些提示、提一些问题或要求。这样学生既不受任何思维束缚，又不至于无从下手或偏离教学目标，通过学生自主练习、操作，启发学生进行分析综合、归纳演绎；通过讨论问题提高学生分辨能力、表达能力和论证能力；适时运用恰当的表情和动作感染学生可以引起学生注意，进而激发他们的思维，有效地获得知识或加深对知识的理解。

第四，要使学生主动学习，养成善疑、善问、善思的习惯。人们常说"提出问题是解决问题的一半"，这是很有道理的。爱因斯坦也曾认为："提出了一个问题往往比解决一个问题更重要，因为解决问题也许仅是一个数学上或实验上的技能而已，而提出新的问题、新的可能性、从新的角度去看旧的问题，都需要有创造性的想象力，而且标志着科学的真正进步"。学生善疑、善问、善思的习惯是需要在教学中逐渐培养的，经常提出有启发性的问题，学生的思维才能活跃起来，对知识的理解才能更加深刻，敢于提出问题和新见解的素质才能培养出来。在教学中，我们还要培养学生多思、深思的习惯，只有在提出问题之前，经过多方面的深入思考，才能提出有意义、有质量的问题，而在解答问题时也只有坚持认真思考，才能解答得好。鼓励学生从不同角度思考问题，用不同的方法解决问题，都有利于学生创造性思维的发展。

二、基础知识与发展能力相结合原则

基础知识与发展能力相结合原则是针对学生信息素养的培养提出来的，它包括三个方面。第一，人类社会已经迈入信息社会，信息技术成为一种基础性工具，信息素养成为社会公民的一项基本素质。这种社会背景，见之于信息技术课程的教学，就必然要求我们注重对学生信息素养这种基础文化素质的培养。第二，信息技术以及信息社会是不断发展的，但是这种发展又依赖于一定的基础，是建立在一定基础之上的发展。这种历史发展规律，见之于信息技术课程的教学，一方面，在教学目标的定位上不仅要为学生打牢知识基础，同时要使学生掌握学习信息技术的一般方法，学会学习，保持可持续发展，适应技术与社会的瞬息万变；另一方面，在教学内容的选择上既注重基础也适度反映（前沿）进展，使学生在掌握必要的信息技术基础知识和基本技能的同时，增强对信息技术发展前景的向往和对未来生活的追求。换言之，既不故步自封，滞留于信息技术发展的昨天，也不盲目突进，去追逐信息技术发展的前沿。第三，学生的心智发展存在一个循序渐进、逐步成熟的客观规律，而信息技术的各个组成部分在技术深度和文化内涵上又存在程度上的不同区分。学生心智发展和信息技术的这些特点，就要求教师将教学抛锚于学生的"最近发展区"，注意内容难度、深度和广度上的取舍，坚持基础性与发展性的有机结合，促进学生信息素养的一般发展。

在教学中贯彻基础知识与发展能力相结合原则，需要注意如下几点：

1. 重视信息技术基础知识、基本技能、基本方法和基本态度的培养，为学生的终身发展夯实根基

一般而言，越是基础的知识越具有普适性和迁移性，也就越适用于现在中小学的素质教育。从教育心理学的层面来看，掌握必要的基础知识、基本技能、基本方法和基本态度（也有人称之为"四基"）是产生学习迁移的重要条件，有利于学习者形成良好的认知结构，为后继信息技术课程的学习打下良好的基础。而且，更为重要的是，信息技术的大众化又使它迅速地接近大众，走进大众生活。现在以及将来的学习、生活和工作都将处在一个被信息技术充塞的环境中，缺乏基本的信息素养也就失去了生存和发展的基本条

件,这样的人必将陷入被动乃至被社会所淘汰。

所以,在中小学信息技术课程教学内容的选取上,应该突出"基础性"原则,学习内容应是信息技术学科领域中具有一定稳定性的东西,是学生将来学习、生活和工作中能够利用的或者能迁移到其他领域中去的。虽然信息技术的发展十分迅猛,令人目不暇接,但我们也应该看到,信息技术的基本概念、原理、方法和发展规律,我们对信息技术的应持态度和使用信息技术的基本习惯都是相对稳定的。例如,信息和信息技术的重要价值、计算机系统的组成和基本工作流程、信息获取和多媒体作品制作的一般过程和方法等。

2. 以发展的眼光促进学生信息素养的一般发展

这里所谓发展的眼光,一是指教学过程的发展,二是指教学内容的发展;两者体现在学生身上,则是要动态地认识学生信息素养的发展水平,并以其信息素养的提升为宗旨,实质上这也是现代教育哲学所倡导的"发展本位"教育价值观的重要体现。

(1) 教学过程的发展性

苏联教育家维果茨基提出"最近发展区"理论,他将学生在成人指导下借助成人的帮助所能达到解决问题的水平与在独立活动中所达到的解决问题的水平之间的差异(差距)称之为"最近发展区"。他认为"教学应当走在发展的前面",对教学过程而言,重要的不是着眼于学生现在已经完成的发展过程,而是关注那些正处于形成的状态或正在发展的过程,要让学生"跳起来摘桃子";他同时指出,教学应促使"最近发展区"的形成并使之不断变化。

信息技术课程的教学也应遵循"最近发展区"的原理,使教学有一个适当的起点,并使教学过程动态发展,使学生信息素养水平获得持续的提升,绝不可满足和停留于学生已经达到的能力水平。教师对学生知识、技能水平应有及时的了解,以发展的眼光认识和评价学生的信息素养水平。由于每个学生的"最近发展区"存在差异,这就要求教师能根据不同的水平设计相应的学习任务并提供完成任务的各种支持条件,或使学习任务具有一定的开放性,允许学生在任务框架下自主确定具体的学习任务。

(2) 教学内容的发展性

信息技术在不断发展,体现在:一方面,为适应各种需求研究和开发出来的信息技术新成果,以及在现有成果基础上的升级或改造产品,都在不断地产生;另一方面,信息技术的大众化或者普及性本身就是相对的,随时间而变化。所谓的大众信息技术中的各个部分,从文字处理到数据管理,从网络浏览到网站设计,从办公室到家庭,随着信息技术的发展,都有着动态变化的普及程度,对应不同的大众化水平。比如,文字处理软件从WPS 到 WPS 97 再到 WPS 2000 就有不同的大众化程度。

因此,适时调整教学内容甚至课程体系是很有必要的,也就使得中小学信息技术课程的教学具有明显的时代发展特征。因此,教师要保持对信息技术最新进展的关注,保持对社会信息化进程中出现的新现象的关注,以便及时发现新问题,补充新知识。

3. 加强学习方法的培养,提高学生对信息技术发展变化的适应能力

当前,信息技术发展速度快,知识更新周期短,仅仅依靠学校的有限学习是远远不够的;未来,信息技术是支持信息时代公民进行终身学习不可或缺的工具。因此,提高学生

对信息技术发展变化的适应能力,学会学习,既是当前教学的需要,也是培养信息时代公民的需要。换言之,信息技术教师应当注重学生学习方法的培养。

首先,教师应在提高自身业务能力的前提下注意总结和归纳信息技术的基本特征和一般发展规律。比如,应用需求与发展变化的关系,每一类新的工具都是为解决某些特定问题而设计的,而每个新的版本或者是更新换代产品,都是为满足新的需求或提供更有效的方法而设计的;又比如不同工具平台的使用方法、不同问题的解决过程具有共通之处,教学时不需强调这些软件的特定细节,而是以这些软件的使用为载体,来教会学生这一类技术或软件的基本知识和基本的使用方法、技巧。

其次,教师要引导学生学会自主学习。在给出教学任务之后,通过组织学生共同研讨、分析任务,尽可能让学生自己提出解决问题的步骤、策略与方法;培养学生使用软件"帮助"和屏幕提示的习惯,使学生在学习中碰到问题时能够自己利用计算机提供的"帮助"和人机对话等途径来解决;还要注意培养学生利用网络获取帮助的能力,一是可以利用搜索引擎获取有关解决问题的方法,二是利用网络寻求他人的支持,实现智慧的互联和互惠。

最后,教师还要培养学生的评价能力,一方面要引导学生学会对自己学习结果的评价,使学生真正成为学习的主人;另一方面要引导学生在具体工具的使用中,认识其优点、发现其不足,培养批判意识。

总之,只有坚持基础性与发展性相结合的原则,我们才可能为中小学学生创造这样的一幅图景:以基本知识和基本技能为起点,以教师教学为支点,以学习方法为杠杆,挑起学生未来发展的朝阳。

三、信息技术与日常生活和学习相整合原则

信息技术课程是一门具有明显时代特色的工具性课程,同时又是一门基础性课程。作为一门工具性课程,只有将其应用于实践中,学生的学习效果才能有效提高。作为一门基础性课程,其教学中的技术训练并不以作用于学习者的未来职业发展为主要目标,而是定位于为他们当前的学习和生活服务。实际上,大众信息技术的简单易学的特点决定了它本身就是指那些离我们自然经验不远的部分,如图形用户界面和"所见即所得"的操作等技术形态的形成都是源于生活需求,而其操作方法往往又来源于或者至少是迁移自生活经验。同时我们更应该看到,信息技术教育的需求来源于社会信息文化建设的日益发展和成熟,生活是信息文化建构的基础,而课程则是信息素养教育的载体,它毫无疑问要以贴近生活的方式来汲取足够成熟的文化营养。

因此,信息技术课程的教学,更应该将学生对信息技术与其日常生活和学习有效结合,即,一方面,信息技术的教学要贴近学生生活,另一方面,信息技术的教学要贴近学生的日常学习。

1. 信息技术的教学要贴近学生生活

中小学信息技术课程要充分发掘信息技术课程本身内涵,密切联系学生的现实生活和社会实践。体现在物质文明的建设方面,要鼓励学生将所学的信息技术积极地应用到生产、生活乃至信息技术革新等各项实践活动中去,在实践中创新,在创新中实践。体现

在精神文明的建设方面，鼓励学生恰当地表达自己的思想，进行广泛的交流与合作，并在此过程中分享思想、激发灵感、反思自我、增进友谊，共同建构健康的信息文化。

(1) 教学场所的拓展

除了普通教室、计算机房，教师可以根据教学需要，特别是在涉及情感态度与价值观的培养时，可以适当将教学活动延伸到校园活动场所、电脑市场、相关的企事业部门和行政部门、博物馆等与教学内容相关的活动场所，引导学生在实践、参观、调查等过程中发现问题、分析问题和解决问题。需要指出的是，信息技术教学主要还是以教室和机房为主要阵地，在里面同样可以激发学生的生活经验，"去市场上亲身走一遭"只是一种可供选择的方案，不见得非要如此，况且占用时间较多，应适度把握，不可滥用。

(2) 教学时间的布置

教师不仅要结合教学实际，为学生安排可以在课堂上完成的任务，也可以根据条件适当把一些学习任务安排在课外时间中去完成，以便学生能更方便地在实际生活的体验中学习信息技术，使课堂教学和学生的生活实践连续起来。当然，须注意时间量上的适度把握，以不过度占用学生时间、不加重学生负担为前提。

(3) 教学内容的设计

可以适度设置贴近学生生活经验的"真实"学习任务、典型案例、研究性课题或活动课程等。不仅可以把来源于社会生活的实际问题引入教学，也可以在条件允许的情况下吸收学生参与校内的机房建设与管理、校园网建设与管理、学习资源的建设等等。以此引导学生在动手操作、自主探究和解决问题的过程中把"学技术"与"用技术"融合在一起，让学生在活动过程中掌握应用信息技术解决问题的思想和方法。

2. 信息技术的教学要贴近学生的日常学习

信息技术与课程整合存在两种不同的取向，其一是信息技术与其他课程的整合，利用信息技术促进其他课程的建设，有关内容将在第八章中详细介绍；其二是立足于信息技术课程，在坚决反对学科本位的基础上，一方面要将其他课程的内容结合到信息技术课程的教学中来，另一方面要利用信息技术支持信息技术课程自身的教学。

(1) 在信息技术课程中整合其他课程的内容

信息技术课程的学习总是要有一定的学科知识作基础，学生在利用这些学科知识基础支持信息技术内容学习的同时，也巩固和加深了对它们的理解和掌握，甚至有可能从中得到新的启迪而获得新知。例如，练习用拼音法输入汉字的技能要用到语文课中学过的汉语拼音知识；学习使用画图工具画图时，需要数学中图形方面的知识和美术方面的知识；程序设计语言的学习要用到许多英语单词和语句；编电子音乐程序需要音乐知识，等等。除了这种简单利用学科知识的情况，另一个重要方面在于，教师可以鼓励和引导学生联系学科学习的实际，将其他课程的学习内容和作业任务引入信息技术课程的学习，比如：在学习文字编辑软件时，可能其他学科教师给学生布置了自编试卷的作业，这时，教师便可以鼓励学生利用文字处理软件使之电子化；又比如在程序设计课中，鼓励学生通过编程实现数学课有关作业的解答。

(2) 利用信息技术支持信息技术课程自身的教学

我们常常重视将信息技术应用于其他课程内容的教学，却往往忽视了将信息技术应用于自身的教学。信息技术不仅是学生学习的对象,而且也是学生学习信息技术和信息技术教师支持教学的工具。学生在学习信息技术的过程中,可以应用已经具备的信息技术基本技能去获取与当前学习内容相关的支持资料,管理当前有关的学习资料和成果,表达学习信息技术所遇到的疑惑,获得老师的启发和解答,交流学习信息技术的经验、感受,利用信息技术与同学合作完成某项任务。教师则可以利用信息技术进行教学事务管理,为学生创造学习条件,等等。

四、趣味性和严谨性相结合原则

所谓趣味性是指信息技术课程的教学模式、教学内容、教学方法、教学手段等的趣味性、灵活性和多样性;所谓严谨性,是指信息技术课程的教学内容体系结构严谨,所涉及基础理论体系严谨,我们的教学目标严谨,教育原理和教学原则严谨,教学组织严谨,教学过程实施得严谨。中小学信息技术课程的老师是利用趣味性和严谨性相结合原则,使学生爱学,想学,也能学,信息技术的知识、技能和信息意识在学生的学习中不断得到巩固和加强。

加强趣味性教学是我们中小学教师,特别是信息技术课程的教学老师面临的一个新课题,在信息技术教学中要贯彻好趣味性和严谨性相结合原则,应该做到以下几点:

1. 使用现代化教育技术手段,增加教学的趣味性

多种基于信息技术的教学手段同时使用,如在网络教室上课,使用投影屏幕、课件,实时操作演示,使用黑板或白板书写课堂教学内容或教学重点或实践任务要求等,这样就能让学生产生新奇感,引起学习、探究的欲望,破除神秘感。

2. 精心组织教学内容,选择合适的教学方式,寓教于乐

信息技术教学内容具有模块化、离散的特点,信息技术常识部分知识比较抽象,操作性知识也较枯燥,在教学过程中,应精心组织教学内容,选择合适的教学形式,提高教学趣味性。首先,应尽量从贴近学生的生活、贴近实际的简单有趣的实例入手,引导学生进入学习状态。例如,在教学键盘操作练习打字中可以使用"打字小精灵"等带游戏性质的教学软件。其次,要注重学生兴趣的保持,适当变换问题的角度,加深学生对知识的理解和技能的掌握。例如,在学习表格制作时先给出一个制作表格的任务,然后让学生按步骤一步步完成,老师可不可以变换一个角度,就计算机里面已有的表格根据新的要求修改重作。最后要注意学生潜力的挖掘,激发他们开拓进取、不断创新的精神。如学习了画笔使用后可以让学生制作生日贺卡等,教学中还可适当安排学生间的竞赛活动,以培养学生的竞争意识,同时有利于调动学生学习的积极性。

五、科学教育与人文教育相融合原则

全面发展不是平均发展,个性发展也不是自由无序,两者相辅相成。一方面,个性培养的最终结果必将促进人的全面发展,没有个性的健康发展就不可能有高层次的全面发展。另一方面,全面发展的目的不是消灭差别,泯灭个性,恰恰相反,而是要在注重学生各方面素质全面提高的基础上,尽可能培养、鼓励和发展学生的个性。也就是说,全面发展总是表现为个性的不断扩展和丰富,个性发展也必然伴随全面发展而不断升华和

完善。

由于区域经济发展的不平衡，导致我国信息技术教育在不同地区、不同学校的发展存在严重的不平衡，即使对同一所学校来说，由于学生来源不同，基础水平也存在较大的差异。同时，信息技术课程作为一个具有内在特殊性且应用性极强的科目，不同学生对其有着不同的适应性。为此，高中信息技术课程标准在理念上提倡"关注基础水平和认知特点差异，鼓励个性化发展"，在课程形式上采用必修加选修的模块设计，在课程内容上不限定具体的教学软件、硬性的设施设备要求，等等。而具体落实到信息技术课程的教学中，则要求教师做到全面发展与个性发展、共同施教与因材施教的辩证统一，"尊重学生的人格，关注个体差异，满足不同学生的学习需要，创设能引导学生主动参与的教育环境，激发学生的学习积极性，培养学生掌握和运用知识的态度和能力，使每个学生都能得到充分的发展。"具体说来，可从以下几个方面努力。

1. 教学目标上，在达到课程标准基本要求的基础上设立多级目标

首先应使全体学生在知识与技能、过程与方法、情感态度与价值观上获得全面的发展，达到课程标准的基本要求。同时根据学生信息技术水平和能力上的差异设置多级教学目标，对不同能力水平的学生，进行分层次教学。对基础较差的学生，可以适当降低要求，多鼓励、多帮助，为其提供有针对性的指导，向全班平均水平靠齐，减少与先进学生的差距；对于基础较好的学生，可以提出更高的要求，少限制、多支持，鼓励其自主探究，更上一层楼。如果采取一刀切的做法，无疑会增加后进学生的学习难度，减弱优秀学生进一步提高信息技术水平的动力。

2. 教学内容上，在实现课程标准基本要求的基础上设计多种学习任务、使用不同的软件工具

教师要充分了解学生的兴趣爱好和特长，一方面，教师应该针对差别设计不同的学习内容和任务，满足不同学生的需要，针对学生能力水平的差异提供不同难度水平的学习任务，如在进行网络资源搜索工具的教学中，可以让初学者了解搜索工具的基本使用方法，而针对那些对搜索引擎已有所了解的学生，则可以要求他们使用各种方法提高搜索效率。另一方面，在完成任务的软件工具的选择上不强求一致，譬如在文字处理方面，有些学生擅长用 Word 2000，有些学生则习惯用 Word XP；有些学生喜欢用 Word，也可能有些学生习惯用 WPS，在条件允许的情况下，应该让学生选用自己感兴趣的软件工具。

3. 教学策略上，在实现课程标准基本要求的基础上根据学生的认知风格给予不同的教学指导

不同学生具有不同的认知风格，有些学生喜欢独立地制定解决任务的方法，表现出很强的"场独立性"，而有的学生则常常依赖于教师提供解决任务的线索和启发，具有明显的"场依存性"；有些学生善于用复合思维，综合信息与知识，运用逻辑规律，缩小问题范围，直至找到解决问题的方法，有些学生则可能更具发散思维优势，喜欢沿着多个方向寻找解决问题的方法；还有些学生在问题情境中，倾向于深思熟虑而错误较少，而有些学生则倾向于快速做出反应而常常出错。面对学生在学习过程中表现出来的种种认知风格的差异，教师在教学过程中应采用不同的教学策略，施以不同的教学方法和指导，鼓励

不同意见和思路的迸发,鼓励多样化的问题解决方式和方法。

4. 教学组织形式上,在实现课程标准基本要求的基础上将集体教学、小组合作与个别指导有机结合

教师应根据实际情况和需要,有效使用各种教学组织形式,以适应不同认知方式、不同知识水平学生的发展。对于基础性的内容以及学生在学习过程中反映出的共性问题,可以采用集体讲授的形式;对于基础较差的学生,可以采用个别辅导的方式为其奠定必要的基础,消除他们的恐惧感和畏难感,增强其学习的信心;对于一些优秀学生,可以提供多样化的自主探索空间和条件,给予其专门指导,使其能够得到充分提高。也可以采用小组合作方法,变学生的个体差异为优势资源,让学生在合作交流中互相学习并充分发挥各自的长处,协作完成学习任务。

总之,信息技术课程要求教师在承认、尊重学生差异的前提下,既照顾个体差异,又体现教育水平,在此基础上展开灵活多样的教学。需要指出的是,这其中没有固定的模式可寻,需要在实践中不断地探索和创造。

学习活动:

组织学生观看师范生教学技能大赛信息技术课程的教学视频,以小组为单位对教学视频所体现的信息技术课程教学原则进行评价。

思考与练习:

1. 简述研究信息技术课程特点的意义和目的。
2. 试述在中小学信息技术课教学中,如何实现教师主导与学生主体相结合原则。
3. 试述在中小学信息技术课教学中,贯彻基础知识与发展能力相结合原则的意义。

第四章 中小学信息技术课程的教学方法与技能

学习目标

1. 了解教学方法、信息技术教学方法的概念及定义；
2. 理解掌握信息技术教学方法的特点、类型与选择；
3. 熟悉并掌握几种信息技术课程常用的教学方法；
4. 掌握信息技术课程教学的几种组织形式，明确各种组织形式下的教学管理方法；
5. 理解信息技术课程的教学导入、提问、讲解、指导及结课技能的类型；
6. 理解信息技术课程的教学导入、提问、讲解、指导和结课技能应用时应注意的问题；
7. 教学中能正确应用导入、提问、讲解、指导和结课技能。

本章导读

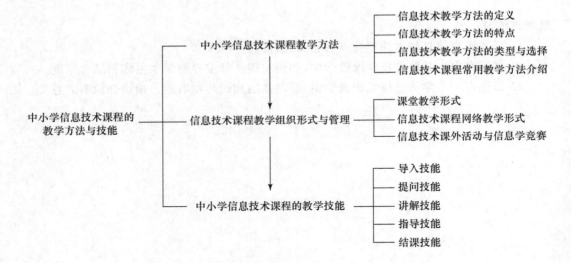

第一节 中小学信息技术课程教学方法

一、信息技术教学方法的定义

人们对教学方法的认识不尽统一，给教学方法所下的定义也各不相同，具有代表性的观点如下所述：

苏联学者凯洛夫认为："教学方法是指教师的工作方式和由教师决定的学生的工作

方式。"达尼洛夫、叶希波夫认为:"教学方法是指教师的工作方式和由教师领导的学生的工作方式,借助于这些工作方式,可以使学生掌握知识、技能和技巧,还可以形成他们的共产主义世界观和发展他们的认识能力。"孔德拉秋克认为:"可以把教学方法看做是教师和学生进行的一系列有明确方向的、符合教学目的、教材内容、科目实质、学生教育程度和智力发展水平的行动。"巴班斯基则认为:"教师和学生在教学过程中为解决教养、教育和发展任务而开展有秩序的、相互联系的活动的办法,就称为教学方法。"

美国学者克拉克和斯塔尔认为:"教学方法是教师为达到教学目的而组织和使用教学技术、教材、教具和教学辅助材料的方法。"日本学者藏原三雪认为:"教学方法是教师为了完成教学目的,使学生得到良好的成长,指导他们工作和学习的方法和方式。今天的教学方法不只是传授知识,而且应该想到如何指导课外活动,包括指导、劝告在内,还有实验观察及其他学习活动,教师有计划地指导进行,都应该属于教学方法。"长谷川荣认为:"在教学情境中,教师和学生为了教与学而展开的活动方式谓之教学方式。在这里,着眼于教师的活动方式谓之教授方式;着眼于儿童的活动方式谓之学习方式;着眼于师生之间的相互作用方式谓之教授、学习方式或学习指导方式。所有这些,总称为教学方式。"

我国学者王策三认为:"可以把教学方法定义为:为达到教学目的,实现教学内容,运用教学手段而进行的,由教学原则指导的,一整套方式组成的,师生相互作用的活动。"吴杰主编的《教学论》认为:"教学方法是教师与学生为实现教学目的,完成教学任务所采用的途径和程序。"唐文中主编的《教学论》认为:"教学方法是师生为达到一定教学目标而采取的相互关联的动作体系,包括内隐的和外显的动作。"李秉德主编的《教学论》认为:"教学方法,是在教学过程中,教师和学生为实现教学目的、完成教学任务而采取的教与学相互作用的活动方式的总称。"

综上可见,尽管中外学者对教学方法的界定不尽相同,但在以下几点上达成了共识:(1)教学方法与教学目的相联系,是实现教学目的不可或缺的工具;(2)教学方法是师生共同完成教学活动所采用的手段,而并非单指教师的工作方法;(3)教学方法的功能是多方面的,既可凭借教学方法使学生掌握知识、技能和技巧,也可凭借教学方法使学生形成思想品质和审美观点,发展他们的能力和创造素质。

参照上述教学方法的讨论,信息技术教学方法可以表达为:在学习与运用信息技术的过程中,教师和学生为实现教学目标、完成教学任务、优化教学效果而采用的教法与学法之和。

对该定义的理解值得注意的几个问题是:

(1)信息技术教学方法包括教法、学法以及教与学互动的方法等几个方面。

(2)信息技术教学方法的应用目的是为了优化教学效果,如提高信息技术教学效率、提高信息技术教学质量等。

(3)信息技术教学方法的应用领域主要有两个方面:一是在学习信息技术、培养信息素质中的应用,二是在利用信息技术开展教学活动时的应用。

(4)信息技术教学方法受教学理论(思想)和教学策略所支配,其有效性必须通过教学实践来检验。

(5)"教学有法,但无定法",信息技术教学方法具有多样性、多变性、针对性等特性。

二、信息技术教学方法的特点

信息技术教学方法有如下特点：

1. 实践性

信息技术教学方法的来源虽可以从理论上建构，但绝大多数还是来自实践经验，与信息技术教学实践紧密联系，其作为工具的性质是显而易见的。信息技术教学方法的基本精神、影响媒介、作用方式、具体步骤、详细要求等都是可以操作的。同时，信息技术教学方法的实践效果，又是检验其优劣的重要指标。此外，信息技术教学方法也绝不仅仅是单纯的技巧问题，它实质上反映了教师的教学理念和能力水平。

2. 耦合性

亦称双边性，是指任何一种教学方法都是教师指导学生学习这一双边活动的方法，由教师教和学生学耦合而成的操作策略。巴班斯基曾经指出："教学方法的本质实际上取决于学生的学习认识活动（学）和教师相应的活动（教）的逻辑——程序方面和心理方面。教学方法决定于学的方式和教的方式行动上协调一致的效果。"可见，每一种教学方法都是互相联系着的教师与学生一定的活动方式的构成体，而不是教师教的方法与学生学的方法的简单相加。

教学方法决定于学的方式和教的方式行动上协调一致的效果。在信息技术教学中，学生的学习方式和教师的教授方式是直接相关的，假如教师长期只使用单一的讲授法，学生的学习方式也必然是死板的，这种"迁移"体现了教学方法的双边性。

3. 多样性

信息技术教学方法多种多样，可组成丰富的"方法库"。每种方法都有其长短，适用于所有教学内容、教学条件、教学目标的方法是不存在的。即便在一节信息技术课中，经验丰富的教师也常常灵活使用多种教学方法，使教学活动富于变化并体现出一种特殊的节奏感。各种具体方法彼此互相补充、密切配合，综合地发挥着整体效能。

4. 整体性

不同的教学方法共同构成一个完整的方法体系，各种具体方法彼此联系、密切配合、互相补充、不可分割，综合地发挥着整体效能。一般来说，任何方法，不管哪一种方法，如果我们让它离开其他的方法，离开整个体系，离开整个综合影响来单独分析的话，那就既不能认为它是好的方法，也不能认为它是坏的方法。在马卡连柯看来，个别方法的影响，可能有正面的结果，也可能有反面的结果，而互相配合的各种方法的总和乃是决定性的方法。

5. 继承性

教学方法也和其他教育现象一样，具有历史继承性。古今中外教育家在长期的教学实践中，为了提高教学实效，非常重视教学方法的探讨，并且积累了相当丰富而宝贵的实践经验。其中有些在一定程度上反映了教学的客观规律，至今仍具有生命力，值得我们认真总结、整理，并借鉴其合理的部分。任何新的教学方法都不可能从零开始，而要从多方面吸收和利用以往传统教学方法中的一切有价值的成分。

6. 发展性

任何教学方法体系都不是永远固定不变的。在具体教学实践中，教师必须根据变化了的时代精神、内容性质和对象特点等客观条件,勇于开拓,推陈出新,使教学方法更能适应教学的实际要求。目前教学实践的困惑在强烈呼唤着新的更有效的教学方法的出现。教学方法的发展,还包括对传统教学方法的挖掘、改造、互相补充和综合利用,因而它同教学方法的继承性并不矛盾。

三、信息技术教学方法的类型与选择

1. 信息技术教学方法的类型

(1) 从服务对象看,有信息技术教法与信息技术学法。

(2) 从内容特征看,有学信息技术的方法与用信息技术促进学的方法。

(3) 从信息传播与活动特点看,有语言性教学方法(讲授法、谈话法、读书指导法),直观性教学方法(演示法、参观法),实践性教学方法(实验法、实习法、电子作品制作法),研究性教学方法(讨论法、发现法、探究法)等。

(4) 从使用的媒体与工具看,有计算机教学方法、网络教学方法,以及其他媒体教学方法。

(5) 从组织形式看,有班级信息技术教学方法、小组信息技术教学方法、个别信息技术教学方法等。

(6) 从学习阶段看,有小学信息技术教学方法、中学信息技术教学方法、大学信息技术教学方法等。

(7) 从时空距离看,有远程教学方法和非远程教学方法。

(8) 从学科看,有语文、数学、英语等众多学科课程的信息技术教学方法。

2. 信息技术教学方法的选择

实践证明,教师只有综合考虑各种因素,选取适当的教学方法,并加以组合,才可能使教学效果达到最优化的境地。选择信息技术教学方法的依据主要有:

(1) 依据教学的具体目的任务。如传授新知识多采用讲解演示法、做练习法。

(2) 依据教材内容的特点。如理论性内容的学习,多采用讲授法;实践性内容的学习,多采用演示法、操练法、活动法。

(3) 依据学生的实际情况。要考虑学生对使用某种方法在知识基础、能力、学习方法、学习态度、学习纪律诸多方面的准备水平。

(4) 依据媒体功能特征。不同的媒体有不同的使用性能与教学功能,教学方法的选取应与之适应。

(5) 依据教师本身的驾驭能力。任何一种教学方法的选用,只有适应教师的素质条件,能为教师所理解和掌握,才能发挥作用。教师的某些特长、某些弱点和运用某种方法的能力,都应成为取舍教学方法的重要依据。

(6) 依据各种教学方法的职能、适应范围和使用条件。每种教学方法都有各自的适用范围、使用条件、优点与局限性。因此,要注意多种教学方法的综合运用。

(7) 依据教学时间和效率的要求。要用最少的时间花最少的精力取得最优的教学效果。那些耗费时间精力过多,又不利于学生发展的方法是不足取的。

总之,尽可能广泛地了解和提出有关的教学方法,以便自己考虑和选择。教师收集

了解到的教学方法越多,就越有利于进行优化选择。当然,对各种供选择的教学方法进行比较,主要比较各种教学方法的特点、适用范围、优越性和局限性等。

四、信息技术课程常用教学方法介绍

(一) 讲授法与讨论法

1. 讲授法

讲授法是教师通过语言向学生描绘情境、叙述事实、解释概念、论证原理和阐明规律的一种教学方法。其特点是:(1)讲授教学要根据一定的教学目的进行讲授;(2)讲授中教师起主导作用,引导学生关注新知识并进行思考,使学生在倾听与反馈中建构知识;(3)口头语言、表情语言、体态语言是传递知识的基本工具;(4)教师要对讲授的内容进行合理的组织。

讲授法有讲解、讲述、讲读、讲评、讲演等多种方式。传统讲授法是指教师通过口头语言和粉笔+黑板方式向学生传授知识、技能的方法。现代讲授法是指教师通过口头语言和多媒体视听+大屏幕投影方式向学生传授知识、技能的方法。

信息技术课程的特点主要是实践操作性强,理论课时安排一般是总课时的三分之一,理论课讲授的内容主要是信息技术的概念、原理、方法和操作技能。要优化教学效果,理论课的讲授,尤其是操作技能的讲授,教学媒体的选择最好采用多媒体视听+大屏幕投影的方式,对教学内容进行视听结合式讲授,这样学生在听讲的同时可以采用模仿式学习法学习操作技能,可以起到事半功倍的效果。

课堂讲授可以采用对比讲解法。比如在刚开始讲解计算机硬件组成时,教师先介绍硬件组成功能框图,然后介绍各功能部件的作用与功能,并详细说明计算机解题的方法与原理。使学生了解计算机的工作原理,从而减轻学生对计算机的神秘感。在此基础上,教师根据硬件组成功能框图,详细说明组成功能框图对应的 PC 机硬件单元和设备。通过对比硬件组成功能框图和 PC 机硬件组成结构图、对比 PC 机硬件组成结构图与 PC 机硬件实体,使学生对计算机的认识由抽象到具体、由一般到特殊。采用图解对比法,使学生比较容易理解抽象的概念和复杂的原理。

课堂讲授教学媒体的选择也可以采用校园网环境下的多媒体直播课堂教学或多媒体虚拟课堂互动教学。基于网络的讲授法能突破传统班级课堂讲授的一些限制,例如,学习人数可以无限多,学习地域可以无限广,它具体又可分为两种类型:其一是同步讲授法。教师通过网络将文本、图形、声音、动画、视频等多媒体信息以网络课程形式同步向学生传送。在 Web 页面中嵌入表单及公告板以供学生提问、应答。教师根据学生的反馈信息可以实时调整教学,并做进一步的解释。其二是异步讲授法。教师先把要讲授的教学内容编制成网络课件,存放在服务器上。学生通过电脑终端下载浏览,当遇到疑难问题时,可以用电子邮件、网上论坛、网络电话等方式寻求帮助。教师再选择某种方式(如 E-mail、BBS、虚拟课堂等)对学生的学习给予指导。

讲授法主要有两个方面的优点:

(1) 有助于系统知识和技能的传授。讲授法是学生直接接受教师教给的人类知识成果,它主要运用于系统性的知识、技能的传授和学习,适用于以传授知识为目的的教学情

境,可以使学生在短时间内循序渐进地掌握比较深奥、靠学生自学较难理解的内容。纵观中小学信息技术课程,不能否认,很多知识仍然属于基础知识的范畴,学生听教师讲授仍然是重要的学习途径。

(2) 适用于班级组织教学。班级授课制是目前我国教育教学中主导性的教学组织方式,而且,在相当长的时期内,这种形式将不会发生较大的改变。教师面向全体学生讲授,可以节省教学时间,提高教学效率。另外,讲授法对教学内容组织、教学时间安排等要求严格,教学工作具有严密的组织性和计划性,适合以班级为单位的集体讲授,教学质量有一定保证。

讲授法在系统传授知识方面是基本可行和有效的,但存在一定的局限性,主要表现在:

(1) 容易产生"满堂灌"、注入式教学。现代教学论认为,教学应该是教师与学生、教材与学生、学生与学生之间的多向信息传递,而讲授法在很多时候是师生间的单向信息传递,容易使学生处于单纯接受教师所提供的信息或知识的地位。所以,如果讲授法运用不当,很容易演变成"满堂灌"和注入式教学。

(2) 难以顾及个别差异。在面向全体学生教授时,很难实施个别化教学,难以顾及学生的个别差异,因材施教原则难以得到实施。

(3) 在培养学生的创造力等方面具有较大的局限性。讲授法与其他教学方法(如基于问题的学习、任务驱动等教学方法)相比,缺乏直观化和自主性的学习活动,在培养学生的探索精神、创造才能、解决问题的能力以及自主学习的意识和学习方法的掌握等方面都容易受到忽视或限制。

因此,在教学应用中要认清讲授法的优势和局限性,结合其他教学方法,尽可能地扬长避短。在信息技术教学中,在运用讲授法时要特别注意与上机练习的结合。因为如果在教学过程中教师只是讲授理论知识,而不给学生充分的练习时间,信息技术教学就失去了意义;反之,教师不讲,只让学生盲目地上机练习,那么,学习效率也难以保证。因此,讲解要和操作练习结合起来、讲授要与学生尝试结合起来,这样,学生才可能将教师讲授的知识应用于实践并加以巩固,直至熟练掌握。

2. 讨论法

讨论法是指学生在教师指导下围绕某一主题各抒己见、相互启发,通过议论、争论或辩论,以解决问题、提高认识、获得知识和技能的教学方法。讨论形式主要有全班共同讨论与小组协作讨论两种。

讨论法是一种历史悠久的教学方法,中国古代书院就有学术讨论的传统,现代学校教学的讨论法则起源于美国大学的课堂讨论。对于广大的信息技术教师来讲,讨论法也并不陌生,特别是在倡导发展学生主体性、培养学生创造性的今天,讨论法更是频繁地出现在合作教学、分层教学以及问题教学等各种形式的课堂中。

基于网络的讨论法有多种实现途径。例如,利用 BBS 系统、电子论坛、虚拟社区等由教师在网上建立主题讨论组,学生登录网络后,在特定的主题内收发帖子,或直接用口语交流,进行讨论。

在讨论法的应用中,要注意围绕主题展开讨论,避免漫无边际地讨论而浪费时间;注意指导技巧,要注意对各种意见和观点进行比较分析,得出科学结论;要充分利用网络讨论工具和研究工具,改革讨论形式,拓展讨论的时空。

在使用讨论法时应注意以下几点:(1)在新知识传授阶段不宜用讨论法,因为讨论必须以学生对某一课题有所了解,掌握了一定知识为基础。(2)小学低年级学生不宜用讨论法。一方面因为他们缺乏必要的知识基础和表达技能;另一方面,他们学习的内容也不适宜于讨论。(3)许多基本技能需要大量的个别练习,也不需要讨论。

讨论法具有如下优点:

(1)讨论有助于学生思考多方面的意见,有助于对不同意见形成新的理解。由于经验背景等的差异,学生对问题的理解常会不同,在学生之间,这些差异本身便构成了一种宝贵的学习资源。讨论使潜藏的不同意见发表出来,而且每一位参与者都可能有机会解释自己的观点。讨论为学生们提供了开阔视野、接受新事物、新观点的机会,使学生能够从多个角度认识一种事物,并且意识到对于事物并非仅有唯一的、不可辩驳的认识。在讨论中,信息是多向流动、多向刺激的,师生在思想的激烈碰撞中产生智慧的火花,促进个人的发展和成长。

(2)讨论有助于思想的转变。在讨论中,学生对自己和他人的观点和论据进行权衡、思考、反思,或反驳他人的意见,或修正自己的观点,或理智地坚持己见、尊重事实。学生是询问者与探索者,一些片面看法在受到同伴审查时,往往会改变;当学生把各自的见解集中起来时,他们纠正论据和推理中的不足之处的可能性要大得多。

(3)讨论有助于学生发展分析、综合问题的能力以及交流合作的能力。学生在讨论中遇到分歧时,为了证明自己观点的正确性,否定对方的观点,必然竭尽全力,运用分析、综合、比较、评论等方法分析问题,从多个角度对另一方的观点提出怀疑、诘问。为了说服别人,学生就需要把零碎的、粗糙的思想片断系统地组织起来,向他人传递。这种积极的思维活动提高了思维的质量。同时,在讨论交流的过程中,学生需要学会倾听、理解、说服、妥协等交流技巧,学会耐心地听取他人意见,尊重、理解并包容他人的见解,养成求同存异的习惯。

讨论法有一些局限性。比如,讨论容易偏离主题;讨论易流于形式,有些讨论表面看起来热热闹闹,但是并没有实质内容。在开展讨论法教学的同时,不可排斥其他教学方法的作用和应有地位,应协调配合使用各种方法,实现教学目标。

(二)演示法与实验操作法

1. 演示法

演示法是指教师在教学中通过展示各种直观教具、实物或进行示范性实验与操作,使学生通过观察获得感性认识。比如,讲授PC机硬件结构,可以用实物来做介绍。教师在多媒体视频展台环境下,通过大屏幕投影将PC机的各个功能部件展示给学生,可以使学生具有自己动手的感觉。还可以采用多媒体网络进行演示教学,这种演示教学具有如下一些新特点:

(1)可交互演示。通过人机交互,可以进行自定义的、个别化的、多向交流的演示。

(2)演示速度可控。演示步骤及各环节的演示速度均可进行设置与修改。

(3)演示方式可选择。可以根据需要对自动演示方式或手控演示、正向演示或反向演示、正常演示或特技演示等多种方式进行选择。

(4) 可无限次重复演示，降低教学成本。数字化演示系统的高保真、低消耗、可拷贝特性，使其有可无限次重复演示的功能。

(5) 可远程演示。利用网络远程传播、控制与展示技术，教师通过直播课堂可以远程向学生演示，学生也可以远程操控主机（网络）进行演示。

(6) 可随机进行演示。师生可以根据教学需要随时启动演示软件进行演示，也可以进行非线性选择，随时演示自己感兴趣的那一部分内容或片断。

演示法的运用中，要有明确的演示目的，要注意演示的时机、方式，并引导学生观察现象，要及时讲解与总结。

2．实验操作法

实验操作法是指学生在教师的指导下，根据学习目标，设计实验方案，利用仪器设备，控制实验条件（自变量），引起变化并观察、记录与分析实验现象，从而获得经验、知识与技能的教学方法。信息技术教学中的实验主要有学生上机实验和教师演示实验。实验教学中，应注意以下三个问题。

(1) 做好实验准备。具体包括三个方面的准备。

设备、材料准备。教师和实验员在课前要调度好实验设备、安装好教学软件、准备好信息资料。

方案、方法准备。学生在教师指导下设计好实验方案，熟悉实验过程与操作方法。

思想、态度准备。学生应明确实验要求，端正实验态度，并保持良好的精神状态。

(2) 加强实验指导。要指导学生观察、记录与分析实验现象；要做好巡视和检查，随时帮助解决实验故障、纠正错误操作、解答疑难问题；要督促学生完成学习任务，避免放任自流。

(3) 及时总结、评价。要指导学生分析实验现象产生的原因，归纳实验结论，写出完整、真实的实验报告；要总结实验教学情况，针对存在的问题和不足，提出补救措施，从而改进实验教学。

实验操作可采用直观感知法。信息技术课相对来说还是一门比较新颖的课程，大多数学生基本上没有接触或很少接触这门课程。而对计算机更是充满好奇，很想知道计算机是怎么工作的，主机箱里面到底是些什么东西，它们有什么用途。对此，在教学中可采用直观感知法，通过实验室的实物展示来让学生看一看、摸一摸、做一做，认识一下什么是硬盘、主板、内存、显卡等，然后再简单地解释其作用。通过直接的感官认识，学生心中的疑团就会解开，并在脑海深处建立起一个基本的结构模型。

实验操作可采用操作演示法。比如，中文录入教学可在计算机房进行，学生上机环境可采用多媒体网络互动教学系统。教学中教师在教师机（采用广播功能将教师操作信息传输到每一台学生机，学生在学生机可以清楚地了解教师的每一个操作步骤）先用拼音码、表形码、五笔码、区位码录入同一个汉字，然后用机内码换算程序进行演示，告诉学生无论何种输入法，在同一个标准汉字库下其机内码是唯一的。打消了有的学生在录入汉字时，因输错了编码而抱怨是计算机出了问题，同时也让学生认识到各类汉字输入法，无外乎就是拼音、拼音＋笔型、笔型和数字这几种而已，汉字输入法是汉字的机外编码，具有很多种。通过对比可以打消学生原先的畏惧心理。通过自己的练习与老师的对比分析,使学生很快选定各自喜爱的汉字输入方法,更快地进入学习文字录入状态。

实验操作可采用个别操作辅导和小组讨论指导等实验法,计算机、多媒体、网络互动教学系统为实验法教学提供了优化教学效果的环境。

(三) 任务驱动教学法

任务驱动教学法是一种建立在建构主义教学理论基础上的教学方法,符合探究式教学模式,是区别于以往的教学方法,属于启发式的、探究式的学习,适用于培养学生的自学能力和相对独立地分析问题、解决问题的能力,将有助于激发学生的学习兴趣,强化学生在学习过程中的主体意识。

运用任务驱动教学法进行教学,任务的设计是关键,任务能否驱动教学又是衡量任务设计成功与否的关键。教师在设计任务时要做到:(1)任务要有趣味性,贴近学生生活,我们要以日常生活中,喜闻乐见的事物为素材向学生提出任务,让学生带着浓厚的兴趣,主动积极地完成任务,提高其学习效果。不能提出一些枯燥乏味的任务,迫使学生去完成,挫伤其学习的积极性。(2)任务要具有适宜性,适宜学生在本课中完成,提出任务所涵盖的知识要适宜学生现有的知识水平和能力,让学生经过努力能完成任务,享受成功的喜悦,还应有利于学生形成系统的知识和解决问题能力的提高。(3)任务应具有明确性,即当学生明确任务后,学生就应该在教师的指引下,或通过同学之间讨论,或自己探索来完成具体的事情,明确将要完成什么任务。而提出的问题不能让学生无事可做,或者由教师自导自演。(4)任务完成情况具有可评价性,对学生完成任务情况进行评价是掌握学生学习情况的有效途径,对学生的学习情况的了解是为教师进行下一任务设置提供依据。

例如,在学习计算机基本组成知识时,可设计"虚拟购机"任务。

(1) 布置任务并说明要求。

(2) 分组并制订计划。

(3) 了解相关知识并进行市场调查。

(4) 对信息进行分析、比较、筛选,确定本组购机方案。

(5) 制作购机方案演示文稿。

(6) 展示购机方案、交流与评价。

学生在完成任务中,必须了解计算机硬件配置,以及各配置的种类和性能,必须学习新知识,如硬件知识、网络知识、制作演示文稿等知识,可提高学生获取信息、分析信息、处理信息的能力,培养学生理财能力。同时学生通过完成任务,锻炼克服困难、解决问题的能力,体验发现、创新和成功的喜悦,增进学生之间的合作交流。

任务驱动教学法的教学环节主要包括显现任务、教师导学、明确任务、完成任务、完成情况评价五个环节。

第一环节:呈现任务。教师根据教学目标,结合学生心理发展和学习水平,从一个实际问题或某一个生活中的实际现象出发提出学习任务,引发学生的认知冲突,激发学生的学习兴趣,产生学习的内驱力。

第二环节:教师导学。教师在刚上课时就提出任务,此时的学生可能由于对本课的知识或某些概念不了解,对任务只有表面的了解,对完成任务的难度、必备的知识还估计不足,此时教师应进行适当的导学,导学可以是对学生如何完成任务适当的指导,也可以是为学生完成任务扫清一些障碍。

第三环节：明确任务。经过教师的导学或自我分析或小组学生的讨论,学生(或师生共同)对最初呈现的任务,结合本课的具体知识点进一步明确化和具体化,教师应创设任务情境,提供与任务相关的学习资料、参考方法和网上相关资料的位置等为学生完成任务指点迷津,积极培养学生剖析问题和解决问题的能力。

第四环节：完成任务。学生通过自行探索、小组协作交流等多种方式努力完成任务,在这个环节中,任务通过学生之间的合作交流,将会更好补充知识结构的缺陷,完善问题解决的技巧与方法。

第五环节：完成任务评价。评价环节既是对学习者学习情况反馈的一种有效途径,也是一个通过交流、讨论、展示等方式再学习的一个过程,在这个环节可以进一步激发学生的学习动力、完善其知识结构、提高其综合能力。

任务驱动教学法具有如下优点：

(1) 任务驱动教学法充分体现了"学生主体"的教学思想。传统教学模式的主体是教师,教学时往往是教师讲、学生听,学生被动地接受学习,这不仅不利于调动学生的积极性,而且不能有效地培养学生的能力素质。在建构主义教学理论指导下的任务驱动教学法,则要求师生改变传统的观念和角色。学生在学习中起主体作用,是学习和完成任务的主人,教师则在教学中起组织、引导、促进、评价、咨询的作用。

(2) 易于激发和保持学生的学习主动性和积极性。在教学过程中,随着一个个任务的完成,一个个知识点的掌握,一个个目标的实现,伴随着学生的一个接着一个的成就感的出现,学生学习信息技术的兴趣、自信就油然而生。

(3) 可以锻炼学生的合作精神和沟通能力。通过合作解决问题、小组讨论、意见交流等形式,可以使学生学会表达自己的见解,学会聆听他人的意见,理解他人的想法,学会评判、接纳和反思。这种认知的重建促进了学生高级思维的培养,提升了学生的信息素养水平。

另外,任务驱动教学法在培养学生实践和创新能力、促进学生个性化发展、增强学生探索精神、锻炼学生顽强意志等方面都有积极的作用。

总之,任务驱动教学法继承了传统教学方法的很多优点,充分吸收了温故而知新、因材施教、学以致用等教育教学思想,比较适用于信息技术课程的教学。但任务驱动教学法也同样存在一些不可忽视的弱点,如非线性的教学内容组织方式,较难兼顾知识的系统性,容易造成教学内容的简单重复等。

案例 4-1

课题：信息的集成(用 FrontPage 2000 制作简单网页)

【课标要求】

能选择恰当的工具软件处理多媒体信息,呈现主题,表达创意。

【教材分析】

本课选自《普通高中课程标准实验教科书信息技术(必修)》第六章第一节的第三小节内容。这节内容使学生掌握使用 FrontPage 制作网页的一些基本操作,侧重实践操作技能的培养和根据具体需要合理集成信息、表达意图的方法。

【学习者特征】

学生者是高中一年级的学生,前面已经学习了信息集成的一般过程和字处理软件 Word 的使用;有强烈的自己集成相关信息的愿望。

【教学目标设计】

1. 知识与技能

(1) 使学生进一步理解信息集成的一般过程,使学生对 FrontPage 2000 有初步了解,对网页、主页、网站和概念有初步了解。

(2) 使学生能熟练打开 FrontPage 2000 并能创建、保存网页文件;能熟练地设置网页背景、背景音乐;能熟练地进行网页版式设计;能熟练地在网页中进行文本信息编排。

2. 过程与方法

通过自主探究完成任务,培养学生自主探究能力。

3. 情感态度与价值观

使学生通过完成任务体验学习信息技术的乐趣。

【教学策略】

教学重点:网页版式设计与基本设置操作。

教学方法设计:演示法、任务驱动。

【教学内容】

教学环节	教学内容	教师活动	学生活动
提出本课任务	向学生展示一个作好的班级运动会网页(包括网页素材),提出本课任务,同时引入课题	边演示 边介绍	边听课 边思考
教师导学	1. FrontPage 介绍:略 2. 创建网页:"文件(F)"→"新建(N)"→"网页(P)"→确定。保存网页:"文件(F)"→"保存文件(S)"→确定 3. 在网页中进行文本信息编排:略 4. 设置网页背景和背景音乐:"格式"→"背景"弹出网页属性对话框→格式→确定 5. 网页版式设计:使用表格来排列网页中的各种信息,规划各个文本、图像所在的位置。"表格(A)"→"插入表格"→弹出表格属性对话框→确定 6. 插入图片:"插入(I)"→"图片"→"来自文件(F)"→弹出图片对话框→确定	教师边演示边讲解,并与 Word 的操作进行类比,此处教师的演示仅作为给学生的一个引导,为让其顺利完成任务并在完成任务过程中进行尝试、探索打一个基础	学生边听课、边观看教师演示,并与 Word 操作进行类比

续表

教学环节	教学内容	教师活动	学生活动
明确任务	用给定的素材制作完成班级运动会网页,要求网页中有文字信息、图片信息,要设置背景和背景音乐。在每位同学完成的基础上每个小组推荐一位同学代表本组作交流,被推荐的同学可以吸取本组同学的意见进行修改	教师课前将素材和样板网页分发给每一位同学,将本课任务投影出来	学生查看收到的素材和样板网页,作好完成任务的准备
完成任务	1. 学生用给定的素材制作班级运动会网页 2. 小组对组内的同学作品进行评价,推选交流作品 3. 被推荐的同学吸取小组同学意见修改网页	教师巡视并给予个别指导	学生完成自己的网页,参与讨论和评价,对推荐作品提修改意见
任务评价	1. 各小组对本组推荐的作品进行展示和讲解 2. 全班同学对每个展示的作品进行评价 3. 评价标准:(1)网页布局是否合理;(2)是否使用文字、图片素材;(3)是否设置背景和背景音乐;(4)页面是否美观大方	教师在学生讨论评价过程中做好引导	学生积极参与评价,对照展示作品反思自己作品的不足
课堂小结	对本课基本知识和基本操作进行小结	师生共同小结	师生共同小结
拓展	1. 如何将某一图片作为网页的背景 2. 同一网页的不同部分可否设置不同背景		学生课后探究完成
课后任务	按网络规划和各小组的具体任务去搜集资料,以备下节课有计划的制作网页		课后完成

点评:本章以合作制作班级网站为任务作为驱动,学习网页制作,具体到本课则以制作班级运动会网页作为任务,对学习 FrontPage 的基本操作既具有典型性,更由于学生刚开过校运会,正好本周的班级板报要求的主题也是校运会,学生自然会感兴趣,学习的积极性也就被调动起来了。

本课采用的任务驱动型教学方法有助于教师因材施教,解决学生之间的个体差异。由于目前高中生都存在这样一个问题:就是学生对计算机知识和技能的掌握差异非常大,有的学生对计算机的操练已经非常熟练了,甚至有的学生的电脑水平比老师还高,而有的学生却很少接触计算机,甚至从来没有碰过计算机,任务驱动法的完成任务和评价任务环节,有利于操作熟练的同学帮助不熟练的同学,达到共同提高的目的。

本课将学生分成若干个小组,这样学生可以互相讨论、互相帮助,取长补短,学生之间互为老师,一起分析问题、解决问题,学生的思维过程得以展现,学生之间的观点、方法得以交流,大家利用集体的智慧一起去完成任务。学生在完成任务的过程中,体现出了团队协作的精神,为他们今后的学习、生活和工作打下了坚实的基础。

案例 4-2

课题：表格数据的图表化

【课标与教材】

课标要求：能够根据任务需求，熟练使用图表处理工具软件加工信息，表达意图。

教材分析：本课选自《普通高中课程标准实验教科书信息技术（必修）》第四章第二节的第二小节内容。该章信息的加工与表达在整个教材体系中处于核心地位。本节的内容侧重实践操作技能的培养和根据具体需要合理表达意图的方法，为以后的信息表达与信息集成打下技术基础，并且这部分内容，没有相应的选修课加以巩固与拓展，所以这节课尤其重要。

【学习者特征】

学生者是高中一年级的学生，前面已经学习了信息加工的一般过程和几种类型，在前一小节学习了表格数据的处理(排序、筛选、计算等)；高一学生思维活跃，乐于接受有趣的感性知识以及与其学习和生活相关的信息；有强烈的自己处理相关信息的愿望。

【教学目标】

依据课程标准，在新课改理念指导下，根据本节内容确定三维教学目标如下几方面。

1. 知识与技能

(1) 理解和体会统计图表的作用；(2) 归纳出三种基本统计图表的特点，并能根据具体问题选择适当的图表类型；(3) 掌握 Excel 图表的操作。

2. 过程与方法

通过对处理具体信息问题的探究，掌握使用统计图表来解决实际问题的过程与方法。

3. 情感态度与价值观

(1) 体验信息处理方法和信息显现的多样化，激发学生学习信息技术的兴趣；(2) 培养自主探究的意识。

【教学策略】

综合课标要求、教材、学生特点等因素，确定本课教学策略如下：

(1) 通过学生日常生活和学习中熟悉的 3 个表格数据的图形化处理任务进行驱动(任务特点：与本课内容相适应，能让学生产生积极性)。

(2) 通过对学生的自主探究达到巩固和深化本课知识和操作的目的，同时也培养学生独立处理信息的能力和探究能力。

(3) 在学生自主探究完成后，通过教师引导性提问，师生共同分析和总结完成对三种基本统计图表的特点的总结，逐步培养学生在探究中发现问题和归纳总结问题的能力，从而也使本课的难点"利用图表对数据进行分析以及图表样式的选择"得以突破。

【教学过程】
1. 展示任务、导入课题

在本环节教师先用 PPT 展示分别用文字、表格、图表展示的历届奥林匹克运动会中国运动员获得金牌数,让学生进行观察、体验。

然后提出问题:哪种表达方式更直观,数据可读性更强。从而导入课题"表格数据的图表化"。通过学生的回答导出课题。用图表表示的信息更直观,更能反映出事物的特征和变化规律。

资料1 历届奥林匹克运动会中国运动员获得金牌数一览

第24届奥林匹克运动会,举办城市韩国汉城,中国获金牌5枚;第25届奥林匹克运动会,举办城市西班牙巴塞罗那,中国获金牌16枚;第26届奥林匹克运动会,举办城市美国亚特兰大,中国获金牌16枚;第27届奥林匹克运动会,举办城市澳大利亚悉尼,中国获金牌28枚;第28届奥林匹克运动会,举办城市希腊雅典,中国获金牌32枚;第29届奥林匹克运动会,举办城市中国北京,中国获金牌51枚。

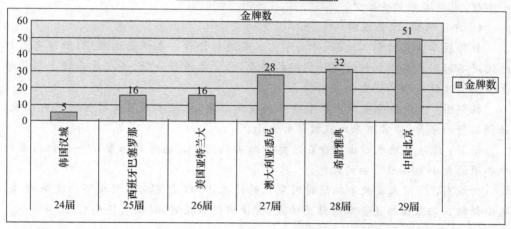

然后进一步提出任务,那我们是怎么作出图表来的。以"金牌数统计图"为例。

2. 示范演示、教师导学

教师演示金牌数统计图的处理工程,并适当解释图表类型、系列、标题、标志、图例、图表位置等名词,并对操作步骤进行归纳。

Excel 制作图表的一般步骤:(1)选择图表类型;(2)选定所需数据和标志;(3)填写图表选项;(4)确定图表位置。

学生边听边记忆和思考。

3. 自主探究、建构新知

教师布置任务(课前准备好,分发给学生)。

任务自我探究完成以下操作任务,并思考相关问题。

(1) 加工完成"金牌数统计图"。

(2) 按照黄石市各区县人数统计表,加工完成"黄石市人口分布统计图"。

黄石港区	193100
西塞山区	233708
下陆区	110923
铁山区	57327
开发区	169511
阳新县	827631
大冶市	837116

(3) 下表是某市一年内各月的平均气温,请加工相应的统计图。

一月	二月	三月	四月	五月	六月	七月	八月	九月	十月	十一月	十二月
3	6	10	15	18	25	28.5	28	27	21	11	5

在完成以上操作任务的同时,思考以下问题(尝试操作,并归纳总结)。

(1) 柱形图、饼图、折线图各有什么特点?

(2) 按照4个步骤加工好图表后,还能不能修改?如何修改?

(3) 利用Excel的数据加工好图表后,数据变了,图表会发生改变吗?

学生自主进行探究,完成任务,并在完成任务的过程中,熟练Excel图表加工的4个步骤,同时探究相关知识。

4. 评价总结、深化理解

教师展示学生的加工结果,并与学生一起进行评价。在评价过程中,教师有意挑选使用不同图表类型制作的同一问题的图表,让学生进行分析,并在此基础上引导学生归纳出3种类型的图表的各自特点。

柱形图:能清楚地表示出每个项目的具体数目,体现不同项目数据之间的比较。强调数量的差异,通常用来比较数值的大小。

饼图:能清楚地表示出部分在总体中所占的比例。通常用来显示一个数据系列中各项的大小与各项总和的比例。

折线图:多用来反映事物随时间变化的情况,可以清楚地表现出事物发展趋势,从而帮助我们做出推论。需要注意的是,当使用折线图时,数据采样要均匀。

5. 拓展练习、形成能力

教师布置拓展练习:

反映某同学月考成绩变化趋势用什么统计图表好?能在同一个图表中加工出多个学科成绩的变化趋势吗?尝试解决问题。

某同学近几个月月考成绩

	2月	3月	4月	5月	6月	9月	10月
语文	118	123	119	125	128	130	129
数学	112	114	123	116	115	128	126
英语	110	108	114	110	98	95	87

点评：本案例以加工完成三个统计图表作为任务驱动，学生在完成任务中学会三种类型图表的制作和设置，并感受三类图表的特点，任务非常切合本课主题，任务均来自学生日常生活实际，适应学生特点，能激发学生兴趣。

本案例通过"展示任务、导入课题，示范演示、教师导学，自主探究、建构新知，评价总结、深化理解，拓展练习、形成能力"实施教学，符合认知规律，有利于培养学生独立获取知识的能力。

（四）WebQuest 教学法

随着信息技术与课程整合的不断深入，一种比较适合信息技术与课程整合实践的基于网络的探究性学习模式——WebQuest 教学法受到了广大中小学教师的欢迎。

1. WebQuest 的主要特点

1995 年，圣地亚哥州立大学教育技术系的伯尼·道奇（Bernie Dodge）博士和汤姆·马奇（Tom March）创建了一种课程计划，由于该课程计划和万维网密切相关，所以他们将其命名为"WebQuest"。在这类课程计划中，呈现给学生的是一个特定的假想情境或者一项任务，通常是一个需要解决的问题或者一个需要完成的项目，课程计划中为学生提供了一些因特网资源，并要求他们通过对信息的分析和综合来得出创造性的解决方案。他们对 WebQuest 的定义是这样的：这是一种面向探究的学习活动，活动中学生们所用到的所有或大部分信息都来自网络。这种学习活动有以下主要特点：(1) 有一个明确的主题或问题（可派生出多个具体问题），为方便起见统称为问题；(2) 此类问题可通过寻求信息而得到解答；(3) 问题的解答没有唯一性。我们称此类面向信息问题的学习为探究性学习模式。

2. WebQuest 组成部分及设计要点

一个标准形式的 WebQuest 教学设计包括介绍、任务、资源、过程描述、学习建议、评价和总结 7 个部分，各部分的设计要点如下几方面。

（1）介绍：对所"探究"问题的简要描述。在这一部分中，教师可以向学生们简要介绍此 WebQuest 的大致情况，以进行前期的组织和概述工作。如果在此 WebQuest 中包括角色扮演或闯关游戏（如"你现在是一个鉴别神秘诗人的间谍"），还应在这一部分中设置相应的情境。简要介绍 WebQuest 的目的有两方面：第一，让学习者明确将要学习的是什么；第二，通过各种方式提高学习者的学习兴趣。为了达到这两方面目标，应该使主题：

- 与学习者过去的经验相关
- 与学习者未来的目标相关
- 具有吸引力，看起来有趣
- 因为其全球性影响而极具重要性
- 因为急切需要解决而紧迫
- 因为学习者将进行角色扮演或者有一些产出而好玩

（2）任务：对于学习者要做的事情的描述。其形式可能是一个 HyperStudio 或者 PowerPoint 演示，也可能是一个能够对一特定的主题进行解释的口头陈述。在这一部分中，教师应该清晰明了地描述学习者行为的最终结果将是什么。在 WebQuest 中涉及的

"任务"可以是：一系列必须解答或解决的问题；对所创建的事物进行总结；阐明并为自己的立场辩护；具有创意的工作；任何需要学习者对自己所收集的信息进行加工和转化的事情等。

与其他网络课程的区别就在于它有一个切实可行的、能够完成的且具有吸引力的任务。这种任务通常是人们工作或生活中所发生事件的微缩版本。完成WebQuest的任务，并不仅仅是让学生回答问题，而是要求学生通过更高级的思维技能来解决问题或作出决策，这些高级思维技能包括创造性、分析、综合、判断和问题解决等。

(3) 资源：指向网上相关站点的链接。在这一部分中，教师指出一些可以被学习者用于完成任务的网址，并且应该在每一个链接中嵌入对此资源的描述，以便学习者可以在点击前知道自己将通过点击获得什么。

WebQuest的大部分资源是包括在WebQuest文件中作为超链接指向万维网上的信息。学生使用的所有链接都由设计者预先设定是WebQuest区别于其他网络活动的又一特征，所以，也可以这样说，相对于信息的搜索，WebQuest更侧重于信息的使用。但是，非常值得注意的是，可以提供给学生的资源并不仅仅局限于网上的发现，它还可以包括一场与远距离专家的音频会议、一场与不远的教师的视频会议、一盘录像带、一份评价报告的精装本、教科书、录音带，以及与他人面对面的访谈。由于这些资源是预先选定的，而且还包含明确的指针，所以，学习者在网络空间将不再因迷失方向而完全漫无边际地漂流。通常，明智的做法是将资源清单分成几个部分。一部分资源在课堂上让每个学生学习，另一些则可以由扮演某一特定角色或持某一特殊观点的学习者阅读。通过这种给予学习者不同数据资源的方式，不仅增强了群体之间的合作和依靠，同时也培养了学习者相互学习的意识。

(4) 过程描述：说明要做些什么才能完成指定的任务。学习者将遵循哪些步骤才能完成任务？这一部分是探究学习的关键所在，一定要使这些步骤简明清晰。在WebQuest的过程设计中，教师将完成任务的过程分解成循序渐进的若干步骤，并就每个步骤向学习者提出短小而清晰的建议，其中包括将总任务分成若干子任务的策略，对每个学习者要扮演的角色或者所要采用的视角进行描绘，为学习和交互过程提供指导等。

(5) 学习建议：指导学习者如何组织信息。在此处，教师要为学生提供一些建议，以帮助他们组织所收集到的信息。建议可以包括使用流程图、总结表、概念地图或其他组织结构，也可以采用由复选框组成的问卷形式，其中的问题旨在分析信息或提请对需要考虑的事物的注意。如果将"学习建议"部分嵌入"过程描述"部分中，可能效果会更好。不过当建议很多，或者数据的收集和分析过程不是几步就可以完成的事情，那么还是将这两个部分分开为好。

(6) 评估：创建量规来展示如何评价最终的成果。另外，教师还可以创建一个自我评价表，这样学生可以用此对自己学习进行评价和反思。WebQuest采用评价测评表来考查学生作品的不同方面。评价人员既可以是教师，也可以是家长或同学。另外，根据学习者学习任务的不同，评价测评表的形式也表现为书面作业、多媒体创建、网页和其他类型。

(7) 结论：对于将可完成的学习成果或学习过程的简要总结。通过简短的一两句话,概述一下学生通过完成此 WebQuest 将会获得或学到什么。WebQuest 的结论部分为总结学习内容和经验,鼓励对整个学习过程进行反思,以及对学习成果进行拓展和推广提供了一个机会,它的另一个作用是为教师提供可以在整个课堂讨论中使用的问题。

3. 利用 WebQuest 进行课程整合时的注意事项

WebQuest 是以探究性学习、合作学习和协作学习为基础的。在实施新课程标准的过程中,WebQuest 是很好的课程整合方式。然而,在利用 WebQuest 进行信息技术与学科课程的整合时,还需要注意以下几点。

(1) WebQuest 尽管能够实现信息技术与课程整合的目的,但是它只是课程整合的方式之一,并不是全部或唯一手段。在 WebQuest 活动中,学习者所接触的全部或部分信息都来自因特网或视频会议,也不排除网络以外的资源。

(2) 进行 WebQuest 活动时,目的一定要明确。一般情况下,教师应该将所需资料的查找途径交给学生,不需要学生在网络上漫无目的地"闲游"。否则,探究将会发生"迷航"现象,信息技术对学科教学将产生负面影响。

(3) 要注意资料的更新。现在网站的更新速度非常快,你可能一觉醒来就发现你所依靠的一个网站找不到了。这种情况下,你可以重新访问你所用过的所有网站。如果还不行,你可以试着用搜索引擎,它会储存访问过的网站,其中也许会有你找不到的那个网站。

(4) 别忘了评价。这一环节非常重要。我们不仅要求学生完成任务,同时还要重视他们在网上查找资料的熟练程度。因此,除了对学生的学习结果进行评价以外,对他们学习过程中的每一个环节都应予以评价。这样,既可以验收前面的学习效果,又能够为下一阶段的学习提供更好的建议。

使用 WebQuest 可以打破学科间彼此孤立的局面,让学生根据自己的需要来选择学科知识以便完成任务。对信息技术来说,这无疑是最能体现其价值的手段。当然,要实现课程整合也不是仅仅依靠 WebQuest 这一条途径就能实现的,作为一线教师,还应当努力探索教育规律,寻求最适合学生学习发展的教育方式。

案例 4-3

课题:信息安全

【教学目标】

知识与技能:

使学生了解计算机犯罪的危害性,学会病毒防范、信息保护的基本方法。

过程与方法:

通过学生自主探究过程培养学生探究、解决问题的能力,通过小组合作探究培养学生合作解决问题的能力。

情感态度与价值观:

使学生树立信息安全意识,养成安全的信息活动习惯。

【教学重点】
引导学生通过分析实例，了解信息安全的基本情况，关注信息安全的应用，体验信息安全的内涵。

【教学方法】
WebQuest 教学法

【学习环境】
网络多媒体教室

【学习过程】
（一）问题背景

1. 教师向学生演示计算机遭到病毒攻击的实况。让学生看计算机发生了什么，初步引发学生的感性体验。教师充当黑客，通过远程控制计算机，向学生演示计算机遭到黑客软件攻击的实况，让学生了解到被控计算机是随着教师的意愿而工作，初步引发学生的感性体验。

2. 向学生介绍一组由于计算机病毒攻击、黑客攻击，以及其他忽视网络安全造成损失的数据，让学生对信息安全问题有足够的认识。

（二）提出任务

1. 了解什么是计算机病毒？什么是电脑黑客？它们有哪些危害？
2. 了解保障信息安全应注意哪些事项？
3. 回答下列问题：

（1）打开电脑，存储的文件丢失了，或者系统突然崩溃了，你能明白计算机系统发生了什么事情吗？

（2）当打开邮箱时，垃圾邮件充满了电子信箱，或在打开某一封邮件时，防病毒软件就提示计算机已经感染了病毒了，这时当务之急应该去做什么事情？

（3）有一天，别人在他的机器上查看到你计算机中的某个文件，这说明了什么问题？

（4）有一天，朋友告诉你，他知道你的上网账号和密码，你相信吗？

（5）你在网络上收到一条信息，说只要你邮寄多少钱到某一账户，就可以得到一个大奖，你是如何看待这件事情的？

（三）推荐 Web 资源

向学生推荐一些有关信息安全的网页，学生也可上网自己搜索。

信息安全相关法规 http://www.jilin.net.cn/zcfg.jsp
网络安全与信息站 http://www.china-safety.com.cn
国防系统的信息安全 http://www.jilin.net.cn/
黑客的主要攻击手段 http://www.jilin.net.cn/pczx/infoskn3.htm
中国典型黑客案例 http://www.jilin.net.cn/pczx/HakerAl.htm
信息时代存在哪些威胁？ http://www.nstap.com.cn/

善意黑客帮忙修补漏洞 http://www.infosec.org.cn/
计算机犯罪的特点分析 http://www.51lw.com

(四)搜索资料

将学习任务分解为四个子任务,将学生分成四个小组,分别负责完成一个子任务。

各小组通过上网搜索相关资料,探究完成下面的任务。

第一小组:侧重病毒防治,了解常见病毒的特点以及如何防治?预防病毒主要有哪些措施?

第二小组:侧重黑客攻击防范,了解常见黑客攻击的特点以及如何防范?预防黑客攻击主要有哪些措施??

第三小组:侧重计算机犯罪,掌握计算机犯罪的特点,搜集计算机犯罪的案例,了解我国目前的信息安全相关法规,都有哪些措施预防、惩处计算机犯罪?

第四小组:侧重如何保障信息安全,即保障信息安全的主要措施,常用的数据备份方式。

(五)探究、合作学习

按以下过程组织交流和学习:

1. 每位同学根据自己搜集的信息资料,先在小组内进行交流。

2. 小组综合组内取得的成果形成小组子任务的报告(做成 Word 文档)。

3. 每个小组向全班同学介绍本组总结的报告,可以补充和交流。

4. 4个小组分别介绍完后,教师将报告汇总,分发给每一位学生,学生认真学习并讨论和交流。

5. 总结。学生结合信息安全问题,分析病毒、黑客的基本特征以及如何防范和医治?了解计算机犯罪的危害性,养成安全的信息活动习惯(鼓励学生采用通俗易懂的语言概括和表达自己的观点)。

(六)评估与检测

1. 建立学生评价样表,让学生对与本课相关知识的观点陈述、讨论中提出问题以及对其他同学提出的帮助进行记录与评价。

学生评价量表:

姓名	经验或经历	学习资料的搜集与整理	发言中观点陈述	讨论中提出问题	讨论中给其他同学帮助

2. 课后作业

论述:如何保障自己的信息安全。

点评:本课重视了教学过程设计,通过情境提出任务、推荐 Web 资源、学生进行 Web 学习、小组合作交流、评估与检测这个流程,使参与学习的每一个学习者既掌握了本课的知识和技能,又在交流中培养了学生的合作意识、交流、表达、评价能力。

本课采用评价量表对学生在学习过程中的表现进行综合评价,调动了学生的积极性,提高学生参与评价的热情,增强学生的主体意识。

本课通过网络安全主题知识的学习,学生一方面需通过网络收集相关的网络安全的信息,另一方面在教师的引导下,同学的相互帮助下,自我探索,深化了 Word 的学习。

案例4-4

课题:高中生与信息技术

【教学目标】

知识与技能:

使学生了解合理利用信息技术的方法;了解信息社会的法律、规范和道德;掌握在信息社会中自我保护的方法。

过程与方法:

使学生能够了解综合利用各种信息技术手段解决问题。

情感态度与价值观:

让学生体验综合利用信息技术带来的实效;反思信息技术对自身健康的影响。

【教学重点】

让学生体验综合利用信息技术带来的实效,反思信息技术对自身健康的影响。

【教学方法】

WebQuest 教学法

【学习环境】

网络多媒体教室

【学习过程】

(一) 问题背景

现代信息技术在全球范围内的蓬勃兴起,迅速而深刻地改变着人们的生活,也引起了人类社会全面、深刻的变革,人类进入了信息社会时代。高中生处在人生的重要关口,一方面,高中生可以利用现代信息技术获取相关信息,享受现代信息技术带来的各种便利和机遇,另一方面,他们也不得不面对信息技术带来的种种问题,如交网友上当受骗,沉迷网游以致荒废学业等。本单元主要从高中生角度出发,畅谈综合运用信息技术的方面,阐述在进行信息技术实践时,应自觉遵守的法律、规范和道德,并提醒学生增强自我保护的意识,提高自我克制能力。

(二) 提出任务

通过学习了解高中生如何合理利用信息技术?高中生如何自觉遵守信息社会的法律、规范和道德?高中生如何加强自我保护意识,提高自我保护能力?高中生如何不沉迷网游和网聊以致荒废学业?

（三）推荐 Web 资源

向学生推荐一些有关中学生与信息技术（网络）的网页：

中国高中生网：http://www.gzs.cn/

网络对高中生的作用和影响：http://iask.sina.com.cn/b/10447451.html

高中生迷恋网络的负面影响和防范措施：
http://www.yletw.com/bbs/ShowPost.asp?menu=Previous&ForumID=128&ThreadID=1262

高中生如何利用网络进行学习：
http://www.online-edu.org/web/?3501/action_viewspace_itemid_8459

在网络社区中培养高中生的历史学习能力：
http://www.cqvip.com/qk/98487B/200708X/25157062.html

（四）搜索资料

将学生分成四个小组，各小组通过上网搜索相关资料，分别负责完成一个子任务。

第一小组：高中生如何合理利用信息技术？如，利用网络上的课件帮助学习，搜索学习资源和学习方法，利用信息技术与朋友联系，交流学习和生活心得，利用网络表达和发表作品等。每个同学在组长安排下各有侧重。

第二小组：高中生如何自觉遵守信息社会的法律、规范和道德？如，网络道德和礼仪，尊重他人的知识产权等。每个同学在组长安排下各有侧重。

第三小组：高中生如何加强自我保护意识，提高自我保护能力？如，不良信息的影响，病毒防范的意识和能力，保护自己的个人信息，避免网络陷阱的伤害等。每个同学在组长安排下各有侧重。

第四小组：高中生如何不沉迷网游和网聊以致荒废学业？如，沉迷网游影响学业，沉溺虚拟环境，影响心理健康。每个同学在组长安排下各有侧重。

（五）探究、合作学习

按以下过程组织交流和学习：

1. 每位同学根据自己搜集的信息资料，作主题发言，小组其他同学参加讨论交流，补充相关信息。

2. 每个小组对本小组子任务的各个主题进行综合分析，用 PowerPoint 形成报告。

3. 每个小组组长代表本组向全班同学报告有关子任务相关的知识和信息，组内其他同学可以补充，班内同学可以提问。

4. 四个小组分别介绍完后，老师将报告汇总，分发给每一位同学，同学认真学习并讨论和交流。

5. 总结，教师引导学生总结。

高中生正处于这样一个时代：信息技术的发展日新月异，各种新思想、新产品、新技术层出不穷,而且发展的速度越来越快。作为国家未来建设的主力军,作为未来世界的主人,现代青少年肩负着发展信息技术,建设安全与文明的信息社会的历史责任。我们应该学会合理利用信息技术,为学习和生活提供帮助,同时在进行信息技术实践时,自觉遵守法律、规则和道德,加强自我保护意识,提高自我保护的能力。所有这一切需要我们通过不断的学习,通过终身的学习,迎接挑战,实现理想。

(六)评估与检测

1. 建立学生评价量表,让学生对与本课相关知识的观点陈述、讨论中提出问题以及对其他同学提出的帮助进行记录与评价。

学生评价量表:

姓名	经验或经历	学习资料的搜集与整理	发言中观点陈述	讨论中提出问题	讨论中给其他同学帮助

2. 课后作业

论述:高中生怎样才能做到不沉迷网游和网聊以致荒废学业。

点评:本课通过设计高中生如何合理利用信息技术?高中生如何自觉遵守信息社会的法律、规范和道德?高中生如何加强自我保护意识,提高自我保护能力?高中生如何不沉迷网游和网聊以致荒废学业?四个问题让学生先通过 Web 方式学习,再进行讨论、总结、归纳,使学生了解相关知识。

采用评价量表,根据预定的教学三维目标(知识与技能、过程与方法、情感态度与价值观)来对学生完成探究任务的表现进行评价,有效调动学生的积极性,提高学生参与评价的热情,增强学生的主体意识。如果让学生能如此经常性地通过从各方面出发的自评、互评和教师的点评,对自己在每个阶段的表现都认真地进行回顾和思考,不断缩小学生行为与目标之间的差距,必能更快、更好地实现教学目标,从而提高学生的能力。

本课通过学生的讨论和网上的具体实例,使学生对沉迷网游和网聊以致荒废学业有一定的警觉,将思想工作与教学结合起来,有利于高中生的成长。

(五)基于问题的教学法

基于问题式学习(Problem-Based Learning,简称 PBL)是近年来受到广泛重视的一种教学方式,它强调把学习设置到复杂的、有意义的问题情境中,通过让学习者合作解决真实问题的过程,来学习隐含于问题背后的科学知识,形成解决问题的技能,并形成自主学习的能力。PBL 旨在通过引导学生解决复杂的、实际的问题,使学习者建构起宽厚而灵活的知识基础,发展解决问题的技能,发展自主学习和终生学习的技能,成为有效的合作者,并培养学生的内部动机。它最早起源于医学教育,在其中表现突出,但最近在许多其他学科中,也开始显露头角,显示了它的优越性。对 PBL 的定义清楚地表明它是对建构主义各项原则的一种实现。

在 PBL 中,科学知识是作为理解和解决问题的工具而出现的,它本身的意义(重要性)是显而易见的。反过来说,问题是一种实例,对它的分析讨论可以激活更多的知识,这有利于对新知识的理解与加工。而且,解决问题的经验有利于学生以后解决与此类似的问题,因此,PBL 更有利于促进学生解决问题的能力的发展。

解决问题的方法主要有尝试错误法和顿悟法。尝试错误法是对所需解决问题的反应进行随机或有系统的变换,并通过不断的尝试和校正,直至取得一个成功的反应。与尝试错误法不同,顿悟法则是努力去发现一种解决问题的、有意义的手段—目的关系,去发现一种用于求解问题的算法,使问题得以解决。顿悟法或把原先学到的原理转用于类似的新的情境,或对过去和当前的经验进行根本的认知改组和综合,以满足解决问题的需要,实际的问题解决过程中,往往是这两种方法的综合利用。

例如,信息技术课中的程序设计学习。编程是一项细致的活动,主要是熟练地使用编程语言。当然,这也是一项逻辑活动,可以完全独立于具体的编程语言。编程语言的学习在计算机科学教育的学习中占用了很大的比例,教师通过编程语言使学生理解编程的过程、方法和基本技巧,这也是传统计算机科学教育中采用的方法。当然,编程还包括其他认识上的技巧,例如,对操作系统和相关开发工具的熟悉,对数据结构、算法的合理运用和测试,对机器内部工作的了解等。虽然,通常我们把它们作为单独的单元来进行教学,但在具体实践中,它们之间有着千丝万缕的联系。

编程的过程实质上就是学生把自身已有的认知成果和编程的基本技能联系起来的过程。首先,学生应当掌握具体语言的特性(如语法、语句等),把这些特性组成程序的能力是相对独立的,这些特性的知识虽然很基本,但对于程序的编写还不够,初学者往往会在这里走入误区。一味地追求语法规则的学习,而忽略了问题求解的可行性,结果只能是事倍功半。其次是设计的技巧,也就是把语言特性结合起来组成可运行的代码,设计的特性包括模板,或称常用代码,常用于完成某一特定任务,例如读取一行输入数据,可以看做一段代码,这就减轻了编程压力,并且为分解问题提供了指南,分解问题能够让学生更容易地将一个大问题细化成若干个合适的子任务。因此,算法作为一种认知工具,被引入编程模型中。掌握了这些技巧,编程工作的重点就会转移到对问题解决的方案上来,而不必为一些相关技能而困惑。另外一个需掌握的是关于解决问题的一般技能,在这个环节上,初学者和专家会有很大的区别。这就需要初学者逐步积累经验、深入分析专家成果,不断训练编程的技能。

由此可见,这种基于问题式的学习模式用于信息技术的程序设计教学中将会促进学生对编程过程的理解,自主地掌握相关知识系统,以达到问题的解决。

基于问题的学习具有如下一些优点:

(1) 以学生为中心,学生在开放的学习中合作交流。无论是设计问题,还是制订计划、解决问题、反思和评价,都是围绕学生进行的,学生是活动的中心和主体;学习又是开放的,在确定了需要研究的问题后,学生直接操作活动材料进行活动和学习,无论是学习的内容还是学习的结果,都会超出教师的预期。学生可能会就一个问题提出许多种解决方案,也可能会提出许多新的、有意义的、需要进一步研究的问题,让学生真正体会学习不是一个简单的、线性的过程,而是复杂的有时甚至是难以预测的。

(2) 与学生的实践操作能力相结合。学习是基于真实情境的,所创设的问题是学生关注的问题,并且与当前和今后的工作与生活密切相关。这给学生提供了一个运用所学知识的"虚拟"平台,甚至是实际平台,缩短了知识与应用之间的差距。当学生看到他们的学习资料与实际生活之间的联系时,学生们的积极性会被调动起来,他们会努力学习、掌握相关的信息,并运用所学解决问题,从而提高实践操作能力,有助于加深学生对知识的理解与应用。

(3) 促进学生掌握基本的学习策略和学习方法,掌握解决问题的方法。基于问题的学习是学生自主参与学习的过程,学生愿意学习(具有学习的动力)、主动学习(成为学习的主人),并且通过与同伴、教师的合作与交流,通过不断地反思与评价,调整自身已经习惯的学习方式和方法,在解决问题的过程中获得解决问题的能力,从而更加善于学习,成为独立的学习者。

(4) 促进教师之间的合作。基于问题的学习中的问题通常是综合的、开放的,可能会涉及很多的学科,或者是多个领域的知识。依靠一名教师的力量通常是不够的,教师可以向其他的同事请教,扩展知识。或者与其他的教师合作,共同完成基于问题的学习的教学。教师的合作不但能够增强自信,减轻焦虑,还能起到很好的榜样作用。

但是,基于问题的学习同样具有一些不足之处,这主要体现在如下几个方面:一是需要花费较多的时间。我们告诉学生一个事实可能只需要几分钟的时间,而如果让学生自己搜集资料、分析资料、得出方案可能要花上几个星期甚至几个月的时间。同时,教师也需要花费大量的时间创设情境、整合知识、调整课程等。二是难于形成合适的问题。创设一个合适的问题情境,既要融合所需要学习的知识,又要激发学生的学习兴趣,确实不是一件简单的事。三是应用难度比较大。在基于问题的学习中,教师经常会遇到:怎样结合课程内容提出合适的问题?怎样引导学生开展基于问题的学习?什么时候给予指导和提示?教师的角色应该是怎样的?遇到不合作的学生如何处理?等等。

案例 4-5

课题:学会配电脑

【教学目标】

知识与技能:

1. 使学生了解计算机硬件的基本常识和操作系统、文字处理、浏览器以及其他常用应用软件的常识。

2. 使学生认识常见计算机硬件,了解其在计算机系统中的作用。

3. 使学生学会自己配置电脑,能够对电脑配置进行简单的评价。

过程与方法:

通过自主和合作学习并解决问题的过程,使学生学会使用相关资源解决问题的方法。

情感态度与价值观:

培养学生为解决问题而学习,在学习中解决实际问题的意识。

【教学重点】
1. 使学生识别基本电脑硬件,了解其功用。
2. 能通过上网或查询相关资料自己配置电脑。

【教学难点】
独立配置一台适合自己需要的电脑。

【教学环境】
计算机硬件实物,网络机房

【教学过程】
(一)问题的提出

问题:我们班的小明同学参加市数学竞赛获一等奖,他的家长要对他进行奖励,出资 5000 元为他购买一台电脑,同时提出条件:(1)必须由小明自己进行配置;(2)电脑用于帮助学习与朋友交流,不能用于玩游戏。

(二)导学

教师指导:教师前段时间也配置了一台电脑(向学生展示计算机配置报价单),说明计算机系统的硬件很多(展示计算机硬件实物),有些硬件是必需的,有些硬件应该根据功用进行选配,告诉学生购买电脑前一般要先自己进行配置,根据配置进行价格预算,计算机软件分为系统软件和应用软件,不同的应用应配置不同的应用软件,要解决上面问题,我们需要掌握以下的知识和信息。

问题分解:

1. 常见的计算机硬件有哪些,在整个计算机系统中起什么作用?小明的电脑主要需配置哪些硬件?
2. 常用的计算机软件的作用是什么?小明的电脑需要配置哪些软件?
3. 如何查询计算机硬件的品牌、性能指标、报价?

资源网站:

站点 1:电脑自做 www.pcdiy.com.cn
站点 2:天极网 www.yesky.com
站点 3:中关村在线 hard.zol.com.cn/diy.shtml
站点 4:电脑之家 www.pchome.net
站点 5:太平洋电脑网 www.pconline.com.cn/market/sh/
站点 6:上海热线——电脑频道 computer.online.sh.cn

(三)自主学习

学生上网查找相关资料,帮助小明完成电脑配置报价单,同时思考和解决以下问题:

(1)你的电脑主要用来干什么?
(2)你的电脑需要什么型号的配件?它们分别起什么作用?
(3)你的电脑需要什么样的软件?它们分别起什么作用?
(4)配置太高和配置太低分别会有什么后果?

教师巡视并给予指导。

（四）小组合作讨论

将学生分为四个小组，每个小组间的同学相互交流，完成以下问题：

(1) 取长补短，共同形成一份配置报价单。

(2) 相互讨论对计算机硬件知识的了解，特别是本课的重点，即硬件的功用。

(3) 相互讨论对计算机软件知识的了解，特别是学生电脑应配置哪些常用软件。

（五）成果展示与评价

(1) 每个小组派一位代表向全班同学介绍本组的配置报价（小组其他同学可以补充），要求说明理由，其他小组的同学进行评价。要求从以下几个方面进行评价：一是适用性，整机能否达到预定的功能？性能指标是否适用？二是经济性，即所选的配件是否都是必需的？性能价格比是否较好？

(2) 教师进行评价。

(3) 教师引导学生对基本知识进行总结。

点评：本课通过解决配置电脑这一问题达到学习计算机硬件和软件基本知识的目的，采用自主学习的方式，不仅可以使学生了解计算机硬件和软件的知识，还使真实的问题得到解决，在学习过程中，强调了利用所能获取到的各种信息资源，学生在小组中协作探寻解决真实世界的问题，使本课的教学达到事半功倍的效果。

将自主性学习的模式应用于本课学习，有助于培养学生的自主学习能力，应用新建构的知识解决复杂而实际的问题，并对问题的解决过程进行监控和反思，经常性的训练能使学生很快成为独立自主的思考者和学习者。

通过本课的教学促进了学生与人合作能力的培养。将学生分为多个小组，每组学生从问题的不同方面、不同角度来看待、分析同一个问题，共同处理学习问题的复杂性；在小组中，各成员需要积极主动参与小组活动，一起互相学习，一同努力解决问题。通过对问题探索和解决的过程，学生成为一个愿意合作也善于合作的人。

本课的设计和教学体现了建构主义的学习观念和理论，其主线活动是解决问题，学生将基础性知识的学习融入知识应用中来学习，为了解决问题而获取知识，反过来又应用所获取的知识解决实际的问题，学生的能力在知识的学习、复杂而实际问题的解决过程中不断得到培养。

案例 4-6

课题：运用搜索引擎获取信息

【教学目标】

知识与技能：

1. 使学生掌握常用网络信息检索的方法。

2. 使学生掌握使用搜索引擎获取网络信息的策略与技巧。
3. 使学生掌握中国传统节日的有关知识。

过程与方法：

通过学习并解决问题的过程，使学生学会利用网上资源解决问题的方法。

情感态度与价值观：

培养学生为解决问题而学习的意识和愿望；培养学生对中华传统文化的热爱之情。

【教学重点】

使学生掌握搜索引擎的目录类搜索、全文搜索。

【教学难点】

掌握关键词搜索的技巧。

【教学策略】

采用"基于问题的教学法"，让学生由被动学习转变为主动学习。

【教学过程】

(一) 问题的提出：

春节、端午、中秋、清明都是中国的传统节日。你知道这四个中国传统节日都有哪些传说故事吗？在这些节日里，一般都有哪些风俗习惯吗？

(二) 导学

要获取上述相关问题的相关知识可以通过查询相关报纸和杂志，或访问相关人士获取，老师这里要给大家介绍的方法是从互联网上获取，上节课要求大家课后预习的搜索引擎可以帮助大家从互联网上获取这方面的知识。

让学生边查看教材边总结常用搜索引擎网址：

百度 http://www.baidu.com/

谷歌 http://www.google.com/

搜搜 http://www.soso.com/

搜狗 http://www.sogou.com/

360搜索 http://www.so.com/

雅虎 http://cn.yahoo.com/

(三) 分组学习，解决问题

将学生分成四个小组，分别负责搜索春节、端午、中秋、清明四个传统节日的相关知识，每个小组可再进一步具体分工。要求如下：

(1) 每组每位同学都要负责搜索某一方面的知识。

(2) 小组同学既分工又协作，最后全组完成一个节日的相关知识总结，并将整理好的知识向全班同学介绍。

(3) 每个小组除完成一个节日的相关知识总结外，还要向全班同学交流在运用搜索引擎过程中碰到的难题以及解决的办法，使用搜索引擎的技巧。

学生分小组合作解决问题，教师作指导。

> （四）全班交流、总结评价
> （1）每个小组向全班同学介绍该组所负责的节日的相关知识介绍，以及在运用搜索引擎过程中碰到的难题以及解决的办法，使用搜索引擎的技巧。老师注意控制节奏和时间，尤其是对搜索引擎的使用技巧进行引导性的总结。
> （2）教师和学生对各小组的工作进行评价。
> （3）教师对搜索引擎的使用技巧进行概括和总结。
> 关键词的选择最重要、不要局限于一个搜索引擎、强制搜索的方法等。

点评：本案例很好地领会了新课程的教学理念，在实施过程中不但能充分发挥老师的主导和学生的主体地位，而且巧妙地将信息技术的学习渗透到教学的各个环节，利用学生喜闻乐见的生活实例，采用丰富新颖的教学组织方式极大地激发了学生的学习兴趣和学习积极性，取得了非常理想的教学效果。

通过本课的学习全班同学共同解决了一个问题，即全班同学都了解了中国四大传统节日的相关知识，同时全班同学在共同解决这一问题的同时都学会了搜索引擎的使用。

本课的教学方式有助于培养学生探索问题、解决问题的方法，培养了学生分工协作的精神，为学生相互表达、交流、评价提供了一个很好的平台。

（六）计算机游戏教学法

计算机游戏教学法就是利用健康、益智的游戏软件进行教学。运用游戏教学法的目的在于通过游戏软件的操作，激发学生的学习兴趣，提高计算机操作技能和技巧。比如，小学低年级学生具有好动、好玩、好奇的特点，通过 Windows 自带的纸牌游戏，可以非常容易地使他们掌握鼠标的操作技巧。

计算机游戏教学法实际上是对传统教学方式的一种挑战。它把计算机游戏作为教学手段，纳入教学中来，或者让教学获得游戏的外在形式，这不仅使教学富于乐趣，让学生积极主动地参与到学习活动中来，对学习充满热情，而且从某种程度上体现了教学对学生的人格、自由、需要的尊重。计算机游戏教学法有利于激发学生的学习兴趣，培养学生发现问题、分析问题和解决问题的能力。借助学生对计算机游戏的兴趣，训练和培养学生操作计算机的技能技巧和学习方法。游戏法符合学生的心理和生理特点，有利于学生形成正确的学习方法和良好的学习习惯，有利于化难为易，有利于减轻学生的负担，符合素质教育的要求。计算机游戏教学法符合当代课程改革的目标和信息素养的培养目标，给学生创造了一个宽松的学习环境，使学生在游戏过程中有一个自由的活动空间，显示出自己非凡的自主性。计算机游戏教学法正是通过学生的自主建构来学习知识，提高各方面的技能，提升信息素养。

运用游戏教学法时，教师要注意以下几个问题：

1. 教师要引导学生合理安排时间，有目的、有节制地进行一些益智性游戏操作。即在教学中，适当引入有益的游戏，却不以游戏为目的，而是将其作为一种引导学生学习其他计算机知识的手段。

2. 选择游戏要有利于帮助学生扩大视野、丰富知识、增强技能和科幻意识。加强学生的科幻意识被认为是培养创造力的重要途径之一。要引导学生有目的地进行游戏软件的安装、解压、合理分配内存等计算机知识的探索实践,寓基础知识的学习于娱乐之中。

3. 要把握好引入游戏的尺度,不能以玩代教,因玩误教。同时不能忽视游戏的负面影响,要绝对禁止在一切学习时间玩游戏(包括在学校公用计算机上机时)。对学习有余力的学生,可利用节假日,选择政治观点正确、思想内容健康、知识丰富的游戏,安排一定时间进行操作,但一定要教育学生有自我控制和约束的能力。

4. 教师要提高自己的文化修养。采用游戏教学法获得成效的关键,是教师如何把握契机在教学中渗透德育教育,找到益智性游戏软件中这些教育"热点"和精华。

案例 4-7

课题:鼠标的用法

【教学目标】

知识与技能:

1. 使学生掌握鼠标的几种常用操作方法并能熟练地操作。
2. 使学生了解"纸牌"游戏的规则和操作。

过程与方法:

通过游戏过程让学生熟练鼠标的基本操作方法。

情感态度与价值观:

提高学生学习计算机操作的兴趣,培养学生相互帮助的团队精神。

【教学重点】

使学生熟练掌握鼠标的操作方法。

【教学过程】

(一) 导入

鼠标是计算机中最主要的输入设备,通过鼠标我们可以轻松地操作计算机。

(二) 新授

1. 认识鼠标

向学生展示鼠标实物,并进行简单说明。

2. 使用鼠标的姿势

(1) 教师示范;(2) 学生自己体验。

3. 鼠标指针

鼠标指针会随着状态不同而呈现不同的形状,例如沙漏、双向箭头等。

4. 介绍鼠标的基本操作

(1) 单击;(2) 双击;(3) 拖动;(4) 单击右键;(5) 鼠标移动与点击的协调。

先由教师演示,再让学生进行简单操练。

(三)"纸牌"游戏

1. 介绍"纸牌"游戏
2. 边讲解边示范启动"纸牌"游戏的步骤：单击"开始"按钮→"程序"→"附件"→"游戏"→单击"纸牌"
3. 向学生介绍游戏规则
4. 向学生介绍用鼠标玩纸牌游戏的方法

移动牌：正面朝上的牌通常是可以移动的。移动时用鼠标拖动牌到需要的位置。可以将牌移动到另一张牌的下面，也可以将牌移动到目标位上。

翻牌：用鼠标单击要翻开牌的背面。一张背面朝上的牌就会翻开。

发牌：当窗口中所有的牌都已无法移动时，用鼠标单击一下发牌区，可以开始翻牌。

将纸牌快速移动到目标位上：用鼠标双击可以移动到目标位上的牌。

5. 学生自由玩"纸牌"游戏

学生自由玩"纸牌"游戏，熟悉游戏规则和操作(包括鼠标操作)，教师巡视指导。

6. 学生分组比赛玩"纸牌"游戏

让学生分组操作竞赛玩"纸牌"游戏，练习鼠标的几种基本操作方法，同组学生可以相互指导和帮助，小组集体得分高者为优胜组。

(四)课堂小结：略

点评：本课需掌握的知识不多且学生很容易掌握，操作鼠标的技能是本课训练的重点，教师所选的"纸牌"游戏的玩法正好与鼠标的几种基本操作相对应，它既适合小学生的年龄特点，又对本课的教学具有针对性和实效性。学生分组比赛玩"纸牌"游戏环节既是对学生掌握操作鼠标的技能的检验，又培养了学生相互帮助的团体精神。

案例4-8

课题：键盘练习

【教学目标】

知识与技能：

1. 使学生初步认识键盘；
2. 使学生掌握正确的指法；
3. 使学生了解"拯救苹果"游戏的规则和基本操作。

过程与方法：

通过游戏过程使学生学会正确的键盘指法。

情感态度与价值观：

提高学生学习计算机操作的兴趣，培养学生竞争意识。

【教学重点】
1. 使学生掌握正确的指法。
2. 掌握"拯救苹果"游戏的规则。

【教学过程】
（一）导入

同学们，你们是否经常要用电脑写一些东西呢？使用键盘输入是一种最基本的方法，而高效的键盘输入就需要有熟练的指法。本节课主要就是通过"玩游戏"进行指法的训练。

（二）新授

1. 认识键盘

键盘是用来给电脑输入文字或控制电脑运行的主要工具。普通101/102键盘是从英文打字机键盘衍变而来的。整个键面上有101或102个键，就其功能而言，可分为四个区域，分别是主键盘区、小键盘区、光标控制键区和功能键区。

2. 指法

动作要领是打字时，八个手指自然弯曲，轻轻放在基准键"Ａ Ｓ Ｄ Ｆ Ｊ Ｋ Ｌ；"上，两个大拇指在空格键位置。八个负责基本键的手指，还要根据打字的需要，前后移动敲击其他键，但击键后自然缩回基本键位置。

3. 正确的坐姿和击键的动作的讲解、演示。

4. 学生按动作要领和正确的姿势进行练习。

（三）通过"拯救苹果"游戏使学生强化指法训练

1. 介绍"拯救苹果"游戏规则

字母符号从屏幕上方往下降，由慢到快，游戏者需要快速按下相应的键，才能击落它，以拯救下方的苹果，如果正确率高就能得高分……

2. 学生自由游戏

学生自行选择级别，先慢后快地玩"拯救苹果"游戏，熟练指法。

3. 游戏比赛

教师规定一个级别，全班同学开展游戏比赛，看谁得分最高。

（四）课堂小结：略

点评：本课通过"拯救苹果"游戏来进行指法训练，学生的兴趣一下子高涨起来，同学之间也会相互竞争，从而激发上进心。学生通过学习对键盘、指法和姿势等这节课要学习的基本知识和技能有了很好的掌握，游戏在这节课起到了强化训练的作用，使枯燥乏味的指法变成了游戏，学生在不知不觉中锻炼了手指的灵活性。本课的最后环节采用了游戏比赛的方式进行，既是对学生们学习效果的一种检验，而且又培养了学生的竞争意识，提高了学习的兴趣。

第二节　信息技术课程教学组织形式与管理

教学组织形式是教学活动过程中教师和学生的组织方式及教学时间和空间的安排方式。教学组织形式研究教学活动应该怎样组织和进行，教学的时间和教学场所以及设备等应如何有效地加以控制和利用的问题。教学组织形式运用得科学、恰当，对提高教学质量有直接的帮助。教学组织形式所要解决的问题就是教师以什么样的形式将学生组织起来，通过什么样的形式与学生发生联系，教学活动按照怎样的程序展开，教学时间如何分配和安排等问题。

适合信息技术课程的教学组织形式主要有课堂教学（班级授课、全班或分组集体上机、分组协作学习、个别指导、现场教学）、信息技术课程网络教学形式、信息技术课外活动与信息学竞赛（信息技术课外活动、信息学竞赛）等。

一、课堂教学形式

课堂教学是信息技术教学组织形式的重要组成部分。与一般课程的课堂教学不同，信息技术课程的课堂教学既包括在普通或多媒体教室进行的班级授课即全班集体授课（老师讲授、学生听讲），又包括在机房进行的班级授课即全班或分组集体上机（老师指导、学生上机），不论是在普通教室或者多媒体教室，还是在机房，都可能在集体教学活动中穿插小组协作学习或者个别指导。同时，信息技术是一门技术性、时代感很强的课程，所以条件允许时，也可以组织现场教学。

1. 班级授课

全班集体授课主要适用于那些需要教师系统讲授的知识性的学习内容。信息技术课程的信息技术基础知识，包括信息技术与计算机常识、信息技术与计算机发展趋势、计算机系统硬件构成/工作原理/软件系统、计算机如何表示数据、计算机安全、信息道德等都适合采用全班集体授课的教学组织形式。

当然，还有些内容，可以打破"教师讲、学生听"的局面，尝试"学生讲，师生听，师生评"的方式。比如，"计算机如何表示数"这样的内容，对中小学生而言是比较难以理解的，教师可以事先安排学生预习，并且，告知学生下次上课的时候，将请三到五名同学来讲这个问题，同学们可以自己设计一些图形，以便到时能向全班同学把这个问题解释清楚，学生讲完以后，还要评选出一名"信息技术小能手——优秀小老师"。这对于喜欢信息技术课程的学生来说，无疑是相当具有吸引力的，谁不想当上"信息技术小能手呢？"如果是在多媒体教室上课，如果学生家里有电脑，甚至可以让学生回家制作课件，下次上课将有机会在课堂上用多媒体设备来向大家展示。当然，下一次上课的时候，教师可要记得自己的安排。不要让学生白忙活一场。

还有，像"计算机安全"、"信息道德"等这样教学生明辨是非的内容，还可以在教学完成以后安排学生辩论，确定好辩论主题，规定要辩论举行的日期。请一名学生担任辩论主席，把其余学生分为两组，一组为正方、一组为反方，各组推选出最具实力的辩手（下次如果再组织辩论，则要求辩手不能与以前的重复，以保证更多的学生能得到机会）。在正方和反方中各选出一名组长,由组长把任务分配到每位同学,大家分头去查找资料,写成卡片,至少三张,交给辩手,每位同学都要为自己这一方出力,每位同学都是"信息员"。还可以要求同学们编写口号,或者制作牌子,为自己的这一方加油。并且告知学生,在辩论结束以后,要评选两名优秀辩手,6名优秀信息员,都是与"信息技术小能手"同等的荣誉。如果是班级的头一次辩论活动,信息技术教师还要把辩论活动的程序告知学生,并对"辩论主席"进行角色辅导。留给学生2个星期的时间准备,然后如期举行辩论活动。辩论活动结束时,教师要进行简明扼要的、以表扬为主的点评,并带领全班学生评选这次活动的信息技术小能手。

在课堂教学中,如果总是"教师讲,学生听",教学组织起来或许比较简单,但学生的兴趣可能难以维持。如果能穿插"学生讲,师生听,师生评"或者辩论等形式,教师可能要多费心思、多费口舌、多费时间,但是,这样的"变式"可以大大激发学生的积极性,使学生以更加积极的态度参与到学习活动中来,同时,这些经过学生自己加工的信息将更加深刻地印在学生的脑海里。多年以后,教师讲的东西学生可能已经忘记,但学生自己准备过的东西却记忆犹新。而且,这样一些活动,不仅能训练学生获取信息、筛选信息、处理信息、整合信息、利用信息的能力,还能锻炼学生的口才、胆量、合作等能力。所以,作为教师,付出一些还是值得的。

2. 全班或分组集体上机

信息技术课程中的"应用软件操作技能"部分,包括文字处理、用计算机画画、多媒体技术、网络应用、数据库等内容,还有"基础知识"部分的操作系统等内容,都需要通过上机操作才可能学会。所以,在信息技术课程教学中,在机房进行集体授课活动是不可或缺的教学组织形式。需要注意的是:如果生机比小于等于2,也就是说,如果全班学生一起到机房上课,能保证学生每人一台计算机或者两人一台计算机,就可以全班一起上机。如果生机比大于等于3,也就是说如果全班一起上机就得3个人或者更多人共用一台计算机,那么,就应该把学生分成几组,确保学生能每人或两人使用一台计算机,轮流去机房上课。

在机房上课时,教学活动程序一般是"教师讲,学生练"。每次课,教师都要按照学期授课计划安排新的学习内容,并且,按学生年龄大小和能力强弱,把教学内容划分成学生能够消化的一小段一小段,教师讲一段,学生练一段,教师再讲一段,学生再练一段。具体而言:教师可以先在黑板或者白板上写好板书,把课题,操作步骤写下来,再用大屏幕或者网络广播,一边讲,一边演示,再要求学生练习,然后教师逐个检查学生操作练习的情况。等所有学生基本完成以后,再进入下一小段的"板书、讲解、演示、练习"。

讲讲练练过程中教师需要注意的是:信息技术方面,学生的差距较大,很多时候,老师教授的新内容,对一部分学生来说,已经是烂熟了,但对另一部分学生来说,可能完全是陌生的。比如,新课内容是"文件夹的操作与管理",对于熟练的学生来说,这简直太简单了,但对于初次接触的学生来说,这个内容太容易让人犯迷糊了,可能刚刚存的文件马上就找不到了。教师固然可以查看各位学生操作的情况,但学生人数众多,教师在指点这个学生的时候,意味着其他很多学生还是不会。这时,可以把领先的同学理解为一种"资源",如果能把学生异质搭配,把领先的和不领先的学生均匀分配到各台计算机前或者相邻的计算机前,那么可以让不会的学生去请教会的学生。而且学生以他们年龄特有的理解方式和表达方式来交流,有时比教师指导效果可能更好。重要的是让大多数有困难的同学都能获得及时帮助,以保证整体学习效果。可能遇到的困难是,领先的同学希望在有限的宝贵的机房上课时间去尝试更多的新鲜东西,很可能不会主动地去教不会的同学,而不会的同学看到同伴在键盘上运指如飞,屏幕上变化莫测,觉得插不上手,也插不上嘴,可能就不敢或不便请教了。这需要教师关注,需要教师组织,需要教师采用一定的激励机制来鼓励同学们共同进步。比如,设立"信息技术小能手之小老师奖",授予那些在帮助他人方面表现突出的学生。

"教师讲,学生练"的教学活动程序主要适用于基本的操作技能的初次学习。当需要进行较为综合的练习时,则可以采用任务驱动法。任务驱动法在信息技术教学方法部分已经有较为详细的介绍,这里不再赘述。

3. 分组协作学习

上面提到的任务驱动主要是比较简单的综合练习,如果任务更难一些,如果一名学生难以完成,如果在课堂时间内难以完成,那么,可以考虑采用分组协作学习。把学生分为4~6人一组。分组的时候,有些讲究,就信息技术课程而言最好能采用异质分组,把不同能力倾向、不同性格特征的学生组合在一起,同时要考虑学生之间的"接近意向",尽量把关系要好的学生组合在一起,把居住地点近的学生组合在一起,把课外有条件使用电脑的同学分配到各组。每个小组还要选出一名组长,负责分配任务,并监督执行。

进行协作学习时,每个小组要有一个确定的课题。确定课题有多种方式。当然,首先,教师的意图要十分清楚,也就是说这一轮分小组的协作学习,主要的学习目的应该是什么,教师一定要把握。

具体的方法至少有这几种,第一,教师拟定足够的题目,供学生选择。比如:学完了文字处理以后,教师列出以下课题:

1. 制作一份人事招聘海报
2. 制作一份冷饮促销海报
3. 制作一份音乐会宣传海报
4. 制作一份电影宣传海报
5. 制作一份楼盘售卖广告
6. 制作一份旅游线路推介广告

……

供小组选择,要求主题突出、色彩协调、装饰精美。再比如学生学完了用PowerPoint制作多媒体作品以后,教师可以拟定以下一些课题:

1. 用PowerPoint展示世界自然奇观
2. 用PowerPoint展示中国名胜古迹
3. 用PowerPoint展示江西陶瓷
4. 用PowerPoint展示武汉的湖泊
5. 用PowerPoint展示桂林山水
6. 用PowerPoint展示江南风光

……供小组选择,要求图文并茂,使用20幅以上的图片,10次以上幻灯片切换效果声,10种以上的幻灯片切换方式等。

学生选择了主题以后,教师要告知学生用多长时间准备,什么时间要进行展示和评比,具体有些什么要求,评比有哪些标准等等。评价标准具有导向功能。

第二,每个小组没有明确的主题,但是有统一的要求,学生有很大自主设计的空间。比如,学生学完网页制作技术以后,把学生分组,要求每组完成一个网站的创作,网站标题自拟,要求包含20个左右的页面,链接准确,媒体符号形式多样,色彩协调,文字大小符合常规。每个小组选一名组长,由组长组织同学们选择网站主题,讨论决定网站的名称、结构,组长负责把任务进行分解,并分配到小组内每位成员。这样的任务很难在教学课时内完成,教师在给学生分组的时候,要把在课外有使用电脑条件的同学搭配到各组,以便每一组的学生都能在课外有可能完成任务。布置任务的时候,要给学生留充裕的时间,同时要指定明确的截止日期,并安排课堂时间,让各组对作品进行展播演示。展播演示的时候,除了要对作品的各个部分进行演示介绍以外,还要告诉大家本小组的各位成员在完成任务的过程中分别作出了那些贡献。教师应该组织同学们评出最优秀的作品2个,授予优秀作品小组所有成员"信息小能手之最佳网站创作奖"称号;还评出表现最优秀的同学5名,授予"信息小能手之网站开发高手"称号。评价的实施具有激励功能,它使学生热情高涨,愿意持续投入其中。

4. 个别指导

个别指导是教师对个别学生进行指导的教学环节,主要是为了满足不同学习能力的学生的个别需要。有的学生其信息技术水平明显高于或明显低于其他学生,也就是说,集体教学内容完全不适合这些学生时,教师要给他们以个别指导。对信息技术水平高的学生来说,除了让他们帮助其他同学学习之外,还可以单独为其指定更难的学习内容。比如一般的学生还在学习文字输入的时候,就可以让那些对文字输入已经相当熟练的同学学习各种排版的功能与技巧。教师只需为他们指点一下,学什么,在哪个菜单,选什么工具,一般来讲,一两项功能就够学生摸索二三十分钟的了。而对于跟上大部队都有困难的学生,教师则需要降低对他们的学习要求,使他们能在自己原有水平上有所提升。

有的学校的计算机房没有投影机,不能用大屏幕演示,也没有连局域网,不能用网络广播教学,教师的演示可能无法让全班学生看到。在实践中,有些教师探索出这样的办法,在班上选出两三名信息技术方面较强的学生,利用中午时间,指导这两三名同学把下午即将学习的新课先学会,下午上课的时候,教师利用黑板,对全班同学把学习内容进行较为详尽的介绍以后,学生就开始各自尝试上机练习了。这种情况下,学生遇到的困难比看过演示以后再尝试练习的困难要多多了。教师事先指导的那两三名学生,就当小老师,在同学们中间进行个别指导。小老师解决不了时,教师再来。

5. 现场教学

现场教学就是教师根据信息技术教学的任务,组织学生到有关现场,像机房、网络中心,或者施工现场,比如修路时在地下深埋通信电缆的现场,装修房屋时进行布线的现场等,进行教学活动的一种组织形式。现场教学可以为学生提供丰富的感性认知和直接经验,使学生更易于理解书本知识。组织现场教学时,教师也要事先拟订教学计划和教学重点,从教学实际需要出发,还要提前跟现场负责人联系好、安排好,请现场的工作人员进行一些讲解。现场教学时,学生的秩序不如在教室或者机房那么好控制,而且可能遭遇的危险也较多,这需要教师事先对学生进行安全教育。当然,除了安全之外,教师还要跟学生交代清楚,到现场去,主要是看什么、听什么,回来以后有什么任务。在现场教学的过程中,教师也要随时关注学生的安全。现场教学在信息技术课程中只是占很小的一部分。如果有一两次,只要组织得好,就足以给学生留下深刻的印象。

二、信息技术课程网络教学形式

网络教学简单来说就是网上教学,就是在线学习或网络化学习,利用已有的互联网平台,学习者利用计算机上网,通过网络进行学习的一种全新的学习方式(无论通过网页发布的教学内容、通过电子邮件或BBS与学生交流,通过网络传递视频信息,还是基于网络信息资源的信息加工样式——如WebQuest,以及基于网络应用的研究型课程等都属于"网络教学")。

信息技术学科就学习环境而言可以分为:依托校园网的教室多媒体教学环境,基于网络教室的局域网教学环境,直接利用互联网的教学环境。

网络教学与传统课堂教学存在着很大的差异,网络教学突出了学生的主体性,从根本上改变了传统教学中教师的中心地位;突出了学生学习的自主性,学生从被动听讲的接受者,转变为主动参与的学习主体;媒体从原来作为教师的演示工具,转变为学生的认知工具;考虑到了学生的个体差异,真正落实了因材施教的教学原则。具体来说存在着以下差异:

1. 教学内容的变化

网络教学为学习者提供了必要的信息环境,提供了丰富的教学内容,大大丰富、拓展了书本上的知识,使学生可以在较少的时间学习更多内容。新课程对学生的信息素养培养,强调通过合作解决实际问题,让学生在信息的获取、加工、管理表达与交流的过程中,掌握信息技术学习。课程涉及学生利用计算机与网络技术,收集整理信息以及利用信息交流工具表达自己的观点等,因此,网络本身也是"教学内容",比如,在应用网络教学时,学生也在强化信息技术应用技能,比如,网上邻居、共享文件夹的使用,信息的搜索下载,网上聊天、BBS的使用,整理信息的工具Word、记事本等字处理软件,还有各种网络环境(教学平台)的使用。

2. 教学过程的变化

网络教学中,教学过程由传统的知识讲解或课堂讲述+演示转变为创设情境、协作学习、自主学习、讨论学习等新的教学过程。在网络环境下信息技术课程的整个教学活动离不开学生团体的共同参与,网络环境教学大致经历:给学生布置任务,确定主题,学生接受任务,分析问题,通过查资料、寻求帮助或在线交流方式完成学习任务,在网络的资源共享、信息检索、交互功能的支持下,教学步骤围绕"提高学生的信息素养"为核心目标进行,教学过程发生了变化。

3. 学生学习方式的变化

在网络教学中,学生必须具有高度的自主学习能力,通过信息技术,利用各种资源主动构建知识,学生既要掌握知识的学习,又要掌握信息技术的运用,同时还要学会进行协同学习,与他人交流,共享信息。这些都要求学生在学习过程中,始终处于主体地位,具有高度的自主性。

4. 教师角色的变化

网络教学中,教师不再是知识的化身,教师角色发生变化,变成学习的指导者、帮助者、促进者,教师的教学行为主要放在如何教学生"学"的方法,创设有利的情境,指导学生学习,使学生学会学习(指导学生懂得"从哪里"和"怎么样"获取自己所需要的知识,掌握获得知识的工具和根据认识的需要处理信息的方法)。

5. 教学媒体作用的变化

教学媒体由原来的教师授课的演示工具转变为学生学习知识、掌握知识、建构知识的工具。同时,教学媒体即网络本身也是学生学习的对象。

6. 教学模式的变化

网络技术的应用,使教学模式由单一型向多样化转变。通过模拟教学、虚拟教学、问答式教学、交互式教学等模式来提高知识传授的质量,提高学生学习的能力,提高教学质量。

三、信息技术课外活动与信息学竞赛

1. 信息技术课外活动

随着学校教育的发展,课外活动日趋重要,已经成为青少年教育系统的一个不可或缺的有机组成部分。同时,课外活动也是学生身心发展的需要。中小学生正处于长身体、长知识的阶段,精力充沛,兴趣广泛,求知欲旺盛。针对青少年儿童的这些特点和需求,在搞好课堂教学的同时,尽可能地组织从课内到课外、从校内到校外的活动,为中小学生创造良好的课外活动环境,这对于实现把青少年培养成全面发展的、有理想、有道德、有文化、有纪律的一代新人至关重要。

(1) 信息技术课外活动简介

无论是校内还是校外的信息技术课外活动,就其性质而言,都强调学生的自觉、自愿;其内容都强调不受中小学信息技术课程标准的限制,富有弹性;其形式都强调灵活多样。

课外活动是实施素质教育的载体之一,它侧重培养学生的三种意识和四种能力。三种意识是指:参与意识、实践意识和竞争意识等;四种能力是指:观察能力、思考能力、动手能力和创造能力等。信息技术课外活动的目的是推动信息技术应用水平的普及与提高。信息技术课外活动是指在信息技术课程以外,由学校或校外机构有目的、有计划、有组织地通过多种活动项目和活动方式,综合运用所学的知识,开展以学生为主体,以实践性、自主性、创新性、趣味性为主要特征的多种活动。其主要作用是通过丰富多彩的活动,使学生扩大视野,增长知识,提高动手动脑能力,发展个性特长,增进身心健康,能够生动、活泼、主动地得到全面和谐的发展。具体而言,信息技术课外活动应该遵循五个原则:第一,教育性与趣味性原则。在选择课外活动内容或主题时,一方面要考虑知识性和科学性,同时在活动课程的实施中要针对学生身心特点、兴趣爱好,寓教于乐,力求形象、

具体、生动、活泼。第二,实践性与创造性原则。信息技术课外活动实践性很强,重在能力的培养。学生在实践中,动手动脑获得对事物的亲身体验,掌握发现问题和解决问题的办法。在信息技术课外活动中,要注重发挥学生的创造性,使他们勇于独立思考、善于思考,敢于标新立异,掌握从不同角度观察、思考和解决问题的办法,启发学生创新意识。提倡选择与社会实践紧密结合的活动项目。第三,导向性与自主性原则。在信息技术课外活动实施中,学生是主体,教师的主要任务是给予指导和帮助。因此,在确立课外活动的内容和形式时,应当克服主观性、盲目性和随意性。在开展活动时,要给予学生较多的选择权利和自己设计、组织、主持开展活动的机会,发挥他们的自主性,使学生在课外活动中学有所乐,学有所得,增长才干。第四,灵活性与开放性原则。在开展信息技术课外活动时,必须有统一的目的和基本要求,活动内容相对稳定;同时,要针对活动具有多样化的特点,课内课外、校内校外相结合,充分利用社会教育、家庭教育的资源和优势,使学生广泛接触社会,从中获取知识和教益。第五,自愿参加、普及为主原则。坚持以课外、业余时间开展活动,坚持普及为主,在普及的基础上提高。在信息技术课外活动中,既要培养信息技术"尖子生",也要注意发动广大儿童青少年参与普及性活动,要用各种方法调动他们学习信息技术的热情,满足他们学习信息技术的欲望。

在保证信息技术课外活动科学性、思想性、趣味性的前提下,我们可以根据学生的意愿、知识、能力、水平和学生发展的实际需要,按照学校本身条件和可以利用的社会条件来确定其内容。范围可宽可窄,数量可多可少,难度可高可低,既要有面向所有成员的普及性活动内容,也要有满足少数特长学生或具有先天禀赋的学生的内容。信息技术课外活动涉及的内容大致包括:信息技术基础知识,多媒体产品设计与开发,应用软件的操作,网页设计,高级语言编程,计算机与自动控制,动漫与游戏设计开发,智能机器人,等等。

(2) 信息技术课外活动的形式

信息技术课外活动有以下几种形式。

① 课外阅读活动。书籍是人类智慧的凝结,浩如烟海。阅读是船,阅读是帆,阅读是风,热爱阅读使儿童青少年得以畅游知识的海洋。在计算机和互联网高度发达的今天,书籍依然是信息的重要载体。信息技术课外活动要注重指导学生进行课外阅读。指导学生课外阅读,首先,要根据课外活动的内容、学生的兴趣与能力水平,指导学生如何选择读物,如何使课外阅读与课外活动相配合。其次,要指导学生掌握阅读的方法,如何浏览,发现自己需要的资料,如何粗读,大致了解资料的内容,如何细读,把书上的内容通过阅读理解转化为自己的知识。再次,还要指导学生写读书笔记,读书笔记一般有两种写法。一种是在阅读过程中,将书中的重要结论,或者自己认为特别精彩的部分摘录下来,或者将有疑问、有异议的内容记录下来。一种是在读完一章一节或者一个单元以后,写出概要或者体会。写读书笔记,能使学生开动脑筋,集中注意,加深对课外书上知识的理解,帮助记忆,而且还积累了资料,以后在学习时可以随时参考,需要重新查阅这本书时也容易找到线索。所以,开展信息技术课外活动要培养学生学课外阅读与写读书笔记的习惯。

课外阅读的书籍从哪里来呢?每个人能购买的图书毕竟是有限的,教学生学会使用图书馆是扩大学生书籍来源的重要措施。如果学校没有图书馆,应该告知学生如何到市、县、镇图书馆去查阅相关图书。当前我国图书馆大都使用"中国图书分类法(简称中图法)"。中图法共 22 个大类,其中"T 工业技术、计算机","G 文化、科学、教育、体育"和"Z 综合性图书"类中都可能有信息技术类图书。学生一般根据图书类别到书库中去寻找自己需要的图书。如果图书馆有自己的查询系统,最好先查询有哪些图书可能是自己需要的,记下图书的编号,然后再进入书库,这样可以更快地找到自己需要的图书。

随着计算机网络、信息压缩、多媒体等技术的迅速发展,联机数据库、光盘出版物、网络信息资源持续增长,图书馆的数字图书正在快速增长。所以,指导学生开展课外阅读还应该包括教学生学习计算机文献检索。计算机文献检索指用户运用计算机和相关软件从文献信息数据库中检索文献信息的行为。计算机文献检索时间短、速度快,查全率和查准率高。

② 举办专题讲座和报告会。课外专题讲座是群众性的课外活动,它是以某一知识专题为内容,以学生为对象的一种知识性较强的报告会。它具有传播信息快、信息量大、内容广泛、组织灵活、范围可大可小,普及面较大的特点,是一种较好的信息技术课外活动形式。讲座内容十分广泛,可以涉及计算机和其他学科的领域,比如,可由教师就某些课本上没有,但对广大学生扩大信息科学的视野有价值且能为大多数学生听懂的知识做专题讲座。还可以布置一些与报告主题相关的问题,让学生查阅资料寻找答案,并组织学生交流讨论。

③ 指导学生学习计算机应用软件。学生最感兴趣的就是计算机的各种应用软件。比如,图像处理 Photoshop,三维动画 3D studio,二维动画 Flash,网页制作 Dream weaver 等等。课外活动时间教师可以教一些基本知识,更重要的是告诉学生如何自学,布置学习任务,并要求以此为基础做出作品,在下一次课外活动时展示交流。每个学期,还可以组织一次信息技术操作比赛,或者信息技术作品比赛,进一步激发学生的学习热情。

④ 指导学生学习高级语言编程。程序,是计算机工作的基本方式。编写程序,是人们利用计算机的核心途径。一般的学生可能觉得编程是高深莫测的。教师要用浅显易懂的方式来指导学生,让学生逐步学会理解程序,学会语言语法,学会设计算法,学会程序规范,学会用高级语言表达算法,学会调试程序,学会用编程的方式来解决问题。每个学期还可以举办计算机高级语言编程比赛。

⑤ 指导学生写信息技术小论文。国外对培养学生的探究能力、研究素质相当重视。信息技术是一个十分活跃的领域,信息技术中有着许许多多灵活的元素,学生往往可以就一个小小的问题有自己独到的解决办法,或者有创新之处。信息技术课外活动可以指导学生结合自己的试验与创新写小论文。首先,要指导学自己感兴趣的主题,拟定题目,并写出提纲。其次,要指导学生搜集和整理材料。小论文虽小,需要的参考资料可不少,充分利用资料是写好小论文的基础,是扩充旧知识、探索新见解的出发点和阶梯,是写好小论文的关键一步。再次,要从自己的实验或者调查中获取资料、掌握数据,重视第一手资料。最后,让学生写出小论文,要求勇于创新,敢于实事求是地提出自己的见解;小论文的观点要鲜明,论点要清楚;论据要充分,论证要符合逻辑;层次要分明,语言要通顺;结构要完整;要多下工夫修改。对写得好的论文,教师还应指导学生向相关杂志投稿。

2. 信息学竞赛

中学信息学竞赛基于中学信息技术课的基础知识和中学生日常生活中会遇到的与信息技术知识有关的富于趣味性的问题而开展的竞赛。组织这种竞赛活动，要求有明确的目的、充分的准备、具体的竞赛办法和要求、清楚的注意事项等。目前，国内信息学竞赛的主要是"青少年信息学奥林匹克竞赛（NOI，National Olympiad in Informatics，中文简称信息奥赛）"，它由教育部、中国科学技术协会批准，由中国计算机学会主办，面向全国的青少年举行竞赛活动。信息奥赛的宗旨在于向那些在中学阶段学习的青少年普及计算机科学知识，给学校的信息技术教育课程提供动力和新的思路，给那些有才华的学生提供相互交流和学习的机会，通过竞赛培养和选拔优秀的计算机人才。信息奥赛的活动包括：全国青少年信息学奥林匹克竞赛、全国青少年信息学奥林匹克网上同步赛，全国青少年信息学奥林匹克联赛、冬令营、选拔赛和参加国际奥林匹克竞赛（IOI，International Olympiad in Informatics）。

（1）开展信息学奥赛的目的

开展信息学奥赛的目的有四个方面。第一，培养学生对信息学的学习兴趣和能力，发展智力。中学生精力旺盛，可把他们旺盛的精力引向学习轨道，进一步激发他们对学习计算机知识的兴趣，巩固和加深从课堂上获得的知识，在竞赛中能灵活地、熟练地、准确地应用这些知识，引导他们进行创造性、探索性地学习，促进智力的发展。这应该是竞赛的主要目的。第二，满足学生的求知欲，扩大眼界。丰富多彩的信息学竞赛可以增长知识，扩大眼界，使学生强烈的求知欲得到一定的满足，探索新知识的积极性和创造性得到发挥，从小培养攀登科学高峰的志向。第三，培养学生自强、进取和坚毅的品德。中学生的年龄特点决定他们好胜心强，在竞赛中可以发挥自己的特长，展示自己的聪明才智，顽强拼搏，战胜对手。生动活泼的竞赛有利于这些优秀品质的形成。第四，竞赛活动有助于信息技术教育工作的普及，也有助于不同学校、学生之间的相互交流，起到相互促进的作用，同时也有助于发现和培养选拔人才。

信息学竞赛的主要内容有以下几个方面：第一，有关信息学方面的基础知识，程序设计语言的基本知识，编程技巧和上机操作技能；与计算机相联系的、学生又能理解的新知识；日常生活中与计算机知识有关的富于趣味性的问题等。第二，信息学竞赛的内容既要考虑到本学科的特点，又要照顾学生的知识面和接受能力。超过学生接受能力太多的内容，或大大低于学生知识水平的内容，都不能激发学生对学科的学习兴趣，不利于信息学学习能力的培养。

（2）组织竞赛的步骤和方法

组织信息学的竞赛，一般分为两个阶段，即准备阶段和竞赛阶段。

第一阶段，准备阶段。开展信息学竞赛的关键是进行充分的准备。首先，面向广大学生，使竞赛有广泛的群众基础。教导处、教研组和信息技术的任课教师是竞赛的组织者。竞赛前要广泛组织计算机知识讲座，请专家、学者做报告，组织课外读书小组，让广大学生自愿参加，不限人数，把学习兴趣引导到学习上来。其次，利用信息技术课外活动小组，培养竞赛的骨干。培训的内容原则上以本学年信息技术教学大纲为依据进行辅导，作专题介绍，阅读有关的图书资料，在实验室里进行上机操作训练。给学生辅导的内容虽然以课堂教授的知识为基础,但必须明确它不是课堂教学的重复,也不是补课,而是提高、加深,是学生通过努力可以接受的新知识。再次,竞赛的命题是开展竞赛的中心环节。有的参加出题的教师会这样认为:出题目让学生做,自己等着阅卷,应是轻松愉快的。其实不是这样。能不能出好题,是对教师的一次考试。一套好的题目不是要把学生难倒,也不是仅仅使学生得到练习,而是要能引起一些讨论,说明一些问题,给人一些启发和思考。命题的指导思想是不完全受教学大纲和教科书的限制,应适当突破教科书和大纲。因为教学大纲是教学的最低要求,它只能作为规定学生应学习的知识的清单,不能作为规定智力开发的清单,特别是不能作为智力发展的最高要求。命题不要求学生要有过多课外知识,而希望给那些勤于思考、善于思考的学生有较多的机会取得好成绩。命题的原则是命题应有利于培养和发展学生的思维能力和创新思想。题目应具有启发性,每道题目都尽可能让学生"有路可循",又能让学生有充分发挥才智的余地。题目对参赛学生应具有较高的区分度(考试结果能把学生的水平区分出来)。命题的分量:题目的分量应视各种不同级别的竞赛来定。学校级、市(县)级、省级、全国的竞赛题目分量都应有所不同,初赛与复赛应有区别。当然这和竞赛时间的长短、形式(笔试、上机试、口试)也有关系。一般而言,每道选择或填空题给 1 分钟,每道约 20 个程序行的编程题目给 10～15 分钟,而每道约 50 个程序行的编程题目给 20～25 分钟。命题的难易程度:竞赛的题目不能照顾竞赛的大多数,年级越高,题目的范围应越广,难度也越大,题目的形式也应越灵活。复赛和决赛的题目应比初赛的题目难。此外,题目的难易也是相对学生的水平而言的,不同级别的竞赛(校内、市、省、全国竞赛)题目的难易程度是相差很远的。同一级别不同时间(竞赛年度)的竞赛题目的难易程度也有差异。最后,认真做好竞赛试卷、评分标准、参考答案的准备、场地和竞赛规则的准备。

第二阶段,竞赛阶段。竞赛可分为校内和校际竞赛。校内的竞赛要充分发挥学生参赛的积极性,尽量多地吸引学生自愿报名参加。对那些想参加而没勇气报名的学生,要鼓励他们参加,最好不用班主任和任课老师推荐少数学生参加竞赛的办法。还应把那些不想参加竞赛的学生的情绪激发起来关心竞赛。竞赛的形式可采用单赛或复赛的形式。所谓单赛,即一次性竞赛,根据得分多少评定名次,竞赛时间可稍长一些(2 小时)。而复赛,则是采用初赛、决赛,或初赛、复赛、决赛,或一试、二试的形式。用淘汰制来决定名次,最好初赛后能取 1/3 的学生参加复赛,再取复赛人数的 1/3 或额定人数参加决赛。决赛取的名次除第 1 名外,其余名次可以多取一些,以利于调动学生的积极性。校内竞赛应列入学校的教学计划,由教导处统一安排。竞赛必须适量,每学期一次为宜。过于频繁的竞赛会造成气氛紧张,加重学生负担,损害身心健康,反而使学生丧失对计算机学习的兴趣。校际竞赛,可以是几所学校联合起来开展,也可以是区、县、省或全国的竞赛。校际竞赛往往有严格的人数限制,对选拔出来代表学校参加校际竞赛的学生,任课教师要对他们进行充分的辅导。无论是校内或者校际信息学竞赛,在竞赛阶段的主要任务是组织参赛学生在规定的场所、规定的时间、用规定的形式(笔试、机试、口试等),完成事先准备好的试题。竞赛前要向学生宣读具体的竞赛规则、要求和注意事项。竞赛过程中要排除各种干扰,赛后要鼓励学生。

(3) 青少年信息学竞赛培训

① 程序设计

程序设计培训目标分初级、三级、二级、一级四个等级，初级最易，一级最难。初级培训目标是：掌握计算机的基本操作，初步了解 Windows XP 系统，基本掌握 C 语言，有一定的阅读程序的能力与简单编程的能力。计算机学会对参加了信息技术活动的青少年，根据其在相应范围的信息技术竞赛中取得的成绩，颁发类似于体育中的等级运动员的水平证书。一级证书由中国计算机学会颁发，二级以下证书（含二级）由省级计算机学会颁发。颁发证书是一个严肃的工作，要先进行试点，取得经验后再逐步推广。

② 教练员与辅导员的培训

为了培养大批有才华的青少年学生，起主导作用的是教师，也就是关键在于要有一支训练有素的教练员队伍。教练员与辅导员培训的内容、要求、学时等请参照《关于中小学计算机师资培训的指导纲要》另加 3 项内容：竞技训练、心理素质、题目与测试分析。在青少年信息学竞赛中，三级培训目标是：全面了解 DOS、Windows XP 系统，熟练掌握 C 语言，有较强的阅读程序能力，有一定的编程与上机调试程序能力。二级目标是：初步掌握 PASCAL 语言，数据结构与基本算法入门，有很熟练的编程能力，有很强的上机调试程序能力。一级培训目标是：熟练掌握 PASCAL 语言、C 语言，熟练掌握数据结构知识，了解组合数学、人工智能知识，有较强的分析、解决问题能力。

③ 水平认证

为了鼓励更多的学生参加到信息技术活动中来，增强青少年对于学习信息技术的兴趣和自信心，为了落实"计算机从娃娃抓起"，拟由中国计算机学会和各省颁发证书。建议在信息技术教师和辅导员中，开展教学能力、业务水平和操作技能等方面的评比。

④ 全国青少年信息学通讯赛

通讯赛分小学和中学两组进行。在每套赛题中，都应包括两部分：基础题和水平测试题。中学组的赛题中不分初、高中组，但对成绩可给予加权。其参考方案如下：高中学生分数不加权，成绩＝实际分数；初三学生成绩加权 0.05，即成绩＝实际分数 * 1.05；初二学生成绩加权 0.10，成绩＝实际分数 * 1.10；初一学生成绩加权 0.15，成绩＝实际分数 * 1.15。通讯赛原则上根据全国评分标准由各地自行组织评改并评奖。通讯赛的具体组织工作由各省（区、市）轮流承担。

第三节 中小学信息技术课程的教学技能

教学技能是指教师运用已有的教学理论知识，通过练习而形成的稳固、复杂的教学行为系统。它既包括在教学理论基础上，按照一定方式进行反复练习或由于模仿而形成的初级教学技能，也包括在教学理论基础上因多次练习而形成的，达到自动化水平的高级教学技能，即教学技巧。教学技能是教师必备的教育教学技巧，它对取得良好的教学效果、实现教学的创新具有积极的作用。

教师的教学技能包括教学设计、课堂教学、作业批改和课后辅导、教学评价、教学研究等五个方面，本节重点讨论中小学信息技术课程课堂教学中的导入、提问、讲解、指导及结课技能。

一、导入技能

(一) 概述

作为课堂教学的一个必需环节,课堂的导入是学生主体地位的依托,也是教师主导作用的体现。有效的导入能为学生提供适宜的学习环境,促进学生学习思维的健康发展,有利于学生良好学习效果的获得。一个恰当的导入既能展示教师的教学功底和教学才能,又能显露教师对教材的理解和对学生的了解。无论是信息技术课,还是其他课程,教师在设计导入方案时,首先要领会教学内容的内涵和外延及其在整个知识体系中的位置、作用;其次要明确教学的目标,把握引导的方向;同时还要了解学生的学习水平和干扰学习的因素;最后根据实际条件选定导入的方法。

信息技术课的导入部分之所以重要,还有着信息技术课本身与时代背景紧密联系的更深层次的意义。当前,随着信息技术、计算机科学的高速发展,作为信息技术课堂教学的主阵地之一学生机房,软件资源日益丰富,一些机房还提供了互联网环境,这些进步,在给教师的课堂教学方式提供更多选择的同时,也在挑战着信息技术教师的教学艺术。上网、游戏、聊天吸引着学生充满好奇的心,一些学生迷恋于聊天、游戏,无心上课,在上课时,注意力无法集中。这些问题,都赋予了导入部分更特殊的含义,一个好的导入能够把学生的注意力从游戏、聊天中拉回课堂,使教师的课堂教学按预先的教学设计正常进行。

在现实中,有些教师抱怨信息技术课难上,学生难教,其实,这和他们对信息技术课的导入部分重视不够有重要关系,如果忽视导入部分,或者是随意为之,草草了事;或者干脆省略导入部分,直奔主题,这都会使课堂教学缺乏过渡,显得突兀,学生对上课失去期待,上课效果自然会不尽如人意。

导入技能是教师在课堂教学中处理导入这一教学环节时,在信息化环境下,创设学习情境,激发学生学习兴趣,启迪学生思维,集中学生注意力,使其主动学习新知的一种教学行为方式。导入技能是课堂教学艺术的重要组成部分,是教师进行课堂教学必备的一项基本技能。

(二) 导入技能的类型

1. 直接导入

就是直接阐明学习的目的和要求,大纲式地介绍本节课的主要内容和重点,这种方法能强化学生学习的意向性,集中注意力。

2. 直观演示

讲授正课前,利用实物、教具或课件引导学生直观地观察分析,从而引出新知识。如在学习 Excel 中的数据筛选功能时,首先展示一些经过筛选后的分类数据,然后引导学生学习如何根据不同条件筛选数据。

3. 温故导入

新旧知识联系是教师在教学中常用的导课方法。它要求教师在导课时,利用新旧知识之间的逻辑联系，找出新旧知识之间的结合点，利用旧知识搭桥过渡，引出新知识。这种传统的导课方式由浅入深、由简到繁、承上启下，学生也较容易接受。

在上 Excel 的排序第二课时，老师提供两张表格，只是表格的标题行有所细化，如：

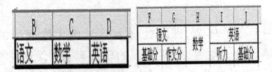

对于第一张表按语文的成绩排序，所有的同学都做对了，因为是排序第一课上的内容，而第二张表依据作文分排序的时候，同学们都难住了。关键字的选择成了难题，因为在提供的选项里没有作文分这项。老师就引出了今天的课题，不规则表格标题的排序方法。这样的设计，既复习了旧知识，又能顺其自然地引出新知识，实现了新旧知识的"无缝"衔接。

4．提问导入

以课堂提问引起学生的注意和思考，进而把学生引入课堂教学。

在讲解"信息技术基础知识"一节时，针对新学生的认知水平和动手能力，将课堂教学中教条式的罗列结合日常生活中的事例展示给学生。如在复习计算机内部组成时，针对学生对计算机的各个部件的名称记忆不准确、对计算机的系统构成没有建立一个完整概念的情况，课前导入时可请出一位学生，向他提问："假如昨晚你在家里上网时，突然计算机黑屏，请你列举出尽可能多地原因。"该学生思考片刻后说："有三种可能：① 有病毒；② 计算机内部出现故障；③ 我妈把电源线拔了。"说完，全班的同学都笑了。老师笑着说："三种可能都正确！那么，如果我们将问题集中在第二种可能上，你认为可能是哪种设备出现故障呢？""主板、内存、硬盘、CPU。""就这些吗？"这时，下面的学生已经沉不住气了，你一言，我一语，答案就这样渐渐地被补充完整，又有人补充说也许不是硬件故障，可能是软件问题。这时，可作总结："计算机的系统由硬件和软件两大部分构成，硬件的五大部件会出现故障，相应的驱动程序也会出现问题，既可能是系统软件出问题，也可能是应用软件出问题。"于是，概念就这样在趣味中得到完善。

5．趣味导入

游戏是青少年极愿参与的一种活动。用游戏导课轻松、愉快，学生乐于接受。

在教授"算法与程序设计"模块中的"枚举算法"这节课时，老师设计了一个全班同学都可以参与的游戏。"上课开始，我们全班同学来做一个'数7'游戏，游戏规则很简单，我们第一排第一个同学从1开始数，依次递增，每人数一个数，当碰到7或者是7的倍数的时候跳过。如果犯错，那不好意思，你暂时出列哦，和老师一起监督下面的同学！"游戏开始了，一直数到26都没出错，有位男同学一看要跳过27，但是对28一时反应不过来，数了28，第一个犯错的同学找到了，全班一下子就乐开了花。然后60个同学全部数完的时候共有3个同学犯错了。游戏结束了，情绪也调动了。老师紧接着就引出了今天的学习课题：枚举算法，就是按问题的本身的性质，列举该问题所有可能的解，并在逐一列举的过程中，检验每个可能解是否是问题的真正解，若是，就采纳这个解，否则就抛弃它。在列举的过程中，既不能遗漏也不能重复。学生通过上面的游戏，对这个算法概念的理解就显得非常容易和深刻。又如有老师在上"对分查找"算法的时候,就采用了李咏的《幸运52》节目中竞猜价格的游戏环节,学生不知不觉地就在游戏中采用了此算法,当老师再次点明的时候,学生的理解就更透彻了。

6. 展示导入

先向学生展示用课堂待授知识制作出来的电脑作品,引起学生对电脑作品的兴趣,然后激发学生学习未知领域知识的欲望。

这种方法在多媒体模块中老师经常用,如在学习 Flash"遮罩"内容时,可以这样设计:"上课之前,老师让大家来猜猜他是谁,看哪位同学能最先叫出他的名字。"老师打开一个 Flash 作品,只见一个漆黑的背景上,有个一块钱硬币大的光束在缓慢移动,从头发到脸颊到鼻子到嘴唇,同学们都时不时地冒出一个名字,一个个目不转睛,生怕漏掉一丝线索,但是提供的答案没一个是对的,当光束运动到眼睛的时候,一部分同学都猜到他是谁了,就是这个年代很多人喜欢的偶像周杰伦,他那标志性的眼睛和眼神让很多人印象深刻。问题在欢快的气氛中解答完毕了。"大家想学习遮罩功能的实现方法吗?想制作一个作品让你的朋友来猜吗?"毫无疑问,大家的答案都是肯定的,而且有些人都有些迫不及待了。有了这样的学习热情,老师还用担心学生学不会学不好吗?

7. 悬念设置导入

有意识地设置悬念,激发学生的好奇心和求知欲,使其思维处于一种激活状态,产生一种非弄清不可的探究心理,而后自然导入新课学习的一种方式。

例如进行"电子邮件——E-mail"教学时,可以这样导入:"同学们,你知道从我们这儿给远在美国的朋友写一封信需要多长时间才能收到吗?(生答:需要很长时间,十几天甚至更长)可老师却只用了几分钟,我在美国的朋友竟收到了,并且还有声音、图片,非常生动,还几乎没花多少邮费。你知道老师是怎样做的吗?"通过教师精心设计问题,使学生认知发生冲突,进而导致期待状态和探究行为的产生。学生急于想寻求答案,自主学习的积极性大为高涨,因而达到了设置悬念的效果。

(三)应用导入技能时应注意的问题

1. 导入新课的方法,要能激发学习动机,造成悬念,达到激其情引起疑的目的。
2. 以生动的语言,具体的事例或引人注意的实验或以旧知识,引入新知识、新概念。
3. 导入新课的方法,有助于学生对本课主要内容产生兴趣。
4. 导入所用事例,所做实验与将要学习的新知识联系紧密,能起到渗透教学目的的作用。
5. 导入时间掌握得当,安排紧凑。语言的启发性强,感情充沛。

二、提问技能

提问是一项具有悠久历史渊源的教学技能,我国古代教育家孔子就常用富有启发性的提问进行教学。他认为教学应"循循善诱",运用"叩其两端"的追问方法,引导学生从事物的正反两方面去探求知识。问题是学生学习的开始,学习就是要解决矛盾。教师不仅要自己会思考问题,更应该能用问题引导学生的学习。问题往往会带动学生学会思维和想象,问题会帮助学生从思考中学会发现,学会创新。提问技能,不仅仅要求教师会运用它去产生任务驱动,更重要的是通过运用提问技能激活学生的创造性思维,让学生学会提出问题。

(一) 概述

提问技能是教师在教学活动中运用各种教育技术及其教学资源,向学生质疑,并通过学生解决问题,达到启发心智、发展知识和基本技能的教学行为活动方式。其具体的行为活动表现为:

1. 教师可以直接口述问题进行提问。
2. 教师可用各种实际操作、教学演示对问题加以表述。
3. 教师可列举实际事物状态变化或有情节的事件来设置疑问。
4. 教师可充分运用信息技术及其教学资源为学生设置疑问。

(二) 提问技能的类型

提问类型的分类由于标准、角度的不同,可有不同的分类。我们从认知层次和提问技巧两个方面进行分类。

1. 根据认知水平分类

(1) 回忆提问

这类提问包括两种:一种是判别性的提问,只要求学生回答"是"与"否",教师期望的目标是学生做出唯一正确的解答。只要求学生对提问做出反应,不需要进行深刻的思考;多是集体应答,因此,不容易发现个别学生理解的情况。另一种提问是要求学生回忆旧知识,这种提问主要是帮助学生回忆旧知识,为学习新的知识做好准备。

(2) 理解提问

这类提问包括三种情况:

第一种是一般理解的提问,要求学生用自己的话对事实、事件等进行描述,如用自己的话复述内容。

第二种是深入理解的提问,要求学生用自己的话概括知识、功能等,以了解学生是否抓住了问题的实质。

第三种是对比理解提问,要求学生对知识、功能、结果等进行对比,区别其本质的不同,达到深入的理解。

理解提问主要是了解学生对教学内容的理解程度。学生要回答这类问题,必须调动已有的知识和经验,对新学内容进行重新组合,因而是较高层次的提问。

例如,学生在掌握了文件(夹)的删除操作、文字处理软件中的文字及图片的删除操作后,已基本形成按"Delete"键即完成"删除"操作的操作习惯,然而这一个操作对于删除表格的某列某行及至整个表格时,却不然,为此,学生经常在此出错,总是习惯性地用"Delete"键去做。教学时,不妨在介绍正确的操作方法之前,先故意列举以前的删除操作,然后让学生尝试删除一个表格,此时,学生往往会较有把握地先选中整个表格,然后,按"Delete"键,然而表格却纹丝不动,这时教师向学生提问,这是为什么?难道"Delete"键失灵了?教师紧接着让学生在表格中输入一些内容,然后再选中表格,再按"Delete"键,发现"Delete"键起作用了,但删除的只是表格中的内容,表格本身并未删除,噢,知道了,原来"Delete"键只删除表格中的内容,那么到底用什么方法才能删除表格本身呢?到此,教师就顺势进行正确操作方法的教学过程。

(3) 运用提问

这类提问是让学生运用新获得的知识和回忆旧知识来解决新问题,例如,文字处理软件中的"替换"操作,是个可以大大提高编辑效率的操作,适用于对内容的有规则修改。作为新授内容,不妨设计一篇比较长的文章,其中某一词语在全文出现的次数多达几十处,但都用错了,要求学生将其无一遗漏地改成另一词语,并对操作进行计时。可先放手让学生去操作,一般情况下,学生都会运用以前所掌握的编辑操作进行修改,待学生充分体验到重复相同操作的枯燥、低效时,教师适时提问学生:是否有更为省事、更为高效的操作呢?这一问,正好问到了学生的心坎上,学生的精神顿时为之一爽,思维随即启动,对"替换"操作的学习及体会也就变得更深刻。这里比较关键的一点就是要先让学生充分体验到不用"替换"操作来完成有关任务的情境,当学生体会到虽然能够完成任务,但效率较低之际,教师适时提出"是否有其他更为高效的方法?"这个问题,一下子把学生的思维从"埋头苦干"中揪出来转而去思考其他方法,同时也让学生明白了一个道理,拿到任务不要急着去做,先想想有几种方法,哪种更好,然后再着手去运作,就会起到事半功倍的作用。

(4) 分析提问

这类提问是要求学生找出事物之间的内在联系。学生要回答这一类型的提问,仅靠阅读课文或是记住教师所提供的材料是无法回答的。这就要求学生能组织自己的思想,寻找根据,进行解释或鉴别,进行较高级的思维活动。

(5) 综合提问

这类提问要求学生进行创造性思维。学生要回答这一类型的提问,需要迅速检索认知结构中的有关知识和经验,进行分析、推理、想象、联想等思维活动,最后综合得出新的结论。

例如,学习文字处理软件的保存操作时,在学生学会了新文档的首次保存并自我认为已掌握了保存操作后,教师不妨变换角度向学生提出如下问题:如果以后再给已保存过的文档增加新内容,要不要保存、如何保存、会不会再次弹出如首次保存时的"另存为"对话框?如果对一个已保存过的文档要换个名称保存,怎么做?如果对一个已保存过的文档要换个保存位置又怎么做?如果对一个已保存过的文档中的内容进行了删除操作,不保存而退出应用程序,再次打开该文件会不会看到被删除的内容?这些问题的提出及解决不仅使同学对"保存"操作的认识变得更为全面、深刻,而且通过这个例子,也让学生得到启发,遇到问题不能只从一个角度去考虑、认识,而是应该有意识地去多想想问题的其他方面。这样一题多问,既帮助学生把相关的知识沟通起来,形成了联系的知识网络,又帮助学生学会从不同方向、不同角度,全方位思考问题、探索问题,从而提高了学生的自主探索能力。

(6) 评价提问

这类提问是要求学生对信息技术知识,或建立的问题解决方案、作品表达形式进行欣赏、鉴别和评价,做出价值判断。在进行这种提问之前,必须帮助学生建立起正确的价值观,或是提出判断评价的原则,以作为评价的依据。学生回答这一类型的提问,要融进自己的感受,要综合运用新学的内容以及已有的知识和经验,进行独立思考。因此,对这类提问的回答,往往带有一定的主观色彩。教师事先向学生提出了评价的标准。

评价提问还包括,评价他人的观点,判定作品的思想价值,判断表现手法的优劣等等。

根据学生的认知水平划分提问的六种类型,是借鉴了布鲁姆认知领域教学目标分类学的理论。这种分类的提问是与学生认知能力提高同步的,是适合学生心理发展水平需要的。因此,这六种类型的提问,是由低层次向高层次逐层排列的。学生的回答反应,必须经历由简单辨别、选择、回忆到逐步深入复杂,由具体到抽象,由分析到综合的思维过程。在使用这几种类型的提问时,教师要考虑提问的频率和时机,尽可能多地使用较高层次的提问,以不断加强学生的思维强度,才能有利于学生认知能力的提高。

2. 根据提问技巧分类

(1) 诱导提问

这类型的提问是启发学生学习积极性,创设问题情境,使学生形成问题意识,开展定向思维的提问。一般在某个新课题的起始阶段,教师为了引起学生的学习兴趣,进行定向思维,常常使用这一类型的提问。或为学生营造某种学习氛围,或是将学生的注意力集中到某一特定内容。

(2) 疏导提问

这类型的提问是学生在学习过程中,思路受阻或是偏离正确方向时,教师进行点拨、疏导的提问。

(3) 台阶提问

这类型的提问是将一组提问由简到繁、由浅入深地排列得像阶梯一样,引导学生一阶一阶地攀登,以达到教学目标的提问。设计这种类型的提问,应符合学生的认知规律,即由浅入深,由具体到抽象,由现象到本质,由局部到整体的认识规律。

(4) 迂回提问

这类型的提问也称作"曲问",即为解决一个问题,折绕地提出另外一个或另几个问题的提问,这种类型的提问意在增加思维强度,引导学生自己去解决重点和难点,使学生处于主动学习的地位。

(三) 应用提问技能时应注意的问题

1. 在课前,教师必须设计好关键问题或主问题。这类问题的解决对实现教学目标起到至关重要的作用。这类问题的设计,应从教学内容要求和学生认知需要两方面考虑。

2. 教师一定要根据学生的年龄和个人能力特征,设计多种认知水平的问题,使多数学生能参与应答。

3. 教师在运用提问技能时,要认真考虑问题的来源,问题的呈现时机,问题的思考含量,问题的提出密度及问题的研究策略和方法,等等。

4. 问题的表达要简明易懂,最好用学生的语言提问。提问时教师态度要亲切,不要用强制回答的语气和态度提问。

5. 结合教学内容,利用学生已有的知识和经验,合理设计问题,并预想学生的可能回答及处理方法。

6. 凡是已形成的提问框架,要注意单个问题之间前后的内在联系,问题排列符合学生的思维进程。提问时把握好时机,使学生能循序渐进,去解决主问题。

7. 对学生回答的反应,应坚持以表扬为主的原则。不仅要充分肯定那些正确的回答,同时对回答有缺陷或不正确,甚至完全错误的,也要分析其中的积极因素,给予表扬和鼓励。

三、讲解技能

讲解技能是人们解释或解说知识和专门技术的行为方式,是教学中采用最普遍最经常的教学方式,讲解技能是教学诸项技能中最基本的技能之一,其优点在于:它能在较短的时间内较简洁地传授大量的知识,可以方便及时地向学生提出问题,指出解决问题的途径。

(一)概述

讲解技能,是指教师在课堂教学中运用讲解的方法完成教学任务,达到教学目的的教学行为方式。讲解技能是教师应具备的诸多的教学技能中最基本的、运用频率最高的,也是运用最广泛的技能。讲解技能是教师传授知识、启发思维、表达情感、传播思想的一种教学行为,这种教学行为能充分发挥教师在教学中的主导作用,控制教学进程、掌握教学进度,且具有信息传输密度高、知识面宽等特点,正面的、系统的讲解可使学生少走弯路。

(二)讲解技能的类型

1. 描述类

(1) 叙述式。教师用比较简洁、不带任何感情色彩的语言客观地把事物在时间上的发展变化,空间上的位置、延伸,以及它们之间的联系讲述出来。

(2) 描绘式。教师用比较生动、形象的语言,具体地、鲜明地、逼真地再现人物、事件、景物状态和情境的一种方法和手段。它能把学生带入最佳思维状态。

2. 诠释类

(1) 解释式。教师用简洁严谨的语言具体讲解事物、事理的含义、原因等的一种讲解方式。

(2) 说明式。教师用言简意明的语言,把事物的形状、性质、特征、成因、规律、功能以及事物间关系等加以说明的一种讲解方式。

3. 论证类

(1) 论说式。教师用富于逻辑性的语言根据教材中提供的已知材料讲道理、论是非,使学生在接受科学知识的同时,明白或懂得一定道理。

(2) 推理式。教师利用学生已掌握的知识、材料推导出新知识的一种讲解方式。

(3) 证明式。教师为论述根据已知材料提炼出的某一思想观点、某一法则、公式的正确性,或者用事实或引用科学公理作依据来证明某立论、法则、公式正确而采用的一种讲解方式。

4. 原理中心类

以概念、规律、原理为中心内容的讲解。又可细分为概念中心类和规律中心类。

原理中心类讲解是教学中最重要、最基本的一种教学方式。这是因为概念、规律的教学是基础教学中的核心部分。

5. 问题中心类

即以解答问题为中心的讲解。"问题"即未知，它从实际中来，以事实材料为背景。"解答"即由未知到已知的认知过程，认知的关键是方法。有了有效的方法，也就有了"过河的船和桥"。"过河"就不再是空话。选择方法和具体解决问题，都离不开知识，也离不开思维能力。因为，其问题，可能是一个练习题、作文题、智力测验题，也可能是带有实际意义的课题。总之，问题中心讲解，具有一定的探究性。处理得当对启发学生思维，培养能力大有好处。当然，要取得好的效果还需把讲解与其他技能结合起来才会更加有效。

（三）应用讲解技能时应注意的问题

1. 要有明确的讲解结构。在认真确定教学目标，分析教学内容的重点和难点，明确新旧知识之间相互联系的基础上，顺知识结构之序、学生思维发展之序，提出系列化的关键问题，形成清晰的讲解框架。这样，易使讲解条理清楚，引起学生的思考。

2. 语言要流畅、准确、明白。语言流畅就是紧凑、连贯。准备充分和自信是语言流畅的前提。语言准确、明白就要求正确运用术语，用学生能理解的词汇，不用未经定义的术语；句子完整，措词和发音准确。语音和语速应适应讲解内容和情感的需要。

3. 讲解要有启发性。要把直观、具体的现象、事件，通过分析、综合、抽象和概括，升华为理性的概念和规律。要留有一定的思索余地。要把握讲解的时机。

4. 要善于使用例证。例证是进行学习迁移的重要手段；例证能将熟悉的经验与新的知识、概念联系起来。举例的数量并不重要，重要的是所举的例子与新概念之间具有实质性的非人为的逻辑联系，并对此联系要作透彻的分析。

5. 注意形成连接。清楚连贯的讲解是由新旧知识之间、例证和原理之间、问题和问题之间恰当的连接构成的。在讲解中仔细选择起连接作用的词或短语，说明上述关系，使讲解形成完整的系统。

6. 会进行强调。强调是使讲解清楚、成功的重要技术之一。要强调重点或关键内容，要对新旧知识的联系和新知识结构作透彻的分析。可以用讲话声音的变化、身体动作的变化做出标记，直接用语言提示进行强调；运用概括和重复进行强调；通过接受和利用学生的回答进行强调。

7. 要重视获得反馈和及时调控。在讲解中，教师要善于通过观察学生的表情、行为和操作，留意学生的非正式发言，向学生提出问题或给学生提出问题的机会，收集讲解效果的反馈信息，弄清学生的理解程度，并及时调整讲解的程序和方式，以达到教学目标。

四、指导技能

在学校教育中，学生的"学"历来与教师的"教"紧密联系在一起，教师如何"教"直接影响学生如何"学"。因此，学生学习方式的转变，必须要求教师"教"的方式的转变，这其中包括教师在教学过程中对学生学习指导方式的转变。

(一) 概述

指导技能是指在教学过程中教师能够创设丰富的教学情境,激发学生探究问题的兴趣,引导学生通过观察、实验、调查、解读、研讨等活动,发现知识、获得知识、解决问题,培养学生自主学习、主动探索问题、创造性地运用知识解决问题的习惯和能力的教学行为活动方式。

(二) 指导技能的实际应用

教师作为学生学习的促进者,就要在学生的学习上做科学有效的指导,理解新课程中所倡导的理论、方法的精神实质。把握好学习方式之间的关系,如自主性学习与合作性学习、研究性学习与接受性学习之间的关系、研究性学习与探索性学习的关系、新的学习方式与以往的学习方式的关系等,进行有针对性的指导。实际应用中主要包含以下几方面。

1. 创设问题情境

教学中很大程度上就是引导学生发现问题、分析问题、解决问题的过程。

美国教育家杜威提出相应的五个教学步骤:① 创设问题情境;② 产生一个真实的问题;③ 观察并占有资料;④ 设计解决问题的方案;⑤ 检验或验证。

这里所说的问题不是教师所说的问题,也不是教材中所规定的问题,更不是为提问题而提问题。

教师要努力创设问题情境,为学生提供研究方向,让学生决定研究的问题,使他们根据自己的情趣、愿望和能力,用自己的方式去操作,去探究。

2. 建立材料"超市"

为学生提供丰富的有结构的材料,让学生根据自己的不同设想,选择不同的材料,把主动选择、支配材料的权利交给学生。而不是用"典型"材料把学生一步一步逼向"目标"。用"典型"材料,学生的认识方向肯定正确,经历肯定顺利,结论肯定"规范"。实际上完全是教师设计好的"圈套",不符合人们认识事物的规律,是一种假性的"自主探究"。

3. 活化学习中的教科书

教科书是教学的素材,是帮助学生学习的材料。教科书提供的内容、思路、方法、结论是基本的、一般性的,不一定是最佳的。因此,教师应在教学中正确、灵活、创造性地使用教科书,活化教科书,努力使自己的课源于教科书,高于教科书,为学生自己学习拓展途径。

4. 建立研讨的"网站"

学生通过"自主探究"所观察到的现象是丰富的,其中往往有非本质的现象,甚至有的是错误的,所获得对事物的认识也往往停留在感性认识水平上。因此,让学生把观察的现象或对某个事物的认识用语言表达出来,不仅会引出许多有趣的问题,激发学生的思维,更重要的可以引导学生从事物的相关联、运动的变化中认识事物,自主探究的意义才能充分体现。

5. 延伸科学的"课堂"

教学活动受教学内容、教学时间及空间等因素的限制,学生的参与程度、深入程度都不够。有的放矢地延伸课堂,让学生在课外带着明确的目的探究学习,同时教师进行合理的内容组织、必要的方法指导和技术帮助,并建立有效的反馈途径,使课堂教学活动成为不受时间和空间限制的开放式教学。

(三) 应用指导技能时应注意的问题

1. 努力创设学生自主学习的课堂环境

教师要为学生的学习创设一个平等、自由、安全、快乐的课堂环境,为学生自主、合作、探究性学习提供空间。在这里,学生是学习的主人,他们可以依据自己的兴趣和经验选择自己的学习方式和关心的问题。

2. 教师要注意角色的变换

教师是组织者。他要组织学生开始学习、维护学习进程、进行评价。教师是帮助者。他要帮助学生根据自己完成学习任务的水平、能力和实际条件确定学习目标;要指导学生根据目标要求选择适当的学习策略。教师是促进者。他要督促学生的学习,培养学生的学习能力,教会学生监控自己的学习,调整自己的学习,以促使学生的学习进入深层次,实现知识的建构和素质的转化。

3. 要科学有效地进行指导

科学的指导既要体现新的教学理念,特别是学习理念,又要按照教学规律进行,把握好指导的"度",即指导不应是给学生指明方式、讲清结果,也不应是按照自己的设想,引学生入"套"。它应是学习情境的引入、学习心理的调整、必要的学习策略、方法的指导和学习资料等的提供。

指导的有效性的理解应在新的评价体系中来认识。衡量教、学是否有效的主要标准,是看学生在学习中的自主地位是否得到保证,是否是积极主动地学习;是看学生是否依据已有的经验进行知识的自我建构,实现素质的增长。因此,教师对学生学习指导的有效性,应是对学习主体的解放,是使学生个性得以张扬和强化。教师不应强调为学生指点了哪些重要内容,告诉他们哪些方法和结论,他应帮助学生选择讨论的切入点,帮助他们从已知的知识库存中寻找解决问题的知识,在其困惑时给予点拨,在思维时给予敞开,而这一切始终强调的是培养学生的主体意识和丰富学习过程中的体验。

五、结课技能

俗话说得好:"编筐编篓,重在收口;描龙描凤,神在点睛。"教学也是如此。一个好的课堂,不仅应当有良好的课堂导入,以激发学生的学习热情,还应当有耐人寻味的结尾,以使学生对本堂课的知识和技能得到巩固与加强。精心设计一个"言有尽而意无穷"的课堂结语,给课堂教学画上完整的句号,是一个教学技能成熟的教师所不可或缺的素养。

(一) 概述

结课技能是教师在一个教学内容结束或一节课的教学任务终了时,有目的、有计划地通过归纳总结、重复强调、实践等活动使学生对所学的新知识、新技能进行及时的巩固、概括、运用,把新知识新技能纳入原有的认知结构,使学生形成新的完整的认知结构,并为以后的教学做好过渡的一类教学行为。

结课技能不仅应用于一节课的结束、一章知识的学习结束,也经常应用于相对独立的教学阶段的结尾。

(二)结课技能的类型

教学结束的具体方式多种多样,教师可以根据不同科目、不同教学内容和不同年龄段的学生灵活选用。归纳起来,教学中常用的结课方式有以下几种。

1. 归纳式结课

归纳式结课是教师引领学生以准确简练的语言对课堂讲授的知识进行归纳、概括、总结,梳理讲授内容,理清知识脉络,突出重点和难点,归纳出一般的规律、系统的知识结构等的方法。

2. 比较式结课

比较法是教师对教学内容采用辨析、比较、讨论等方式结束课堂教学的方法,意在引导学生将新学概念与原有认知结构中的类似概念或对立概念,进行分析、比较,既找出它们各自的本质特征,又明确它们之间的内在联系和异同点,使学生对内容的理解更加准确、深刻,记忆更加牢固、清晰。

3. 练习式结课

练习法是教师通过让学生完成练习、作业的方式结束课堂教学的方法,这是最简单最常用的一种结课方式。教师通过精心设计的问题,趁热打铁,既使学生所学基础知识、基本技能得到巩固和运用,又使课堂教学效果得到及时的反馈。

4. 活动式结课

课堂教学中,教师在引导学生系统地学习书本知识的同时,还要重视学生的活动能力和主动精神的培养,让学生在做中学,在活动中掌握知识,巩固知识,运用知识。这样,既突出了学生在活动过程中的主体地位,又可以通过多种多样的形式提高他们的动口、动脑、动手的能力,充分发挥学生的主体作用,增强学生的主体意识,激发他们的学习兴趣。教学过程结束时,可以根据学科特点,采取活动式结课。

5. 拓展延伸式结课

为了深化教学目标,就要在科学实验中把新旧知识、课内外知识有机地结合起来。因此,在结束阶段采取拓展延伸式可培养学生善于触类旁通、比较分析的学习习惯,提高定向理解和发散思维的能力。学生的思维在经过理解、消化、运用后,达到创新。

(三)应用结课技能时应注意的问题

在实际的课堂教学中,要充分发挥课堂教学结课的作用,圆满地完成课堂教学的任务,结课应注意以下问题:

1. 自然贴切,水到渠成

课堂教学结束是一堂课发展的必然结果,它既反映了课堂教学内容的客观要求,又是课堂教学自身科学性的必然体现。教师在教学过程中,要严格按照课前设计的教学计划、教学过程由前而后依次进行。力求做到有目的地调整课堂教学的节奏,有意识地照顾到课堂教学的结课,使课堂教学的结束做到自然妥帖,水到渠成。

2. 语言精练,紧扣中心

课堂教学结束的语言一定要少而精,紧扣本节课教学的中心,梳理知识,总结要点,形成知识网络结构,干净利落地结束全课,使之做到总结全课,首尾呼应,突出重点,深化主题,让学生的认识产生一个飞跃。有句格言说得好:"没有结束语的结尾平乏无力,可是没完没了的结尾则令人生畏。"课堂教学的结束语切忌冗长、拖泥带水,而应高度浓缩,画龙点睛,一语破的。总之,教师应该在结课前的几分钟内,以精练的语言使讲课的主题得以提炼升华,使学生对课堂所学知识有一个既清晰完整又主题鲜明的认识。

3. 内外沟通,立疑开拓

在学校教学中,课堂教学只是教学的基本形式,而不是唯一的组织形式。为了充分发挥各种教学组织形式在培养学生中的协同作用,课堂教学结束时,不能只局限于课堂本身,还要注意课内与课外的互动,学科课程与活动课程的联系,以及本学科课程与其他学科课程的沟通,以此拓宽学生的知识面。

学习活动:

选择某一个具体的教学内容,结合教材中的案例,进行教学方案的制订,以小组为单位对教学方法的选择及教学技能的应用做出评价。

思考与练习:

1. 任务驱动教学法教学有哪几个环节?采用任务驱动教学法教学时,应注意哪些问题?
2. 请你谈谈 WebQuest 教学法的特点,一个标准形式的 WebQuest 教学设计包括哪些部分?
3. 简要回答导入技能的功能与作用?
4. 提问技能应用时应注意哪些问题?
5. 讲解技能的类型有哪几种?
6. 指导技能在实际应用时主要做好哪几方面的工作?
7. 教学中常用的结课方式有哪些?

第五章 信息技术课程教学设计

学习目标

1. 了解信息技术课程教学设计的含义,理解信息技术课程教学设计各个组成部分的内涵及应注意的问题;
2. 掌握信息技术教学设计方案的编写方法,能够用不同方式编写教学方案;
3. 掌握信息技术基础知识教学设计的策略,能够对信息技术基础知识方面的内容进行教学设计;
4. 掌握信息技术应用软件教学设计的策略,能够对信息技术应用软件方面的内容进行教学设计;
5. 掌握程序与算法教学设计的策略,能够对程序与算法方面的内容进行教学设计。

本章导读

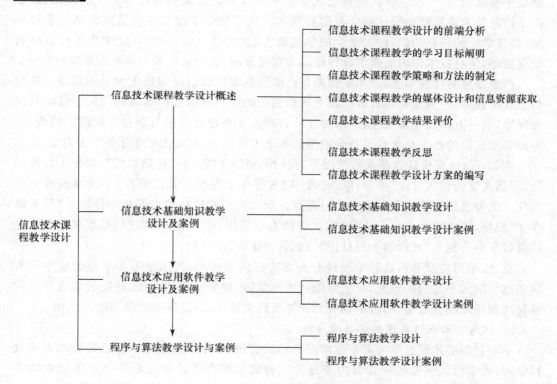

第一节　信息技术课程教学设计概述

教学设计是将学与教的原理转化成教学材料和教学活动的方案的系统化计划过程，是一种教学问题求解，侧重于问题求解中方案的寻找和决策的过程。信息技术课程教学设计属于以课堂为中心的层次，在教学设计过程中，教师所从事的主要是以课堂为中心的教学设计活动。信息技术课程教学设计通常包括分析学习需要，分析学习者，分析学习内容、阐明学习目标、教学模式与策略设计、教学媒体与学习环境设计、学习过程与结果评价设计等。

一、信息技术课程教学设计的前端分析

1. 信息技术课程教学的学习需要分析

学习需要是指学习者学习方面目前水平与所期望达到的水平之间的差距。随着信息技术的不断发展，信息化教学实践势在必行。信息化教学要求不断提高教师和学生的信息素养。由于经济发展条件所限，我国信息化教学基础设施建设步伐缓慢，信息化教学资源紧缺，信息化教学环境条件有限。因此，我国中小学生目前对信息技术的掌握完全处于初级阶段，与信息时代的信息化学习所应具备的信息能力还有很大的差距，这也正是信息技术课程教学设计的学习需要所在。为了使学生能够尽快适应信息化学习环境，提高学生的信息知识，树立学生的信息观念，提高学生信息能力，使学生形成良好的信息道德，信息技术课程的教学设计是非常有必要的，在信息化教学中有着重要的意义。

作为信息时代的学生，要不断提高自己的信息素养以适应信息化学习的需要。作为信息技术教师，一方面要认真解读教育机构制定的中小学信息技术课程的教学目标与课程标准，另一方面要经常关注社会，关注社会对人才在信息技术与素养方面需求的变化。再把学生目前的水平与学校及社会期望的水平进行比较，准确把握学生的学习需要。

例如：在计算机日益普及的情况下，我们期望学生能进行"电脑写作"，但学生目前不会，不懂文字的输入方法，不懂 Word 或 WPS 等文字编辑工具的操作，不懂编辑排版的美化。这种差距就构成了学生的学习需要。所以在小学信息技术课程中设计了"计算机作文"模块，要求学生学会：(1) 文字处理的基本操作；(2) 文章的编辑、排版和保存。在课堂教学中表现为"在电脑上写日记"、"给日记化妆"等活动。

总之，学习需要分析是教学设计开始之初必须完成的，揭示学习者目前的水平与所期望达到的水平之间的差距，分析问题产生的原因，确定问题的性质，辨明教学设计是否是解决该问题的合适途径，分析现有的资源及约束条件，论证解决该问题的可能性。

2. 信息技术课程教学的学习者分析

学习目标必须通过学习者参与学习活动来实现，每个学习者都以自己特有的方式进行学习，教学设计所做的一切努力都是为了使教学资源或教学过程适合于学习者的内因，从而使教学能真正起到促进学习者学习的作用。因此要使教学设计获得成功，就必须重视对学习者进行分析。

信息技术课程是培养中小学生信息素养，提高其信息能力的教材，针对的学习对象

也主要是中小学生。小学生一般特征主要表现在年龄小,注意力不容易长时间集中;小学生学习自制能力相对来说比较欠缺,学习准备情况不足;小学生学习风格主要表现在感性认识比较强烈,兴趣广泛但不稳定,学习坚持性不够。同时,小学生的好奇、好问、好玩、好动、活泼等特征,只要得到正确的引导,就会成为促进其学习的因素。信息技术课程是以计算机媒介为主体并且理论和实践相结合的课程,内容符合小学生的学习爱好,能够以动画、视频等多种形式展现给学生,便于迎合小学生的学习特性。小学的学习过程是一个由感知—理解—巩固—应用发展的过程。

感知学习是小学生认识过程的第一阶段,也是进入理解学习过程的准备阶段。感知学习过程中,小学生学习的特点:一是由被动感知向主动感知转变。低年级儿童一般不能主动选择学习新知识所必需的实际材料,也不善于自觉地进入感知过程,而是要借助于信息技术课本或学校教师提供和选择的信息技术学科感知材料,并在教师的介绍讲解下进行有组织的感知学习。随着年龄的增长和学习经验的积累,小学生学习过程中的主动感知成分逐渐增加。例如,帮学生练习打字、制作幻灯片、开发学习网页等。二是感知手段的模示性和图示性。小学生在感知学习过程中,既可以直接感知客观事物的感性形象,也可以亲身实践或实验获得感性体验,信息技术课程能够以多媒体形式展示,也能够让学生亲自参与练习和实践,对提高小学生感知学习的效果具有重要意义。理解学习是学生认识过程的第二阶段,也是整个学习过程的中心环节。学生在理解学习过程中,主要是通过比较对照、分析综合、抽象概括、归纳演绎等思维方法,实现对言语、事物类属性质、因果关系、逻辑关系等的理解,以便由感性认识上升到理性认识。巩固学习是学生认识过程的第三阶段,也是由接受知识进入运用知识的过渡阶段。小学生在巩固学习过程中,主要是通过各种练习方法和复习方法,及时巩固学到的知识,形成相应的技能技巧。运用学习是学生认识过程的第四阶段,也是单位学习进程的最后一个阶段。学生在运用学习过程中,主要是通过进一步的分析与综合、类化和具体化等思维方法,利用所学的知识、技能技巧解决教学实践、日常生活以及社会实践中的相关问题。

信息时代,中学生自我意识增强,思维活跃,具有强烈的独立意识、爱的需要、尊重的需求、自我实现的追求。中学生善于探索新事物,善于接受新信息,信息技术课程在各个学科中能够让学生感受信息科技的发展,能够体验信息技术的魅力,能够借助信息技术的平台获取更多、更广泛的信息以满足他们的自我实现的追求。因此,中学生作为信息技术课程的学习对象,只要充分发挥信息技术课程本身的优势,就足以调动学生在学习上的实践性(操作练习)、体验性(情境创设)、建构性(信息资源开发)和交往性(网络),能够取得理想的效果。

3. 信息技术课程教学的学习内容分析

学习内容是指为实现教学目标,由教育行政部门或培训机构有计划安排的,要求学习者系统学习的知识、技能和经验的总和。分析学习内容首先要把握课程标准。国家颁布的课程标准是教材编写、教学、评估和考试命题的依据,是国家管理和评价课程的基础。课程标准体现了国家对不同阶段的学生在知识与技能、过程与方法、情感态度与价值观方面的基本要求,课程标准规定了各门课程的性质、目标、内容框架,提出了教学和评价建议。分析学习内容还要吃透教材。教材规定了需要学生学习的内容。在教学过程设计时，教师必须钻研教材，想要学生学会的内容教师自己必须先学会。教师要做到彻底理解教材，找出并分析教学的难点和重点。

信息技术课程内容培养目标明确，它立足全体学生，根据学生心理发展特点，让他们掌握一定信息技术知识和技能。信息技术课程内容注重实践，它加强实验，从硬件建设和软件开发等环节上设置了很多的实践性环节，便于学生进行操作和练习。信息技术课程内容培养学生兴趣，它重视实践应用，内容设置是学生亲身感受到信息技术的实用价值，增强了学生的学习兴趣和动力。信息技术课程内容注重渗透，便于信息技术与其他学科的整合。

信息技术课程内容组织上基于纸质的教材，有学科体系型和学科中心型。前者从信息技术学科体系本身出发，按照知识体系，从基本原理、基本构成、基本方法到实践应用的组织形式。后者围绕一个需要运用信息技术解决的问题，逐步深化，组织教学内容。例如，从Windows启动引入计算机系统问题并逐步展开等。基于电子形式的信息技术教材以教学软件为中心，具有存储记忆、高速运算、逻辑判断、自动运行的功能，能够把文本、图形、图像、声音、动画和视频融为一体，以立体化的信息形式展现给学生，便于直观感知和抽象思维相结合，便于人机互动和主动学习相结合。

分析学习内容的方法有很多，比如归类分析法、图解分析法、层次分析法、卡片法、解释结构模型法，等等。归类分析法是指对学习内容进行分类，比如，我们对中小学信息技术课程所有学习内容进行分析，发现中小学信息技术课程学习内容总体而言，可以分为信息技术基础知识、信息技术应用软件操作技能、计算机算法与程序等三大类，具体分类如图5-1所示。

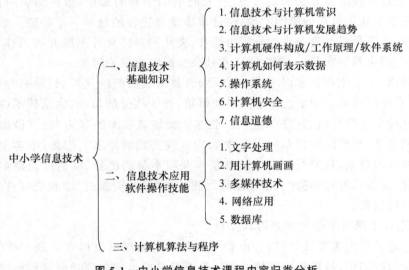

图 5-1 中小学信息技术课程内容归类分析

图解分析法是一种用直观形式揭示学习内容要素及其相互关系的分析方法，用于对认知教学内容的分析。图解分析的结果是一种简明扼要、提纲挈领地从内容和逻辑高度概括学习内容的一套图表或符号。

层级分析法是用来揭示教学目标所要求掌握的从属技能的一种内容分析方法。这是一个逆向分析的过程,即从已确定的教学目标开始考虑:要求学习者学会学习目标所规定的知识或能力,他们必须先具有哪些次一级的知识和能力(即从属技能)?要学会这些从属技能,他们必须先具备哪些再次一级的从属技能?这样一直进行下去,直到所需的从属技能是学习者已经具备的知识和能力为止。可见,层次分析法揭示了知识点之间难度的阶梯等级,为合理的安排教学内容使之由易到难、由浅入深,确保教学由已知到未知打下基础。

二、信息技术课程教学的学习目标阐明

学习目标是对学习者在教学结束时应该表现出来的可见行为的具体明确的表述。学习目标是教学活动的出发点和最终归宿。学习目标确定以后,教师应该以学习目标为依据设计教学活动并实施教学。学习目标不仅制约教学系统设计的方向,而且影响教学的具体步骤、方法和组织形式。由于学习目标描述的是具体的行为表现,所以它能为教学评价提供准确的依据。阐明学习目标还可以激发学习者的学习动机,让学习者事先了解预期的学习成果,他们才能明确成就的性质,进行目的明确的学习活动,对自己的学习成果做客观的评价,并最终取得成就感和满足感。

中学信息技术课程学习目标的编写。教学大纲以及课程标准中的教学目标是信息技术课程的教学总目标,这些教学总目标包含了对各部分具体教学内容的要求,体现了中学信息技术课程的标准,这当然是由专家编写的,但是中学信息技术学科教师在教学过程中,为保证学生在课程结束时能达到这些教学总目标,必须编写相应的更具体的学习目标。下面介绍在单元教学计划中编写学习目标的方法。编写学习目标应从认知、动作技能和情感三个领域全面考虑。当前在信息技术教学中所采用的学习目标在认知领域一般分为知道、理解、掌握、运用;在动作技能领域,一般分为学会和熟练操作;对于情感领域,为情感领域的学习编写具有可观察性和可测量性的学习目标是非常困难的,通常只能通过学生的言行表现来间接推断学习目标是否达到,即把学生的具体言行看成是思想意识的外在表现,这是情感领域学习目标编写的一个特点。根据这一特点,编写情感领域的学习目标可以采用内部过程与外显行为相结合的表述方法。我们可以这样理解:内部心理变化才是学习目标的实质,外显行为是对其进行的补充、阐释与说明。这种编写学习目标的方法通常被称为内外结合法。下面我们举一个例子,说明在中小学信息技术课程中如何采用内外结合法编写学习目标。

案例 5-1

1. 理解算法的概念
(1) 陈述算法的含义;
(2) 举两个算法的例子(至少一个课本上没有的);

(3) 辨别出教师所给的例子中哪些是算法,哪些不是算法。
2. 掌握问题的算法表示
(1) 陈述问题的算法表示有语言描述和流程图两种;
(2) 陈述语言描述与流程图的联系与区别;
(3) 用语言描述对一个问题的算法;
(4) 陈述流程图表达算法的规范;
(5) 用流程图表达对那个问题的算法;
(6) 结合这个例子,陈述用流程图表达算法的优越性。

编写学习目标的时候,既可以采用上面这样的"文字清单"样式,也可以采用下面的"目标表格"样式。

表 5-1 教学目标表格

课题 \ 知识点与学习目标 \ 目标类型与层次	基本知识	识记	理解	简单应用	综合应用
	基本技能	初步学会	熟练操作		
1. 理解算法的概念					
(1) 陈述算法的含义		√			
(2) 举两个算法的例子(至少一个课本上没有的)			√		
(3) 辨别出教师所给的例子中哪些是算法,哪些不是算法					
2. 掌握问题的算法表示					
(1) 陈述问题的算法表示有语言描述和流程图两种		√			
(2) 陈述语言描述与流程图的联系与区别		√			
(3) 用语言描述对一个问题的算法				√	
(4) 陈述流程图表达算法的规范		√			
(5) 用流程图表达对那个问题的算法				√	
(6) 结合这个例子,陈述用流程图表达算法的优越性			√		

从这个例子中我们可以看出,内外结合编写学习目标的方法,使学习目标更具有整体性和系统性,使教师和学生更能够理解我们为什么要期待那些"行为"的出现。

三、信息技术课程教学策略和方法的制定

信息技术学科教学内容与教学模式、教学策略、教学方法对照表如表 5-2 所示。

信息技术课程教学方法我们在第四章已经学过了,有讲授法、讨论法、演示法、实验法、任务驱动法、WebQuest、基于问题的教学方法、计算机游戏教学法等。这里不再赘

述。教学策略是指为了帮助学生达到学习目标,教师根据学生特征和学习任务,有针对性地选择教学内容、教学组织形式、教学方法和技术,形成的有效教学方案。教学策略具有综合性、灵活性和可操作性。教学模式是在一定教育理论指导下,为完成某一类学习目标而形成的,比较稳定的、简明的教学结构框架及其具体的可操作的教学活动程序,通常是对几种教学方法与策略的组合应用。教学方法、教学策略、教学模式都是教学原则、教学规律在教学实践中的应用,具有不同程度的具体化、可操作性等特点。

表5-2 信息技术学科教学内容与教学模式、教学策略、教学方法对照表

教学模式	教学策略		教学方法	所适合的信息技术学科教学内容
课堂讲授型教学模式	替代型策略	五环节教学策略 九段教学策略 接受学习策略 掌握学习策略 先行组织者教学策略 情境—陶冶教学策略 示范—模仿教学策略	讲授法 讨论法 演示法 启发法 练习法	一、信息技术基础知识 1. 信息技术与计算机常识 2. 信息技术与计算机发展趋势 3. 计算机如何表示数据 4. 计算机安全 5. 信息道德
自主探究型教学模式	生成型策略	支架式教学策略 抛锚式教学策略 随机进入教学策略	实验法 发现法 自我反馈法 任务驱动法 网络主题探究法(WebQuest) 基于问题的学习(PBL) 计算机游戏教学法	6. 计算机硬件构成/工作原理/软件系统? 7. 操作系统 二、信息技术应用软件操作技能 1. 文字处理 2. 用计算机画画 3. 多媒体技术 4. 网络应用 5. 数据库 三、计算机算法与程序
合作探究型教学模式		协作学习策略 　讨论 　角色扮演 　竞争 　协同 　伙伴 计算机支持的协作学习		

信息技术课程教学策略分为替代型策略和生成型策略。如果教师代替学生进行认知加工,为学生提供详细的学习目标、学习计划、学习指导,为学生提供深入浅出的解释、与学生进行频繁的互动,那么这种"教师在很大程度上帮助学生学习"的教学策略就是替代型策略。如果在学生学习的过程中,教师只提供很少的指导,让学生自己形成学习目标、由学生自己对学习内容进行组织、加工,由学生自己安排学习活动的顺序,学生从自己的学习过程中来建构具有个人特色风格的学习,学生主要依靠自己的认知能力,发现自己所面临的新的学习任务与自己已有经验之间的联系,并以学生原有的知识来理解新的知识,通过探究活动不断生成自己认知结构的发展,这种"教师在较小程度上帮助学生学习"的教学策略就是生成型策略。当然,在教学实践中,纯粹的替代型策略和纯粹的生成型策略是很少见的,也就是说,"教师在多大程度上帮助学生学习"是一个需要精细控制的度,不是简单的非此即彼的选择。从这个意义上讲,"替代"或者"生成",只是一种"谋略",它还不具有明确的操作性。

信息技术课程教学模式分为课堂讲授型、自主探究型、合作探究型三种。课堂讲授型教学模式下往往较多地采用替代型教学策略;自主探究型与合作探究型教学模式

下往往较多地采用生成型策略。采用替代型教学策略时，教师如何在很大程度上为学生的学习提供帮助呢？替代型策略通常又具体表现为接受学习策略、五环节教学策略、九段教学策略、掌握学习策略等，实施这些策略时常用的教学方法包括讲授法、讨论法、演示法、启发法等。自主探究型教学模式下采用的生成型策略通常具体表现为支架式教学策略、抛锚式教学策略和随机进入教学策略等，实施这些教学策略时，通常采用的教学方法有实验法、发现法、自我反馈法、任务驱动法、网络主题探究法、基于问题的教学法和计算机游戏教学法等。合作探究型教学模式下采用的生成型策略通常表现为协作学习策略，一般包括讨论、角色扮演、竞争、协同、伙伴等。在计算机网络充分发达和不断进入教学领域的背景下，协作学习又常常呈现出计算机网络化特征，即计算机支持的协作学习，讨论、角色扮演、竞争、协同、伙伴等各种策略都可能以计算机和网络为媒介。

课堂讲授型信息技术课程教学模式是教师通过循序渐进的叙述、描绘、解释来传递信息，传授知识，阐明概念，辨析是非，引导学生分析和认识问题，并促进学生的智力与品德发展。从教师的角度来说，这种过程是一种传授的方式，从学生的角度来说，这是一种接受性的学习方法。只要教师的讲解能基于学生已有的知识与认知水平，使学生能够理解，那么课堂讲授型教学能使学生获得较高的知识学习效率。中小学信息技术课程中，信息技术基础知识部分中大部分内容（比如信息技术与计算机常识，信息技术与计算机发展趋势，教师如何表示数据，计算机安全，信息道德等）适合采用这种模式，以教师课堂讲授为主。

自主探究信息技术课程教学模式有两个要点，一是自主，二是探究。所谓自主，即学习者在总体教学目标的宏观调控以及教师的指导下，根据自身条件和需要制定并实现具体学习目标，学习者自己对学习目标、学习过程进行设计，并对学习进行自我管理、自我调节、自我检测、自我评价和自我转化。所谓探究，即学生在课程学习中，自己发现问题、探索问题并解决问题。自主探究型学习模式下，学习好像都交给学生自己了，教师是不是可以撒手不管了呢？不是！教师在整个学习过程中，要充当学生自主探究的情境创设者、学习引导者、疑难帮助者、学习评价者的角色。

合作探究型信息技术课程教学模式集中体现了建构主义的观点。合作探究型教学模式中的学习在实质上是基于问题解决活动进行的协同性知识建构，它以合作性的问题解决活动为主线，同时整合了其他的知识获取方式。网络作为一种开放的信息环境，更能支持灵活开放的探究活动，有利于合作探究型教学模式的实现。在这种模式下，首先是教师组织学习者以小组为单位开始解决一个实际问题。为了解决问题，小组成员经过分工，分头去查找资料，然后小组成员聚在一起，或通过网络等媒介交流信息，讨论如何用所获取的信息来促进问题的解决。问题解决之后，学习者对自己的学习过程进行自我评价、相互评价。

四、信息技术课程教学的媒体设计和信息资源获取

就教学媒体而言，有教科书、印刷类资料（教科书之外的）、板书、挂图、模型、无线电、录音、电视、电影、录像、计算机、网络等。在信息技术课程教学中，使用比较多的媒体是

文字教材、电子教材、多媒体课件、学习软件、网络资源等。没有万能的教学媒体，没有具有绝对优势的教学媒体，在信息技术学科教学中亦是如此。并不是计算机和网络这种"现代化的媒体"一定比板书、挂图这种"老掉牙的媒体"好。当然也不是说计算机和网络这样的媒体并不必要，有板书、挂图就足以把信息技术课程教学搞好。而是说，依据特定的教学内容和学生的准备情况以及学校的物质条件，有时可能是板书、挂图最适合，有时可能是计算机和网络最适合。比如，在学信息技术基础知识部分时，以教师讲授为主，那么教科书、板书、挂图就是最好的教学媒体。这些简单的媒体既足以供教师以把教学内容解释详细，又足以让学生听清楚看明白。既避免了学生一进机房就兴奋热烈，课堂秩序难以维持，又避免了占用机房，对教学资源造成不必要的损耗。对于机房少、计算机少、维护费用紧缺的学校来说尤为重要。

信息技术教材是最普遍、最实用、最重要的教学媒体与资源。对一般中小学而言，信息技术课程的教科书可能主要由教育行政部门统一选择。作为信息技术课程教师，一方面，是自己要充分理解教材，另一方面是要指导学生充分利用教材来辅助学习。教师深入研究本校所采用的教材，对教科书的整体内容要烂熟于心，同时，还要多看看其他版本的教材。目前的中小学信息技术教科书主要有人民教育出版社的、江苏教育出版社的、北京师范大学出版社的、清华大学出版社的、湖北教育科学出版社的、华中师范大学出版社的，等等。并在此基础上研究"多版"各自如何体现了"一纲"，在阅读各个版本的教科书的基础上，加深对《中小学信息技术课程指导纲要（试行）》《全日制普通高中信息技术课程标准》《初中小学信息技术课程标准》的理解。有些版本的教材上还包含了设计好的教学方法、教学步骤与教学活动，教师不妨借鉴。教师还要指导学生用好教科书。比如，每次下课之前，教师应该告诉学生，教科书上哪几页的什么内容是必须看的，最好适当地布置一些书面作业，并且告诉学生，这些内容下次上课的时候要提问。每次上课开始的时候，教师要记得收作业，并提问，检查学生课外阅读教科书的情况。在课堂上，教师也要经常指导学生如何利用教材。一般来讲，信息技术课最早是小学二、三年级开始，学生已经具备了初步的识字阅读能力，教师要耐心地引导学生在教科书上寻找问题的答案。

信息技术课程挂图，这种古老的教学媒体，在信息化教育的浪潮中依然有它的生命力，即使在信息技术课程教学中也是如此。除了像前面提到的"键盘的布局"、"操作键盘的规则"适合使用挂图教学之外，还有，像"计算机的硬件构成"、"计算机如何表示数"等都可以使用挂图，采用简单醒目的挂图来表达教学内容，使教师的讲解听起来更清楚明白，还避免了占用多媒体教室或者机房。像"计算机安全"这样的内容，教师在讲解各种"计算机病毒"、"黑客"的时候，也可以辅以漫画风格的挂图，使学生饶有兴趣，记忆深刻。在中小学信息技术课程中，挂图主要用以辅助信息技术基础知识部分的以教师讲解为主的教学。

中小学信息技术课程的中心内容是计算机的操作，这种技能训练仅依靠纸上谈兵式的讲解是无法完成的。在《中小学信息技术课程指导纲要（试行）》（以下简称"《纲要》"）中清楚地规定了小学、初中、高中各学段的信息技术课"上机课时不应少于总学时的70%"。在其他课程中，教师可能只是把计算机和大屏幕投影作为辅助教学进行展示的工具,学生可能只是把计算机和互联网作为获得、加工信息的工具;但在信息技术课程中,计算机本身既是学习的工具,同时也是学习的内容。作为信息技术课程教师,不论是专门的信息技术课程教师,还是主科教师兼任计算机课程教师,不论是计算机或者教育技术学专业"科班出身",还是其他专业"半路出家"教信息技术课,都要对计算机多钻研,熟悉计算机的硬件构成、工作原理、操作系统、系统备份与还原、计算机病毒的预防与处理、计算机故障的诊断与排除等知识和技术,能经常对计算机机房进行日常维护,保证教学时计算机能正常运行,能及时解答学生提出的各种疑问。这往往需要信息技术教师花很多时间与精力来完成。由于办学条件的差异,有的学校机房可能很落后,机器可能很旧,配置可能很低。信息技术课程教师一方面要经常呼吁学校更新补充设备,一方面要充分利用现有硬件资源。哪怕学校没有机房,信息技术教师也应该在普通的教室为学生介绍信息技术的基础知识,哪怕用挂图,也应该教学生认识电脑及电脑的各种用途。即便如此,学生也比对电脑闻所未闻要强得多。学校里只要有一台电脑,信息技术课程教师也应该积极联系相关负责人,带领学生去"观摩",让没有机会上机的学生起码"目睹"一下电脑的真面目。有的学校如果还没有信息技术课程教师,那么学校领导就应该认真地考虑这个问题了。没有计算机房,信息技术课可能在课时上达不到《纲要》规定的数量,但是绝不能不开。哪怕整个小学阶段开 10 个课时,安排教师给学生介绍一下也比完全没有好。有的学校可能有机房,只是计算机已经过于陈旧,只能运行 DOS 操作系统,甚至没法点亮,此时,信息技术教师也要克服困难,尽量使计算机都能点亮,哪怕教学生学学 DOS 操作、学学英文输入也好。有些计算机如果确实已经无法点亮,那么,信息技术教师也应该向学校相关领导申请,把那些电脑用来作为"计算机硬件构成"的教学与实验仪器,在讲台上拆给学生看,哪是机箱、哪是电源、哪是主板、哪是集成电路、哪是软盘驱动器、哪里连接显示器、哪里连接键盘,等等。拆完了,再装给学生看,消除电脑在学生心目中的神秘感。即使没有高级的电脑让学生用来体会上网"冲浪"的快感,但教师如此这般的"庖丁解牛"同样可以使学生朝着信息时代迈进一步。信息技术课程教师虽然不像其他课程教师那样披星戴月地督导学生学习,但同样需要付出很多辛勤的劳动。对机房配置能达到教学要求的学校来说,信息技术课程教师则应该按照《纲要》及《课标》来实施教学。

信息技术课程专题网站是信息技术课程的重要教学媒体资源。一方面,网络是信息技术课程教师获取教学资源的重要来源,一方面,网络是辅助教学实现师生通信的重要媒体,另一方面,网络还是学生练习"搜索、筛选、评价、发布信息"的工具。

把网络作为教师获取教学资源的工具,这一点并不一定体现在教师在信息技术课堂上使用网络。事实上,多数情况,是在教学设计的时候,信息技术教师阅读了教材,对教学内容有了较为深刻的理解后,上网去收集教学资源。比如教学设计方案、课件、练习题等。中小学信息技术学科网站有很多,比如:中小学信息技术教育网 http://www.nrcce.com/(首页如图 5-2 所示);中小学信息技术教育 http://www.itedu.org.cn/index/(首页如图 5-3 所示)等。

第五章 信息技术课程教学设计

图 5-2　中小学信息技术教育网首页

图 5-3　中小学信息技术教育网首页

实际上，我们只要在百度、谷歌、雅虎等任何一个网络搜索引擎中输入"信息技术"、"中小学信息技术"、"信息技术教育"、"中小学信息技术教学资源"、"中小学信息技术课程"等关键词都能找到一些相关的网站。有时为了获得特定的资源，比如，教师要准备"信息技术相关的文化、道德和法律问题"这个主题的教学，也可以用"信息技术文化"、"信息道德"、"信息法律"、"信息道德　教案"、"信息法律　教案"、"信息文化　教案"、"信息道德　课件"、"信息法律　课件"、"信息文化　课件"等关键词来搜索，这样可以更快地找到想要的信息。网站的更新速度比教科书和教学参考书都快，教师到这些网站上，往往能获得较新的信息。有时，他人写的教案或者论文能给自己启示，有时，他人的课件或许可以直接利用，既精美又省时，何乐而不为呢？像"汉字输入"这样的教学内容，学生在学会了相关的基本知识以后，要进行大量的练习，才能掌握直至熟练。此时，如果仅仅让学生打开记事本、写字板或者 Word 在里面写日记，写文章，或者打字，学生可能最大的感受是"打字真麻烦，在纸上 10 分钟就可以写完的，到电脑上就得一节课了"。这样当然不能维持学生的兴趣，当然也就不能保证练习的效果。但教师如果能上网去下载一些打字游戏，或者"明伦五笔高手速成"等专门的训练软件，其中的游戏和各种及时评价使学生对打字乐此不疲。所以，信息技术教师要有较强的网络信息意识，经常上网为教学寻找资源，同时还要善于从众多的教学资源中挑选最合适的用到教学中来。有时，可能会遇到这样的情况，所有找到的资源好像都不完全符合自己的设想，这时，需要教师对下载的课件进行适当的修改。所以，信息技术教师还要熟悉各种多媒体著作工具的使用。有时，下载的多媒体课件，用户只能看到最终演示的效果，可能无法获得源程序或者源代码，此时如果确实不能原封不动地使用这个下载资源，则要想其他办法来处理。比如，用视频捕获或者图像捕获来获取其中的一部分演示，再把搜集获得的各种素材用 Authorware 等多媒体著作工具重新进行编辑，编成自己理想的课件。信息技术教师要善于保存自己收集的信息，一个学期可能来不及把所有的课时内容的教学资源都做成精品，但每个学期都完成几个，五年、十年下来，就能有自己的资源库了，每年在这个基础上来修改完善，就比总是从头开始要省时得多。

有些地区，计算机网络可能还不发达，教师不一定能随时使用网络查找和下载资料。但如果装备了"农村中小学远程教育卫星模式"，信息技术教师要积极收集来自卫星下载的教学资源，并为之进行系统化的命名。使自己在需要这些信息时能很快提取。

信息技术教师要积极投入信息技术网络课程建设，让学生都可以上网获得与课程内容相关的学习资源。比如，学期教学计划、课时教学计划、课件、作业、答案等，还有各种信息学科的竞赛、动态等可以让学生通过学校的课程主页查阅。在学科网站上还可以介绍信息技术的最新动态，硬件、软件的前沿资讯。

五、信息技术课程教学结果评价

信息技术课程教学设计结果评价可以分为形成性评价和总结性评价。学习过程中的形成性评价手段有提问、课堂作业、课外作业等。课堂提问与练习要精心设计，有的放矢。课堂提问是教师在授课过程中保持学生注意、启迪学生思考、探寻学生知晓程度的重要方法。所以，在信息技术课程教学设计过程中，教师要联系课程与学生的实际，多设计一些具有启发作用的问题。课堂练习是课堂教学的重要组成部分，因此，教师要紧密围绕教学目的、重点和难点精心设计课堂练习，要注重方法的灵活多样。目前在信息技术课堂练习中主要存在这样几个问题：一是重讲轻练，教师的主导作用"有过之而无不及"，而学生的主体作用（当然不只限于以课堂练习来体现）显得薄弱；二是练习题设计的盲目性很大，缺乏较强的针对性；三是课堂练习的量偏大，学生手忙脚乱，没有留给学生充分的思考时间；四是课堂练习题单调，无层次和坡度；五是教师在学生练习中忽视矫正错误这一环节,不利于知识的消化和学生良好学习习惯的养成。鉴于此,建议每个教师在实施信息技术课堂练习时注意以下几点:在学生做练习的过程中教师要注意巡视,及时获取练习的反馈信息;对学生练习中出现的问题要及时讲解,对出现的错误必须纠正;在练习过程中教师要注意对学习上有困难的学生进行个别辅导,同时也应对有余力的学生辅之以富有思考性或综合运用的题目。

六、信息技术课程教学反思

信息技术课程教学设计有成功的经验,也可能有失败的教训,我们将信息技术课程教学设计感受及时记录下来,这是最有价值的第一手教学研究资料。所以,每节课结束以后,信息技术教师都要及时总结,把经验、教训、改进办法等都写在教案的反思栏内,反思也可以称作课时教学后记。反思是提升人格修养的重要心理活动,也是我们信息技术教师在教学实践中发现问题、提高教学水平的一种重要方法;只有反思才能正确评价自己,只有反思才能发现平时教育教学活动中存在的问题。不断进行反思,对信息技术教师专业化发展有着重要的意义,是信息技术教师对自身成长过程的自我监控和调整,通过反思可以看到自己的提升,也可以及时地发现自己存在的不足和缺陷,以便采取相应的补救和整改措施。写教学反思,是信息技术教师成长的重要法宝。

七、信息技术课程教学设计方案的编写

信息技术课程教学设计方案是把信息技术课程教学设计过程以规范的方式展现出来,其呈现是灵活的,也是多样的,有叙述式、表格式等。叙述式教案应包括课题、学习目标、授课时数、课的类型、主要教学方法、教学过程、板书设计、课件资源和反思等项目。表格式方案就是根据教学内容,按一个或者两个课时的教学内容,设计一张表格,用以指导自己的课堂教学。表格式方案言简意赅,一目了然,便于教师熟记,也便于教师在上课过程中参考。表格式方案中也应包括课题、学习目标、授课时数、课的类型和主要方法、教学过程的步骤、反思等项目,而且常常还用一栏来注明各教学环节中学生的学习行为。这使教师事先对师生互动有较为完善的规划。一般来说,表格式方案不宜填得过于烦琐冗长,这对于新手来说,使用起来会有些困难。当然,教学设计方案的编写没有一个固定的、不变的格式,教师可以根据实际情况灵活把握。

下面,我们介绍两种教学设计方案的编写方式的实例。

1. 表格式教学设计案例

表格式教学设计案例

设计者					
姓名	胡建栗	电子信箱	Hjl3786@163.com	电话	0714—6311316
地区	湖北省黄石市	学校名称	湖北省黄石市第三中学	日期	2007-11-18
案例摘要					

续表

教学题目	用 Outlook Express 收发电子邮件	所属模块	网络基础及其应用
所属学科	信息技术	学时安排	1 学时	年级	高二
所选教材	武汉市教育科学院、华中师范大学组织编写的信息技术第三册第四章第二节			

一、教学目标

知识与技能：
　　(1) 使学生了解电子邮件的工作原理，理解 POP3、SMTP 服务器的具体含义；
　　(2) 了解 E-mail 账号设置的意义，掌握账号设置的步骤；
　　(3) 学会 Outlook Express 账户的设置操作，并能熟练使用其收发电子邮件。

过程与方法：
　　(1) 通过两人协作相互收发电子邮件，使学生了解合作学习的方法和途径；
　　(2) 通过相互交流评价培养学生表达能力，学会评价学习过程和结果。

情感态度与价值观：
　　(1) 培养学生学习信息技术的热情和信心；
　　(2) 培养学生在使用电子邮件过程中遵守信息道德规范的良好文明习惯。

二、教学内容分析

　　《用 Outlook Express 收发电子邮件》是华中师范大学出版社出版的高中信息技术教材第三册第四章第二节的内容。电子邮件相对普通信件来讲方便、快捷、便宜而且传递的信息丰富，因此掌握电子邮件的使用对学生在日常生活中进行信息交流有非常重要的作用。用收发邮件的软件 Outlook Express 来收发电子邮件比在线收发邮件的线路使用率高，并且更加方便，实用性很强。本课是学生已经学习了通过因特网获取信息、将计算机接入因特网等基础上安排的新授课，符合学生的认知结构和发展规律。

　　对本节内容的分析如下：
　　(1) 由于不少学生对电子邮件的原理还不是很了解，因此对电子邮件工作原理的介绍是教学内容的一个重点。
　　(2) 学生初次使用 Outlook Express 需要进行账号的设置，这是使用电子邮件的三要素之一，是本课的第二个教学重点。
　　(3) 在 Outlook Express 里面写信与在线写信方法基本一样，但由于电子邮件可以传递图像、声音、计算机程序和文本信息等，这就必须涉及电子邮件中附件的使用。这对所有学生来讲都有一定的难度，因此这是本课的又一个重点，同时也是一个难点。
　　(4) 此外，本课的教学除要让学生熟练使用 Outlook Express 收发邮件，还要引导学生遵守信息道德规范，本着"爱国、守法、自律、真实、文明"的原则使用电子邮件收集信息，发布信息，争做文明高尚的信息人。

三、学习者分析

　　对高二学生来说都有一定的软件使用的基础，对因特网的应用已经有初步的了解，不少学生的家庭已经具备了上网的条件，学会了上网浏览网页和玩游戏，此前已经学习过申请免费邮箱收发电子邮件。但由于各个初中信息技术的教学不一样导致学生的层次参差不齐，经调查，接近 50% 的学生已经学习过在网上收发电子邮件，而少数学生还没接触过电子邮件，缺乏对电子邮件有关基础知识的了解。但是无论学生的层次如何，大家都对电子邮件传递信息非常感兴趣，渴望学习这方面的知识和技能。

四、教学方法和教学环境设计

1. 教法设计

任务驱动教学法：将学生分成二人一组，每位同学进行账号设置，两人之间相互收发邮件。
讲解与演示法：对电子邮件工作原理、账号设置、添加附件、下载附件进行讲解和演示。

2. 环境与情境设计
教学环境：接入因特网的网络机房。
教学情境：真实情境。

3. 教学素材
把事先准备好的电子邮件工作原理动画素材和学习导引发放到每一台学生用机。

4. 学习活动组织
一人一机操作，两人一小组合作完成任务。

五、教学流程

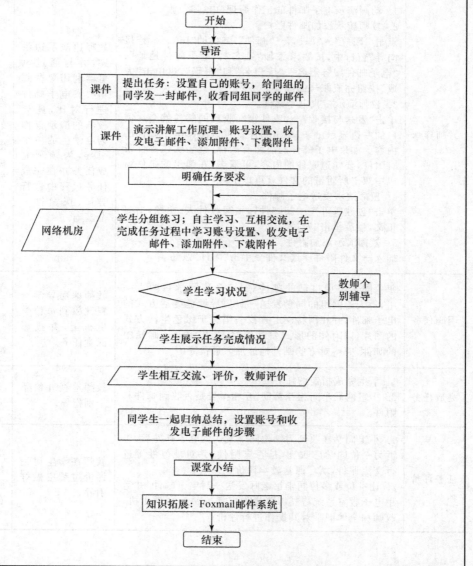

续表

六、教学过程			
教学环节	教学内容	教师活动	学生活动
导入课题 提出任务	1. 复习Web方式免费电子邮箱的申请和发送电子邮件,并提出问题:能不能在书写和阅读邮件时不用联网,只有在收取和发送邮件才接入因特网的邮件收发方式,导入课题。 2. 提出本课任务:使用Outlook Express给同学发送一封倡导绿色生活的信。	边演示 边介绍	边听课 边思考
教师导学	1. 动画演示电子邮件的工作原理(内容略)。 2. 教师演示添加邮件账户。 点击"账户"→"添加"→"邮件",弹出的"Internet连接向导"窗口中,按要求添加"姓名"、"电子邮件地址"、"电子邮件服务器名"、"账户名"和"密码",再单击"完成"按钮完成账号的添加。 3. 教师演示接收电子邮件。 单击"发送与接收"→"收件箱",收到的邮件就会在窗口的右边显示出来,单击邮件就可以阅读电子邮件的内容。如果电子邮件的前面有图标,就表明该邮件带有附件,要知道附件的内容,可双击,在弹出的邮件窗口中双击所附带的文件就可以了。 4. 教师演示发送电子邮件。 单击"创建邮件"→"新邮件",填写收件人、主题,书写正文,最后单击"发送"。 5. 教师演示添加附件。 插入→文件附件→选文件→单击"附件"按钮。	教师边演示边讲解,并与通过浏览器利用免费邮箱收发电子邮件进行对比,此处教师的演示仅作为给学生的一个引导,为顺利完成任务并在完成任务过程中进行尝试、探索打一个基础。	学生边听课、边观看教师演示,并回顾通过浏览器利用免费邮箱收发电子邮件。
明确任务	每位同学添加自己的邮件账号,全班同学每两人一组,每人给同组的同学发送一封倡导绿色生活方式的电子邮件,并在因特网上查找一幅关于绿色生活方式的图片,以附件的形式发送给对方,接收电子邮箱中的邮件,并将对方的邮件地址加入通信簿中。	教师课前导学资料发放到每位学生机上,并投影课堂任务。	学生查看收到的导学材料,做好完成任务的准备。
完成任务	1. 学生完成指定的任务。 2. 小组两同学间相互帮助,互相报告是否收到邮件和附件。	教师巡视并给予个别指导。	上机操作并完成任务。
任务评价	1. 小组同学在收到另一位同学发送的电子邮件后,告诉另一位同学已收到,是否有附件,并对规范性等进行交流评价,填写课堂教学评价表。 2. 让一位或多位同学给老师发送一封电子邮件,并运用电子教室系统将其屏幕操作广播给每一台学生机,教师和全体同学对其操作进行评价。	教师在学生讨论评价过程中做好引导。	学生积极参与评价,对照展示反思自己的操作。

续表

教学环节	教学内容	教师活动	学生活动
课堂小结	1. 小结电子邮件的工作原理。 2. 小结添加账号、收发电子邮件的步骤。 3. 小结使用 Outlook Express 收发电子邮件和在线收发电子邮件的区别，以及 Outlook Express 收发电子邮件的优点。 4. 结合学生操作实际提醒学生注意事项。	师生共同小结。	师生共同小结。
拓展	Foxmail 也是一个优秀的 POP3 邮件客户端软件，课中作简要说明。		学生课后探究完成。
课后任务	1. 每位同学将课堂小结的内容用邮件发送到老师的邮箱。 2. 在 Foxmail 中设置邮件账号，连接到一个免费的电子邮箱上。		课后完成。

七、学习评价设计

姓名		班级	

1. 自评

(1) 你是否了解电子邮件工作原理	□是	□否
(2) 你是否对 Web 页方式收发电子邮件和 POP3 邮件客户端收发邮件的区别有所了解	□是	□否
(3) 你是否完成添加账号操作任务	□是	□否
(4) 你是否完成给同组同学发送电子邮件任务	□是	□否
(5) 你给同组同学发送电子邮件是否包含附件	□是	□否
(6) 你是否收看了本组同学发送的电子邮件(含附件)	□是	□否
(7) 参加讨论、交流、评价是否发言	□是	□否

2. 同组同学评价

(1) 是否收到该同学发送的电子邮件	□是	□否
(2) 收到的该同学发送的电子邮件是否包含附件	□是	□否
(3) 该同学参加讨论、交流、评价是否发言	□是	□否

3. 教师评价

(1) 是否收到该同学的电子邮件作业	□是	□否		
(2) 该同学的电子邮件作业综合评价	□优	□良	□中	□差

2. 叙述式教学设计案例

案例 5-2

课题：设置屏幕保护

【教学对象分析】

本课的学习者是小学三年级的学生。他们已经学过一个学期的信息技术课程了，对 Windows 操作系统已经比较熟悉。学生都很喜欢信息技术课，对各种效果的屏幕保护很感兴趣。设置屏幕保护是操作计算机的过程中经常碰到的问题,大部分学生还不知道如何设置屏幕保护以及如何修改屏幕保护设置。

【教学目标】

知识与技能:
(1) 了解屏幕保护的作用;
(2) 掌握屏幕保护的设置方法和基本操作。

过程与方法:
通过自主完成任务的过程,培养学生观察问题、自主探究的能力。

情感态度与价值观:
培养学生学习信息技术的兴趣,探究新知识的热情。

【教学重难点】

教学重点:设置屏幕保护的等待时间、选择屏幕保护程序,预览效果。
教学难点:找到打开屏幕保护设置窗口的路径。

【教学方法】

讲、演、练相结合。

【教学过程】

1. 导入

首先是导入策略。游戏导入,老师说:"同学们,今天上课我们先来做一个小游戏,游戏的名字叫'瞪眼睛',这可不是比比谁的眼睛大,而是看看哪个同学最有毅力,坚持时间最长。大家有没有信心坚持到底?"

"下面我宣布游戏的规则:① 同桌作为比赛对象,面对面坐好,两手背后,不要用手势和鬼脸干扰对方,否则视为出局;② 老师作为裁判,比赛口令为'开始'和'停',时间为1分钟;③ 坚持到底且没有眨过眼睛者胜出(游戏的目的不在于最后选出冠亚军,而在于让学生体验长时间不眨眼,眼睛会产生酸痛的感觉并可能伴有流泪现象)。"

游戏结束后的问题:"同学们,经过刚才的比赛,我们已经选出了我们班的'毅力将军',那么老师还有一个问题要问大家,刚才眼睛有什么感觉?"(酸痛、累、流眼泪……)

小结及新知识的引入:刚才大家都谈了自己在做完游戏后眼睛的感觉,不知道大家有没有注意到在我们的面前有一位老朋友,它一直在看着我们做游戏而且"眼睛"眨都没眨一下,大家猜猜它是谁?它的"眼睛"累不累,痛不痛?

2. 新课讲解

屏幕保护的作用是在计算机的运行过程中,显示器会长时间停留在同一个画面上,这样会使部分荧光粉老化,从而对显示器造成损害,如出现黑点等。那么怎样避免这种情况产生呢?在计算机系统里自带了很多种"屏幕保护程序",它们的作用就像我们眨眼睛一样,用来保护显示器,以延长它的使用寿命。并且进入屏保之后会出现一些动画,一旦动动鼠标或键盘,又可返回到正常画面。

3. 演示示范

请一位同学跟老师合作来设置我们的屏幕保护程序。操作步骤：① 在桌面空白处单击鼠标右键，在弹出的快捷菜单中，选择"属性"，打开"显示属性"对话框。② 单击"屏幕保护程序"选项卡。③ 根据需要对"屏幕保护程序"进行设置。在设置屏幕保护程序时要完成以下几项工作：第一，选择并设置屏幕保护程序（可用"预览"全屏观察显示效果。可用"设置"按钮对选中的屏保进行设置。注意：不同的屏幕保护程序，其设置内容也不同）。第二，设置"等待"时间：即多长时间不操作可自动运行屏幕保护程序。

4. 课堂练习

请大家自行练习设置屏幕保护程序，并选择一个自认为设置的最成功或自己最喜欢的屏保在下面的展示时间中和大家进行交流。

5. 作品展示与评价

请同学们把自己设置的屏保向大家进行展示，讲解自己的思路及设置步骤，并请老师和同学共同做出评价。

通过今天这节课的学习，大家知道了如何像保护眼睛一样地保护我们的显示器，那就是给它设置一个美丽的屏保。

6. 问题探究

基本内容完成以后，提问，除了在屏幕上单击右键，通过快捷菜单进入屏幕保护设置以外，还可以如何进入屏幕保护设置界面？让学生尝试自己去找。比如，从"开始"菜单，进入"控制面板"，双击"显示"，打开"显示属性"对话框。还可以双击"我的电脑"，双击"控制面板"，双击"显示"，打开"显示属性"对话框。如果时间允许，可以引导学生尝试到网上下载系统中所没有的屏幕保护程序。或者告知学生，有一种软件叫做"屏保制作软件"，可以从网上下载，用它自己制作个性化屏幕保护。

【课后小结】

基本部分对学生来说，很容易。探索部分，让学生热情高涨。探索法，既让学生拓展了书本知识，又培养了他们的探索精神和相互交流的意识，还解决了部分学生"吃不饱"的问题。

第二节 信息技术基础知识教学设计及案例

一、信息技术基础知识教学设计

掌握信息技术基础知识是学生学好信息技术课程的重要组成部分。下面我们将从学习目标与内容、教学策略两方面对信息技术基础知识的教学设计进行论述。

1. 中小学信息技术基础知识教学目标与内容

信息技术基础知识在小学、初中、高中都有，共包括以下几个方面：信息技术与计算机基本常识、发展趋势、计算机软硬件系统与工作原理、操作系统、计算机对数据的表示、计算机安全、信息道德与法律等。具体如表5-3所示。表中每个项目前的编号表示其在《纲要》的位置,第一个数字:1表示小学,2表示初中,3表示高中;第二个数字表示第几个模块;第三个数字表示排在模块中的第几个项目。比如3.1.2信息技术的应用,表示《纲要》中高中第1个模块里的第2个项目。

表 5-3　中小学信息技术基础知识部分的内容与目标列表

信息技术与计算机基本常识	操作系统
1.1.1 了解信息技术基本工具的作用,如计算机、雷达、电视、电话等	1.2.2 掌握操作系统的简单使用
2.1.2 信息技术应用初步	2.2.2 操作系统的基本概念及发展
3.1.2 信息技术的应用	2.2.3 用户界面的基本概念和操作
2.1.1 信息与信息社会	3.2.1 操作系统的概念和发展
3.1.1 信息与信息处理	2.2.5 操作系统简单工作原理
3.1.4 计算机与信息技术	3.2.6 操作系统简单工作原理
2.1.5 计算机在信息社会中的地位和作用	1.2.3 学会文件和文件夹(目录)的基本操作
2.2.4 文件和文件夹(目录)的组织结构及基本操作	3.2.4 文件、文件夹(目录)的组织结构及基本操作
3.2.5 系统中软硬件资源的管理	
信息技术与计算机发展趋势	计算机如何表示数据
2.1.3 信息技术发展趋势	2.7.1 数据在计算机中的表示
3.1.3 信息技术发展展望	3.8.1 信息的数字化表示
2.7.6 计算机的过去、现在和未来	
3.8.6 计算机的过去、现在和未来	
计算机软硬件系统与工作原理	计算机安全
1.1.2 了解计算机各个部件的作用,掌握键盘和鼠标的基本操作	2.7.4 计算机安全
2.1.6 计算机的基本结构和软件简介	3.8.4 计算机的安全
2.7 计算机系统的硬件和软件	信息道德与法律
2.7.2 计算机硬件及基本工作原理	1.1.4 认识信息技术相关的文化、道德和责任
2.7.3 计算机的软件系统	2.7.5 计算机使用的道德规范
3.1.6 计算机系统的基本结构	3.1.5 信息技术相关的文化、道德和法律问题
3.8 计算机硬件结构及软件系统	3.8.5 计算机使用道德规范
3.8.3 软件系统简介	
3.8.2 计算机的硬件及基本工作原理	

2. 中小学信息技术基础知识教学策略

这里将从中小学信息技术基础知识教学活动程序、教学方法、教学组织形式等方面来讨论其教学策略。

中小学信息技术课程中的基础知识,大部分适宜选择传递接受程序,通过教师简明扼要的讲解,把它们介绍给学生。例如,信息技术与计算机基本常识、信息技术与计算机发展趋势、计算机安全、信息道德与法律等,都适合在普通的教室里,采用集体教学的组织形式,用讲授的方法来进行教学,当然,在讲授的过程中可以适当穿插一些提问和讨论,辅以适当的板书,布置适量的课堂书面作业。

部分内容需要演示,比如计算机系统软硬件系统及工作原理,需要用图形、动画或者实物来演示,那么最好能在多媒体教室用大屏幕投影来展示。这样的内容,教师也可以在讲解演示之前、之中、之后选择合适的时机来提出一些问题,激发学生回忆、假设、思考、记忆。同时,也应该布置适量的书面作业。对学生来说,预习、听课的过程好比是播种劳作的过程,而写作业的过程好比是收获的过程。在信息技术课程的基础知识教学过程中,教师不应忽视书面作业的布置和批改工作。

有些内容适宜采用示范模仿的教学程序,需要在计算机房里进行。比如操作系统,在介绍操作系统的基本概念及发展时,可以采用演示的方法。而在教计算机软硬件资源的管理、操作系统的简单使用、文件、文件夹(目录)的组织结构及基本操作等内容时,需要一边示范一边讲解,而且需要马上让学生模仿、动手操作。信息技术课一般一个星期只有一节,对于课外没有条件使用电脑的学生来说,往往上一次学过的操作,下一次上课的时候可能已经忘了从哪里开始,所以,教这样的内容还需要教师有足够的心理准备,在每次学生操作的时候给以适当的指导语,或者在学生问到的时候耐心解答。还有一个办法,是把熟练的学生和不熟练的学生搭配着分配座位,以便不会的学生可以随时向身边的同学请教,当然,这要求教师熟悉每一位学生的信息技术水平。

二、信息技术基础知识教学设计案例

案例5-3

课题:文件管理

课题	文件管理	设计者	胡建粟(湖北省黄石市第三中学)
教学对象	高一年级	教学时间	1课时

【教材分析】

课题《文件管理》选自华中师范大学出版社全日制普通高级中学教科书第一册第二章《计算机系统的基本组成与操作系统》第三节。文件管理是操作系统的一个重要任务,《纲要》高中学段操作系统模块中所要完成的教学内容与目标之一——"文件和文件夹(目录)的组织结构及基本操作"基本上囊括在本节当中。通过该章前两节的学习,学生已经了解了计算机系统的基本组成及操作系统的用户界面。在 Windows 操作系统中,有关文件的管理操作往往就在鼠标的几下点击中完成,但这背后却隐藏着操作系统对文件复杂的管理、控制过程。任何软件、程序、数据、资料都是以文件的形式存放在计算机的存储设备中,因此文件管理的重要性是不言而喻的。

【教学目标】

依据《纲要》高中部分操作系统模块中的"文件和文件夹(目录)的组织结构及基本操作"要求,将教学目标定位为:

● 知识与技能

(1) 理解文件、文件夹的概念。

(2) 理解树型目录结构的概念。

(3) 熟练掌握文件和文件夹的新建、复制、移动、重命名、查找,快捷方式的建立等操作方法。

● 过程与方法

通过新建文件夹与超市商品分类存放进行类比及学生完成任务的过程,使学生理解和学会归类整理的组织管理思想和方法;通过讨论、交流提升解决问题的能力,提高信息素养。

● 情感态度与价值观

在教学中渗透归类整理的组织管理思想及尊重他人的思想意识;在自主、合作学习氛围中培养学生的成就感、增强自信心,提高学习能力。

【教学重点】

文件和文件夹的分类整理;文件和文件夹的组织结构及基本操作。

【教学难点】

文件和文件夹的分类整理。

【教学方法】

讲、演、练相结合,任务驱动。

【教学环境】

微机室、电子教室控制系统。

【教学设计】

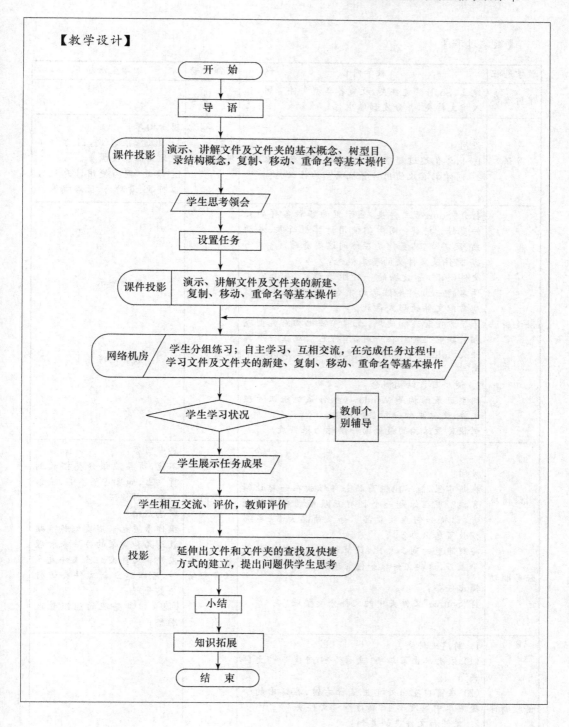

【教学过程】

教学进程	教学内容	教师活动	学生活动
课前准备	建立"Source"文件夹，收集各类型文件资料，放入该文件夹，并分发到学生机。	课前准备	
导语	设问： 1. 同学们逛过超市吗？喜欢逛吗？为什么呢？ 2. 同学们喜欢使用计算机吗？为什么呢？	提出问题	思考回答： 1. 逛过，很喜欢，因为超市里的商品种类繁多。 2. 喜欢，因为使用计算机可以听歌、看动画、玩游戏等。
讲授新课	打开"Source"文件夹，展示里面各种各样的文件资料。讲解：同学们使用计算机听歌、看动画、玩游戏，其实就是在访问这些资料。 1. 文件及文件夹的基本概念： 文件（File）是数据的一种组织形式，是具有文件名的一组相关信息的集合。计算机中的信息常以文件的形式存放。 为了方便管理和使用，我们常常把相同类型或相关联的文件放在一起，并将它们放在一个文件夹（folder）中。每一个文件夹都必须有一个名字。 2. 树型目录结构概念： 树型目录结构是Windows操作系统组织管理文件、文件夹的一种层次结构。 树状目录结构的最外面一层称为根目录。	演示 讲解	观看演示 领会思考
创设情境 任务驱动	设问： 在超市里，能不能把商品全部堆放在一起让顾客挑？现在你是一个拥有三层楼的超市管理者，你将如何摆放商品。如果商品太多，不够摆放了怎么办？ 与超市里的商品相比，计算机里的文件更是成千上万，这些文件该如何管理呢？ 提出任务： 将"Source"文件夹中的文件分类整理。	提问 任务驱动	思考回答： 不能，商品应该分类摆放到货架上，如果货架不够，应该再添加新货架。 联想归纳： 操作系统也采用类似超市摆放商品和货架的办法来管理文件和文件夹。当文件太多时，可以建立新文件夹进行分类管理。 [隐含归类整理的组织管理思想]
讲授新课	1. 新建文件夹： (1) 依次单击菜单项"文件"→"新建"→"文件夹"； (2) 在窗口空白处单击鼠标右键，在弹出的快捷菜单中依次单击"新建"→"文件夹"。 2. 文件和文件夹的复制： 选中文件（夹），单击鼠标右键，在弹出的快捷菜单中单击"复制"，在目标位置（文件夹）单击鼠标右键，在弹出的快捷菜单中单击"粘贴"即可。		

续表

教学进程	教学内容	教师活动	学生活动
	[技巧：也可以按住"Shift"或"Ctrl"键，选中多个文件(夹)进行复制。] 3. 文件和文件夹的移动： 方法与复制操作类似，只不过选定文件(夹)后，在快捷菜单中选择"剪切"而不是"复制"。 4. 文件和文件夹的更名： 选中文件(夹)，单击鼠标右键，在弹出的快捷菜单中单击"重命名"，输入新文件名并按回车键盘即可。 5. 文件和文件夹的删除： 选中文件(夹)，单击鼠标右键，在弹出的快捷菜单中单击"删除"，此时系统弹出"确认文件(夹)删除"对话框，在该对话框中单击"是"即可。	演示操作 启发讲解	观察领悟
任务驱动 练习	练习： 将学生分组，学生运用文件及文件夹的新建、复制、移动、重命名等操作，将教师分发到学生机的文件夹里的文件进行分类整理。	学生分组 启发提示 巡回指导	自主学习 分组合作 互相交流
展示 评价	展示、评价： 学生展示任务成果，采用小组评价、组内互评等方式互相评价、交流，教师进行即兴评价。 评价内容： 展示成果中文件的分类、文件夹的命名正确合理，展示态度积极主动，展示过程新颖有创意。	指导演示 评价	展示成果 互相交流 互相评价
思考延伸	打开已经完成分类整理的文件夹。 提问： 1. 当需要使用某个文件，但又忘了存放位置时，该怎么办？ 2. 如果需要访问某个文件，每次都需要打开一层层的文件夹才能访问，很麻烦，有没有什么方法可以快捷地访问它？ [本课学习了文件和文件夹的新建、复制、移动、重命名等基本操作，归根结底是为了方便人们对文件(夹)的管理和使用。文件和文件夹的查找、快捷方式的建立等操作比较简单，学生在自主探究操作方法的过程中可对文件(夹)、树型目录结构的概念有更深的体会。]	展示 启发 布置练习	欣赏 思考 课后练习
小结	1. 文件及文件夹的概念： 文件(夹)的基本概念；树型目录结构概念。 2. 文件及文件夹的操作： 文件(夹)的新建、复制、移动、重命名、查找，快捷方式的建立。	总结	回顾总结
知识拓展	文件名和文件夹名可以由英文或汉字组成，组成文件(夹)名的字符长度有限制吗？在一个文件夹中放入两个名字相同的文件(夹)可行吗？同学们可以通过实践找出答案。	点拨	课后 自主学习

第三节　信息技术应用软件教学设计及案例

掌握信息技术应用软件是学生学好信息技术课程的核心部分。下面我们将从学习目标与内容、教学策略等几方面对信息技术应用软件的教学设计进行论述。

一、信息技术应用软件教学设计

信息技术应用软件是中小学生学信息技术课程的重点。信息技术应用软件的教学不同于其他任何学科,其教学设计很值得信息技术课程教师关注。

1. 信息技术应用软件教学目标与内容

中小学信息技术课程中应用软件的内容包括文字处理、用计算机画画、多媒体技术、网络应用、数据库等。具体如表5-4所示。表中各个项目前的编号含义同表4-3。

表 5-4　中小学信息技术课程应用软件部分教学内容与目标列表

文字处理	用计算机画画
1.4 用计算机作文	1.3 模块三用计算机画画
2.3 文字处理的基本方法	1.3.1 绘图工具的使用
3.3 文字处理的基本方法	1.3.2 图形的制作
1.2.1 汉字输入	1.3.3 图形的着色
2.2.1 汉字输入	1.3.4 图形的修改、复制、组合等处理
3.2.2 汉字的输入	网络应用
1.4.1 文字处理的基本操作	1.5 模块五网络的简单应用
1.4.2 文章的编辑、排版和保存	2.5 模块五网络基础及其应用
2.3.1 文本的编辑、修改	3.4 模块四网络基础及其应用
2.3.2 版式的设计	2.5.1 网络的基本概念
3.3.1 文本的编辑	1.5.1 学会用浏览器收集材料
3.3.2 其他对象的插入	1.5.2 学会使用电子邮件
3.3.3 特殊效果的处理	3.4.4 电子邮件的使用
3.3.4 版式设计	2.5.4 电子邮件的使用
多媒体技术	2.5.2 因特网及其提供的信息服务
1.6* 用计算机制作多媒体作品	3.4.2 因特网及其提供的信息服务
2.6* 用计算机制作多媒体作品	2.5.3 因特网上信息的搜索、浏览及下载
3.7* 用计算机制作多媒体作品	3.4.3 因特网上信息的搜索、浏览和下载
1.1.3 认识多媒体,了解计算机在其他学科学习中的一些应用	2.5.5* 网页制作

续表

1.6.1 多媒体作品的简单介绍	3.4.6 网页制作
2.6.1 多媒体介绍	3.4.1 网络通信基础
1.6.2 多媒体作品的编辑	3.4.5 因特网上其他应用
2.6.2 多媒体作品文字的编辑	**数据库**
1.6.3 多媒体作品的展示	2.4* 模块四用计算机处理数据
2.6.4 作品的组织和展示	3.5* 模块五数据库初步
2.6.3 作品中各种媒体资料的使用	2.4.1 电子表格的基本知识
3.7.1 多媒体制作工具及其特点	2.4.2 表格数据的输入和编辑
3.7.2 各类媒体资料的处理与使用	2.4.3 数据的表格处理
3.7.3 多媒体作品的制作	2.4.4 数据图表的创建
3.7.4 多媒体作品的发布	3.5.1 数据库基本概念
	3.5.2 数据库的操作环境及其操作
	3.5.3 数据的组织与利用

2．信息技术应用软件的教学策略

信息技术应用软件的教学活动程序、教学方法、教学组织形式等的综合考虑就是其教学策略。应用软件的学习侧重于操作，学习操作，学生自己动手尝试很重要，老师的讲解、示范、指导等也同样重要。

对文字的处理、画画、多媒体制作与发布、网络应用与网页制作、数据技术等，都可以采用示范模仿或者任务驱动等教学方法。

二、信息技术应用软件教学设计案例

案例 5－4

课题：美化电子板报

课题	美化电子板报	设计者	胡建栗（湖北省黄石市第三中学）
教学对象	高一年级	教学时间	1课时

【教材分析】

本课选自华中师范大学出版社全日制普通高级中学教科书第一册第三章《文字处理的基本方法》的第三节《其他排版效果》。在本章的前两节中已经将相应的文字、图片、表格等对象插入到电子板报中，本节将利用 Word 2000 提供的文字动态效果设置、边框设定等排版功能，进一步美化电子板报。

【教学目标】

基于以学生的发展为核心的理念，根据教学大纲对知识传授、能力培养、思想教育三者统一的要求，将本节课的教学目标确定为：

● 知识与技能

熟练掌握文字的动态效果设置的操作方法。

熟练掌握文字、表格等对象的边框和底纹设置的操作方法。

熟练掌握对文本框、艺术字等对象做填充、阴影和三维效果设置的操作方法。

熟练掌握艺术字设置调整的操作方法。

● 过程与方法

经过观察领悟、归纳总结得到对表格、图像等对象设置边框和底纹以及对艺术字做颜色填充、设置线条、阴影和三维效果的操作方法，培养学生信息分析能力和信息加工能力，通过设置调整艺术字效果及小组之间的交流评价，培养学生分析信息、利用信息的能力和信息创新能力。

● 情感态度与价值观

通过学生之间的讨论和交流以及教师的评价，激发学生学习积极性，通过问题的提出、思考、解决的过程，培养学生自信、自立、自强的优良品质。

【教学重点】

对文本框、艺术字等对象做填充、设置阴影、设置三维效果；艺术字的修饰。

【教学难点】

艺术字的修饰。

【教学方法】

讲、演、练相结合，创设情境，任务驱动。

【教学环境】

微机室、电子教室控制系统。

【教学设计】

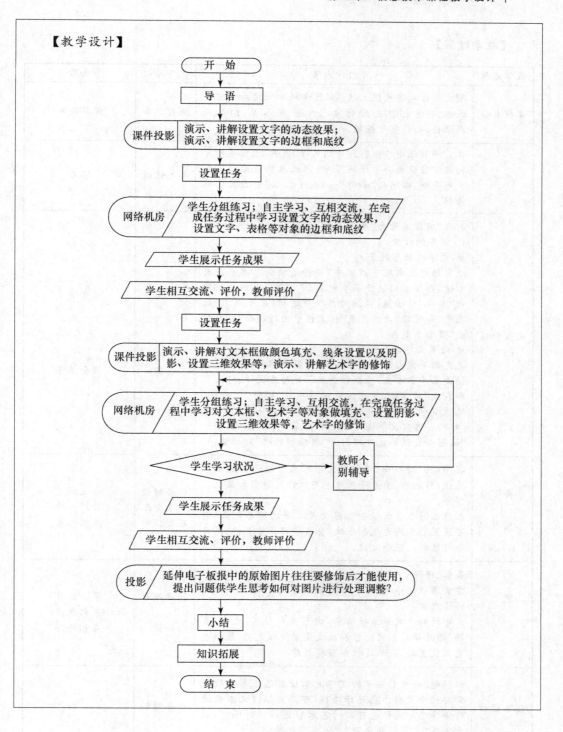

【教学过程】

教学进程	教学内容	教师活动	学生活动
课前准备	设定制作电子板报主题：制作学校田径运动会电子板报；将学生分组，进行素材收集，插入 Word 文档内保存，制作电子板报。	课前准备	课前准备
导语	在前两节课中已经将相应的文字、图片、表格等对象插入田径运动会电子板报中，但板报的版面还不够生动美观，以问题"如何美化电子板报"引出文字的修饰。	导入课题	思考
讲授新课	打开"田径运动会"电子板报。 1. 文字的修饰： ● 文字的动态效果： 选定标题文本框中的文字"田径运动会"，单击鼠标右键，在弹出的快捷菜单中单击"字体"，此时系统弹出"字体"对话框，在该对话框中选择"文字效果"选项卡，即可在"动态效果"列表框中进行选择"礼花绽放"等动态效果。 ● 设置文字的边框和底纹： 选定需要突出的文字内容，单击鼠标右键，在弹出的快捷菜单中单击"边框和底纹"，此时系统弹出"边框和底纹"对话框，可在该对话框中的"边框"、"底纹"选项卡中，分别设置边框和底纹效果。 [技巧：选定文字后，依次单击菜单项"格式"——"边框和底纹"，也可以打开"边框和底纹"对话框。]	演示 讲解	观看演示 领会思考
任务驱动 练习	在 Word 2000 中，不仅对文字对象可以设置边框和底纹，对表格、图片等对象也可以设置边框和底纹。 任务： 在自己的电子板报中练习设置文字的动态效果，练习设置文字的边框和底纹，自主学习设置表格、图片等对象的边框和底纹。	任务驱动 学生分组 启发提示	自主探究 分组合作 互相交流
展示 评价	展示、评价： 学生展示任务成果，教师简要评价。 评价内容： 文字的动态效果选择恰当，设置正确合理；文字、表格、图片等对象的边框和底纹设置合理美观，展示态度积极主动，展示过程新颖有创意。	指导演示 评价	展示成果 互相交流 互相评价
任务驱动	以问题"对文本框中的文字对象设置边框和底纹时需要选中文字才能进行修饰，可以直接对文本框进行修饰吗？同样也可以对艺术字进行修饰吗？"，引出任务"文本框的修饰"、"艺术字的修饰"。	任务驱动	

续表

教学进程	教学内容	教师活动	学生活动
讲授新课	2. 文本框的修饰： ● 设置文本框格式： 单击选定对象——"田径运动会"所在的文本框，然后单击鼠标右键，在弹出的快捷菜单中单击"设置文本框格式"，此时系统弹出"设置文本框格式"对话框，在该对话框中选择"颜色和线条"选项卡，即可在填充栏、线条栏中设置文本框的填充效果及边框的颜色、线条样式。 ● 设置阴影： 单击选定文本框，在"绘图"工具栏中单击"阴影"按钮，在出现的阴影模式选择窗口中选择合适的阴影模式即可。 ● 设置三维效果： 其设置方法同设置阴影效果类似。单击选定文本框，在"绘图"工具栏中单击"三维效果"按钮，在出现的三维效果模式选择窗口中选择合适的三维效果模式即可。	演示操作 启发讲解	观察领悟
讲授新课	3. 艺术字的修饰： ● 使用艺术字工具栏调整艺术字： 单击选定艺术字对象，系统弹出"艺术字"工具栏，在该工具栏中可以选择不同的字库、不同的字形，以及做自由旋转的处理。 ［技巧：如果单击选定艺术字对象后，"艺术字"设置工具栏没有出现，可再单击鼠标右键，在弹出的快捷菜单中单击"显示'艺术字'工具栏"即可。］ ● 设置艺术字格式： 单击选定艺术字对象，然后单击鼠标右键，在弹出的快捷菜单中单击"设置艺术字格式"，此时系统弹出"设置艺术字格式"对话框，在该对话框中可对艺术字做很精确的调整。	演示操作 启发讲解	观察领悟
练习	练习： 要求学生在自己的电子板报中练习设置对文本框做颜色填充、线条设置以及设置阴影、设置三维效果等；练习设置不同的艺术字效果；类比文本框的修饰操作，自主学习对艺术字做颜色填充、线条设置以及设置阴影、设置三维效果等。	任务驱动 学生分组 启发提示	自主探究 分组合作 互相交流
展示 评价	展示、评价： 学生展示任务成果，采用小组评价、组内互评等方式互相评价、交流，教师进行即兴评价。 评价内容： 文本框和艺术字的颜色、线条以及阴影、三维效果设置正确，艺术字效果选择合理美观，展示态度积极主动，展示过程新颖有创意。	指导演示 评价	展示成果 互相交流 互相评价

续表

教学进程	教学内容	教师活动	学生活动
思考延伸	打开一个学生制作的包含图片的电子板报。 提问： 图片是排版中经常用到的对象，原始图片往往要修饰后才能使用，如何对图片进行处理调整？ [本课学习过程中一再用到各式各样的工具栏，学生在自主探究的过程中不难发现可以使用"图片"工具栏对图片进行亮度、对比度等处理调整的操作方法。]	展示 启发 布置练习	欣赏 思考 课后练习
小结	1. 文字的修饰； 2. 文本框的修饰； 3. 艺术字的修饰。	总结	回顾总结
知识拓展	要求学生观察将图片分别设置为自动、灰度、黑白、水印四种模式的特点，并尝试将水印图片放置在文本框或者表格下。同学们可以通过实践找出答案和设置方法。	点拨	课后 自主学习

第四节 程序与算法教学设计与案例

学习程序与算法是学生理解计算机工作原理和更好地使用计算机不可或缺的组成部分。下面我们将从学习目标与内容、教学策略两方面对信息技术基础知识的教学设计进行论述。

一、程序与算法教学设计

中小学信息技术课程中关于程序与算法的内容不多，但这部分内容对于学生理解计算机的工作原理很有帮助。根据人们的日常生活经验，很多人可能觉得编程是很高深莫测的事情，实际情况并非如此。在教学实践中，教师要加强这部分内容的教学设计，深入浅出地引领学生入门。

1. 程序与算法教学目标与内容

中小学信息技术课程中程序与算法部分学习内容如表 5-5 所示。表中各个项目前的编号含义同表 5-3。

表 5-5 中小学信息技术课程程序与算法部分学习内容与目标列表

算法与程序
3.6 模块六程序设计方法
3.6.1 问题的算法表示
3.6.2 算法的程序实现
3.6.3 程序设计思想和方法

2. 程序与算法的教学策略设计

程序与算法需要教师精心地设计教学过程,消除大部分学生对编程的恐惧心理。从现实生活中解决问题的过程来教学生了解算法,是个不错的主意。比如,教学生学习算法,教师可以举例,如果现在有两个杯子,一个里面装着油,一个里面装着水,如何把两个杯子里的东西对调。把变量、赋值等思想通过如此生动的方式使学生理解。

在程序与算法教学中,要使学生养成设计算法的习惯,面对问题的时候,首先不要去考虑具体的语句,而是要整体确定解决问题的基本办法,学会用流程图来表示算法,然后再把流程图转化成一行行语句。

二、程序与算法教学设计案例

 案例 5-5

课题:让球做平抛运动

课题	让球做平抛运动	设计者	胡建栗(湖北省黄石市第三中学)
教学对象	高一年级	教学时间	1课时

【教材分析】

本课选自华中师范大学出版社出版的全日制普通高级中学教科书第四册第一章《解决问题编程》的第二节《让球做平抛运动》。本章是信息技术的核心内容,因为信息处理过程中最本质和最重要的就是要求获得先进的数据处理思想与方法,而研究和利用这种思想方法恰好是程序设计理论所赋予的使命,《让球做平抛运动》是这章内容的第二节,在这节课之前学生们已经学习了一些基本的 QBASIC 语句,怎么样画一个圆,对于编程解决问题的前四个步骤也有所了解,这为过渡到本节学习起着铺垫作用。这节课主要介绍程序设计里的三大控制结构之一:循环结构,以及编程解决问题的最后一个步骤:编写程序。

【教学目标】

● 知识与技能

加深理解编程解决问题的几个步骤,掌握循环结构中 DO 循环和 FOR 循环的使用,能读懂并使用一些常用的 QBASIC 语句。

● 过程与方法

通过分析小球做平抛运动的运动实质,把实际问题转化成运用循环结构和物理中的平抛运动来计算求圆心轨迹的过程,提高运用各学科所学知识的合力来处理问题的能力。

通过小组合作交流及评价,培养学生协作意识、信息分析能力、信息加工能力、信息交流能力和信息创新能力。

● 情感态度与价值观

由问题引出了怎么用计算机解决重复出现且具有规律的问题,激发学生对新知识的求知欲和学习的兴趣。通过学生之间的讨论、合作和交流以及教师的评价,充分发挥学生的积极性和主动性。

【教学重点】

掌握结构化程序设计中的循环结构和利用编程解决一般问题的方法。

【教学难点】

把编程解决问题的方法应用于实际。

【教学方法】

讲、演、练相结合,创设情境,任务驱动。

【教学环境】

微机室,电子教室控制系统,QBASIC 程序。

【教学设计】

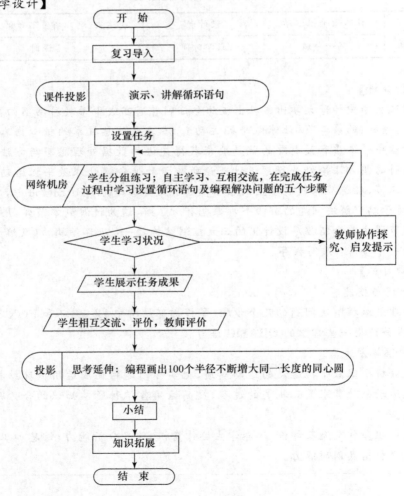

【教学过程】

教学进程	教学内容	教师活动	学生活动
课前准备	选择例题讲解循环语句。 准备一个飞机投掷球形炸弹的动画。 将学生分组，指定几个物理基础较好的学生担任组长。	课前准备	课前准备
导语	在前一节课中已经学习了赋值语句及如何编程画一个圆。 让学生用前一节课中学习的赋值语句及程序设计知识，分别完成对数字1到5求和及在屏幕上画5个同心圆。 提出问题：要对数字1到1000求和以及要画1000个或者10000个同心圆该怎么办？ 引出如何用计算机编程解决重复出现且具有规律的问题。	复习导入	回顾思考
讲授新课	讲述例题： 计算1＋2＋3＋4＋…＋1000 方法一：用 FOR 循环实现 　　LET S＝0 　　FOR I＝1 TO 1000 　　　　S＝S＋I 　　NEXT I 　　PRINT S 　　END 方法二：用 DO 循环实现 　　CLS 　　LET I＝0;S＝0 　　DO WHILE I＜1000 　　　　I＝I＋1 　　　　S＝S＋I 　　LOOP 　　PRINT S 　　END	演示 讲解	观看演示 领会思考
创设情境 任务驱动	演示一个飞机投掷球形炸弹的动画。 任务： 同学们能否用 QBASIC 编程模拟炸弹的运动轨迹？	创设情境 任务驱动	思考问题
协作探究 启发提示	首先帮助学生回忆物理里面平抛运动和动画原理，让学生说说小球做平抛运动的运动实质：即小球的移动过程也就是圆心的运动过程，设定一个时间间隔，只要计算每个时间间隔后小球圆心的位置，也就知道了小球的轨迹。 ［引导学生找到问题的切入口，把问题形象化。把实际问题转化成了运用循环结构和物理中的平抛运动来计算求圆心轨迹的过程。］ 要求学生分组讨论、交流，达成共识后按照编程解决问题的五个步骤编程画出小球的运动轨迹。	协作探究 学生分组 启发提示 巡回指导	自主探究 分组合作 互相交流

续表

教学进程	教学内容	教师活动	学生活动
展示评价	展示、评价： 挑选做得好且快的小组展示任务成果，并选小组代表做简单说明，各小组互相评价、交流，教师进行点评和总结。 评价内容： 展示作品效果成功，展示态度积极主动，展示过程新颖有创意。教师评价侧重对所学知识的巩固和对遗留问题的解决。鼓励学生理解程序，以及通过完成任务理解编程解决问题的方法。	指导演示 评价	展示成果 互相交流 互相评价
思考延伸	回顾课堂开始时提出的问题。 布置练习： 编程画出 100 个半径不断增大同一长度的同心圆（要求：使用 2 种循环语句）。	启发 布置练习	思考 课后练习

小结	为解决算法中重复执行的问题，引入了循环结构。
	计数型循环(FOR-NEXT 循环)书写格式：
	
	    FOR 循环变量＝初值 TO 终值 STEP 步长值
	        循环体
	    NEXT 循环变量
	
	条件型循环书写格式：
	当型循环(DO WHILE-LOOP)
	
	    DO WHILE〈条件〉
	        〈循环体〉
	    LOOP
	
	直到型循环(DO UNTIL-LOOP)
	
	    DO
	        〈循环体〉
	    LOOP UNTIL〈条件〉
		总结	回顾总结

知识拓展	要求： 1. 学生设置一个没有循环体的循环（"空循环"）使小球在屏幕上滞留一段时间，以便控制小球的速度。 2. 使用 DO 循环，设置一个控制程序的出口，即按任一键，结束程序的运行。	点拨	课后自主学习

学习活动：

任意选择一个信息技术课程教学内容进行教学设计，并编写教学设计方案。

思考与练习：

1. 如何进行信息技术课程中应用软件这部分内容的教学设计？
2. 中小学信息技术课程的基本目标是什么？

第六章　信息技术学习能力与信息素养的培养

学习目标

1. 能陈述学生学习信息技术的特点，知道这些特点出现是由学生学习特点与信息技术学科特点决定的。
2. 能陈述影响学生学习信息技术的主要外部因素，列举学校因素的组成。
3. 能陈述自主学习、合作学习、探究学习及实践操作的特点。
4. 能理解自主学习能力、合作学习能力、探究学习能力及实践操作能力的培养策略。
5. 能识记、理解信息素养的含义及构成，举例说明信息素养的表现。
6. 能陈述信息素养培养的三个途径，列举信息伦理道德的表现以及在课堂上强调信息伦理道德的具体做法，举例说明如何在其他学科教学中、在学生各项作业要求中应用信息技术。

本章导读

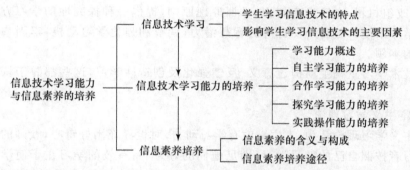

本章通过分析学生学习信息技术的特点及影响学习过程的因素，探讨四种信息技术学习能力的培养策略。同时论述信息素养的含义及构成，探索培养信息素养的途径，使学习者充分认识信息技术学习的重要性，使教育工作者对信息技术教育从信息素养培养目标的基本理论有深入的理解，并能在教育教学实践中践行对学生信息素养的培养。

第一节　信息技术学习

一、学生学习信息技术的特点

1. 学习与学习过程
（1）学习的含义
人类的学习有广义与狭义之分。广义的学习，是指以个体经验的方式发生的个体对环境或生活条件的适应。这种学习具有社会性、意识性特点。狭义的学习指学生在学校中的学习。与广义的学习相比,除了具有社会性、意识性特点外,学生的学习还具有三个明显的特点:第一,学生的学习以掌握间接经验为主;第二,学生的学习要求在德、智、体、美等诸方面得到全面协调的发展;第三,学生的学习是在教师的指导下进行。

(2) 学习的过程

对于学习过程的研究,行为主义学习理论、认知主义学习理论、人本主义、建构主义学习理论分别提出了各自的看法,对信息技术学习而言,这些学习理论在学生学习的过程中得到不同程度的验证。

① 行为主义学习理论

行为主义学习理论认为学习是刺激与反应(S-R)的联结过程,是反应概率的变化。学习应是小步子、自定步调、积极反应、及时强化的。强化是学习成功的关键。小步子、积极反应、及时强化等理论适宜于指导信息技术课程的学习。

② 认知主义学习理论

认知主义学习理论把学习看成是一种积极主动的过程,因而很重视内在的动机与学习活动本身带来的内在强化的作用;认为人的学习是进行信息加工的过程,并具有阶段性,可以通过观察模仿获得;崇尚学习的创造性,布鲁纳提倡的发现学习论就强调学习者学习的灵活性、主动性和发现性。它要求学习者自己观察、探索和实验,发扬创造精神,独立思考,改组材料,自己发现知识,掌握原理原则,提倡一种探究性的学习方法。强调通过发现学习来使学习者开发自身的智慧潜力,调节和强化学习动机,牢固掌握知识并形成创新的本领。

信息技术学习重视主动构建意义、反馈强化及创造性学习,这些都源于认知主义学习理论。

③ 人本主义学习理论

人本主义学习理论认为,人生来就有学习动力,对世界充满好奇心,教师的基本任务是允许学习者按照自己的需要学习,满足他们的好奇心;有效的学习在于使学习具有个人意义。人本主义学习理论的特点是强调学习者的中心地位,强调个性的培养,重视情感问题的研究,这与信息技术学习中以学习者自主学习为主线是一致的。

④ 建构主义学习理论

建构主义学习理论认为学习是一个积极主动的建构过程;知识是个人经验的合理化;知识的建构并不是任意的和随心所欲的,知识的建构过程中必须与他人磋商并达成一致,并不断地加以调整和修正,在这个过程中,不可避免地要受到当时社会文化因素的影响;学习者的建构是多元化的。

综合这些学习理论,信息技术学习过程理论研究从哲学层面保持了中立的立场,借鉴了各个学习理论有效促进学习的研究成果。如行为主义强调学习需要提供刺激,并对学习行为进行强化反馈;认知主义提倡意义学习、学习的准备与创造性、模仿学习;人本主义对学习者很重视,学习动机、学习情感态度影响着人的学习;建构主义则提倡学习过程是个人基于对环境与关系的认知而积极主动建构知识的过程。

信息技术学习过程是通过创造情境，主动构建意义的过程，来源于建构主义学习理论。

（3）学生学习阶段性特点

小学、初中、高中学生由于所处的年龄阶段与学习阶段不一样，其学习特点不一样，直接影响到其学习信息技术的特点表现不同。

① 小学生的学习特点

小学生处于具体形象思维阶段，其学习特点表现为：好奇心浓厚，模仿能力强，注意力保持不长，重机械记忆、形象记忆，学习时自我中心意识强。

② 初中生的学习特点

初中学生的思维特点处于由具体形象思维到抽象逻辑思维过渡阶段，对比小学生，表现出不同的学习特点：思维独立性与批判性逐渐形成，观察目的性增强，能控制自己的注意力，逐渐形成意义记忆，学习受情绪影响强，开始构建理想自我，同龄认同感强；由于有升学压力，学生学习偏向知识学习，偏向于考试成绩。

③ 高中生的学习特点

高中生思维发展到高水平的抽象逻辑思维水平，能进行理论思考，独立性学习能力增强，推理能力逐渐完善，观察的目的性、系统性、稳定性强，注意力稳定，善于理解记忆，能客观看待自我，意志力发展成熟。高考的压力，使学生的学习目的明确，注重知识学习与方法学习。

学生的信息技术学习过程体现了信息技术的学习特点。

2. 学生学习信息技术的特点

学生学习信息技术的特点受学生学习特点与信息技术学科特点共同影响，具体表现有以下特点：

（1）兴趣浓厚，但注意力保持不够

学生刚接触信息技术，表现出浓厚的学习兴趣。尤其是小学生，好奇心强。信息技术中计算机的操作、游戏、网络等内容给学生呈现了一个奇幻的世界，这与其他学科所要求的严谨、严肃迥然不同。在学习中伴随的任务、活动时时给学生以新颖感，学生的兴趣浓厚，学习动机强，这都有助于学习信息技术。

由于信息技术的课程地位不高、课程目标与内容综合化，虽然学生对信息技术的学习保持着兴趣，但对其基础性不够了解，学习的目的性不强，学习成果表现不明显，学生学习信息技术普遍表现出注意力保持不够的特点。

（2）自主探究倾向明显，协作意识不够

信息技术课程具有创造性特点，其内容中大多数设计要求学生参与实践，学生自主探究意识很强，尤其是数字化、网络化的学习过程中，学生可以按照自己的能力、风格、爱好选择自己喜欢的学习内容、学习方式，发挥自己的主观能动性，探究问题的解决。

信息技术学习中很多任务需要学习者之间、学习者与教师间进行交互，进行资源共享或作品交流活动。学生在学习信息技术时常常沉浸在自主学习探究中而忽视了与同学、教师的交流；对协作中分工承担的任务完成的目的与兴趣不浓，协作意识不够。

(3) 重实践操作,轻理论学习

学习信息技术时,学生普遍表现出重视实践操作,轻视理论学习的特点。对上机操作,学生表现出强烈的兴趣,对理论课程的学习,学生的兴趣明显缺乏。此课程的多项教学研究表明：学生对计算机的操作、网络应用、各种软件操作学习很重视,大多不愿意学习记忆信息技术的基础知识。

(4) 重技能学习,轻意识伦理道德学习

信息技术课程学习的目的包含了信息意识、信息知识、信息技能、信息伦理道德等方面的信息素养。学生对课程学习的目的认识不够,普遍表现出重视技能学习,轻视信息意识、信息伦理道德的特点。

由于此门课程的教学要求以实践操作为主,教学中教师强调知识与技能学习,对信息意识与信息伦理道德教育较少,学生对信息伦理道德的学习目标认识模糊。

(5) 表现出明显的个体差异性

学生学习信息技术表现出明显的个体差异。不同思维水平的学生学习信息技术特点表现差异。小学、初中、高中学生由于所处的发展阶段不同,学习信息技术表现出各自的特点。小学生的学习兴趣浓厚,喜欢在游戏中学习;初中生好奇心重,喜欢操作学习,不愿学习理论,学习的自觉性不够;高中生学习信息技术自主探究性强,善于思考、协作,能接受信息理论知识的学习,但高考的压力,使其对信息技术学习的兴趣浓厚,投入时间却不够。

不同学习环境的学生学习信息技术特点表现差异。从小学到高中各个阶段学生学习信息技术的基础不一,同一年级同一班级的学生学习信息技术的特点也表现各异。首先,各学生对信息技术学习的态度不一影响其学习信息技术学习的效果。例如,有的学生对信息技术感兴趣,学习动机强,学习认真,花时间多,完成任务多,学习效果好;反之则不佳。其次,学生学习风格不一引起学习效果各异。例如,有的学生善于进行独立性操作学习,对工具学习逻辑性强,学习效果好;反之则效果差。第三,信息技术学习环境不一,学习效果表现出差异。例如,有的学生可以在学校、家庭或其他网络环境下学习,练习机会多,学习效果好,学习行为持续长;反之,学习缺乏连贯性,学习效果不理想。

除了以上五点外,学生在学习信息技术时还表现出其他特点,如主体性特点、自由性特点,等等。研究学生学习信息技术的特点,有利于改善教学方式、提高教学效果。

二、影响学生学习信息技术的主要因素

影响学生学习信息技术的因素分内部因素与外部因素。内部因素包括学生的智力水平、学习风格、学习兴趣、动机及认知结构、学习态度等。这些内部因素从主观上决定着学生学习信息技术的效果。教师在进行教学时要灵活应用前文涉及的学习过程理论。从以上方面分析学习者,进而选择或改进教学方法,有效促进学生主体性学习。

学生在一定的学习环境中学习信息技术,因而学习环境构成影响学生学习信息技术的主要外部因素。什么是学习环境？美国教育技术专家奈克认为学习环境是由学校建筑、课堂、图书馆、实验室、操场以及家庭中的学习区域所组成的学习场所。美国教育技

术专家威尔森将学习环境界定为学习者在追求学习目标和问题解决的活动中,可以使用多样的工具和信息资源并相互合作和支持的场所。建构主义学习理论认为学习环境由学习场所、学习资源和人际关系的组合、任务情境、学习活动展开的过程中赖以持续的情况和条件等要素组成。

从学生学习信息技术的场所来看,分为学校、家庭与社会环境,在不同的场所中,学生学习信息技术受到不同的影响。

1. 学校因素

(1) 学习场所

学生学习信息技术的场所环境包括:多媒体教室、计算机教室、校园网、互联网。

在多媒体教室中,适合进行信息技术知识认知学习、方法与过程的学习。教师利用多媒体引导学生学习,媒体成为学习内容的有效呈现手段。能够有效支持的学习步骤有:情境创设、引发思考及讨论、归纳总结、拓展思维等。

计算机教室,适合于信息技术的知识认知、探究学习、信息技术的实践等学习。学生在计算机教室可以通过网络环境实现资源共享、交流探讨、知识训练;自主学习、协作学习、研究性学习成为主要学习模式。

校园网,适合于探究学习、知识学习、复习与巩固拓展等;学生间、师生间交流研讨促进信息技术学习。校园网在促进网络校园文化、教育教学管理自动化方面对学生信息意识、信息伦理道德也产生了深刻影响。

互联网与校园网为学生学习信息技术提供了丰富的学习资源与交流的平台。学生利用网络或专题网站拓展学习空间,巩固知识内容、完善知识体系、开阔视野。

学校首先完善信息技术学习所需的场所、硬件建设与网络环境建设,为学生学习信息技术提供基本条件。如果没有较好的硬件条件、网络条件,这将直接影响信息技术的学习。

(2) 课堂教学中信息技术的应用

在信息技术课程课堂,以及信息技术与学科整合过程中,教师在以多媒体和网络为基础的信息化环境中实施教学,利用信息技术将教学内容处理为有利于学生学习的资源,充分调动学生积极性,去思维、想象、自主探究与协作学习。

信息技术在课堂教学与学生学习中作为辅助工具转变为学生的认知工具、批判工具与创作工具,使学生充分进行信息技术的知识、技能、问题解决、态度的学习。

在信息技术课堂中适当科学应用信息技术有助于学生进行信息技术学习;如果使用不当,可能会产生负面影响。如在教学中使用网络,教师指导目的不明确会导致学生学习时迷航,既没达到学习目的,又浪费了学习时间,还可能使学生接触到不良信息,破坏学生的信息伦理道德等。

研究性学习是中小学新课改提出的新的学习方式,指学生在教师指导下,从自然、社会和生活中选择和确定专题进行研究,并在研究中主动获取知识、应用知识、解决问题的学习活动。信息技术在网上资源、工具软件、网络平台方面给研究性学习提供了重要条件。这既是学生学科知识的综合,又是信息技术的综合应用。这种学习活动对学生学习信息技术有促进作用。

(3) 学校内的人际因素

① 教师因素

教师的信息素养、知识结构、教学理念、教学风格、职业道德等方面因素会直接或间接影响到学生信息素养学习。学生信息技术学习离不开教师。在信息技术课程与其他学科教学上，教师的信息素养直接影响着学生信息技术学习。例如，教师信息意识强，能认识到信息对人类发展的意义，在教学中会随时使用信息技术，强调信息技术伦理道德，会给学生带来潜移默化的影响。教师知识渊博，兴趣广泛，善于使用信息技术进行学习，在课堂教学中会广征博引，丰富课堂内容，引发学生对知识海洋的憧憬，促使学生学习使用信息技术进行知识学习。教师教学理念先进，对学生学习主体性认知深入，在信息技术学习过程中会设计各种问题情境，鼓励学生自主探究，培养学生问题解决能力、创造力。对课堂管理具有民主风格的教师，更善于控制课堂，使用多种形式的教学方法如讨论法、任务驱动法、游戏法、案例教学法，鼓励学生进行协作交流学习。

相反，如果教师信息意识不够，对信息技术知识、技能掌握不熟练，不能将信息技术应用到课堂，授课以讲授为主，不考虑学生学习特点，对信息技术课程持轻视态度，均会阻碍学生学习信息技术。

② 同伴因素

高中生的学习独立性强，小学、初中生学习则表现出较强的依赖性。除了依赖老师，受同伴的影响也很强。建构主义学习理论在信息技术教学中的应用最明显表现在任务驱动教学法上。各阶段信息技术课堂上教师常常使用任务驱动法，创造出一个任务情境，让学生独自或以小组为单位对任务进行分析，指导学生完成任务，最后进行交流、总结、评价。此时，学生需要依赖同伴完成任务。同伴的信息素养会对学生学习产生影响。如果同伴的信息意识强，信息技术知识、技能掌握好，又乐于助人，则同伴的帮助会促进学生的信息技术学习，反之则无帮助。如果同伴需要帮助，也有助于学生形成协作学习的意识。但如果同伴对信息技术局限在游戏、娱乐上，对学生信息技术学习也会起误导作用。

③ 班级人际因素

班级人际关系影响下的班风会影响到学生学习信息技术。班级学习风气浓厚，学生对信息技术学习普遍感兴趣，有助于学生个体学习信息技术。班级凝聚力强，经常使用信息技术获取资源、开展丰富多彩的活动，有助于学生学习信息技术。中学开展的研究性学习课程要求学生以班级为单位开展研究性活动，班级学习的积极性、主动性与创造性会促进学生学习信息技术。反之，班级中学生学习散漫、搞小团体、没有协作意识，学生进行信息技术学习时目的性不强，又没有相互交流，学习效果就不理想。

2. 家庭因素

(1) 家长的信息素养水平

学生在家庭中从小善于模仿家长的行为举止。家长表现出的信息素养被学生观察并模仿。如果家长信息意识强烈，并表现出很强的信息技术能力，学生学习信息技术效果就很明显。如家长平时关注时讯，主动通过电视、广播、网络等途径进行信息获取，并通过电话、电子邮件等信息传播工具与他人交流，学生可以进行模仿学习信息技术。

(2) 家庭信息技术设备建设

电视、电话、计算机及网络环境、扫描仪、打印机、照相机、摄像机等硬件设备以及各种计算机软件资源、网络环境等,是信息技术学习的物质条件。家庭中拥有这些条件,学生可以利用起来在家复习巩固课堂学习的知识,并学习新的信息技术的知识。

如广西一电脑神童,家里有这些物质条件,在观摩家人操作后模仿学习。四岁可以解决计算机软件问题,五岁可以装机,七岁可以编程,除了天赋,也与他成长的家庭环境息息相关。

3. 社会因素

(1) 社会信息环境

信息社会中各种社会活动离不开信息技术应用。借助信息技术,人们的学习、工作、生活、娱乐、交流等打破了时空界限,这些现象对学生进行信息技术学习产生了潜移默化的影响。如人们用各种通信设备、电子邮件、BBS进行异地交流,在网络上查询信息、网上购物、阅读,在此类活动中使用信息技术进行信息检索、信息利用,学生参与其中,在实践中进行信息技术学习。

当然,这些活动首先是建立在信息环境的硬件、软件环境等建设的基础上。要有基本的通信技术、计算机与网络环境,才能进行信息传播活动。

(2) 各种信息技术教育活动

社会上常常开展各种信息技术教育的活动,如各种培训、竞赛、宣传活动,有助于学生学习信息技术。少年宫、青少年科技活动指导站等机构开设各种活动,培养学生对信息技术的兴趣,或提高学生信息技术能力。这些机构主要教授多媒体制作、网络应用、程序设计、人工智能、计算机硬件系统等方面的知识;还开设相对应的各种竞赛活动,如程序设计大赛、网页制作大赛、信息技术知识比赛等,有效促进了学生信息技术学习。社会各界还根据需要开展各种信息技术的培训活动,如全国少儿计算机考试培训。

对信息技术的宣传也常常见诸电视、广播、报纸杂志以及网络等媒体,学生在不同场所接触信息技术,形成信息意识,了解信息技术的各种知识。

(3) 社会环境的负面影响

社会中人们对学生学习信息技术的目的和重要性认识不明确。人们对学生在学校学习信息技术普遍存在漠视的态度,认为学生学习是为了升学,不赞成学生花时间学习信息技术。另一方面对信息技术学习的目的认识不全面,认为学生学习信息技术就是掌握信息工具的使用,学生学习信息技术对升学用处不大。这些错误认知会影响到学生对信息技术的认知,破坏学生对信息技术学习的兴趣与信心。

社会上有的信息技术环境对学生学习产生负面影响,如网吧环境。网络世界绚丽多彩,吸引着学生在其中进行知识的熏陶;但另一方面,网吧管理不善,会以盈利为目的,引导学生沉迷于游戏世界、各种低俗小说以及虚幻的交友世界,对学生理智、客观、科学地学习信息技术带来了极其严重的负面影响,甚至影响了学生的身心正常发展。因此,对信息技术学习的社会环境认识要明确。

学校、家庭、社会等学习环境从各方面对学生学习信息技术产生深刻影响,因此,对学生进行信息技术教育需要分析各种学习环境下教育的影响因素,创造出良好的学习环境,使学生在其中进行良性学习。

第二节 信息技术学习能力的培养

一、学习能力概述

1. 学习能力的含义

在《能力的内涵》一文中,将人的能力区分为学习能力、执行能力与专业知识三类,其中,尤以学习能力为其他能力之基础。因为学习能力就是学习的方法与技巧,有了这样的方法与技巧,学习到知识后,就形成专业知识;学习到如何执行的方法与技巧,就形成执行能力。所以说学习能力是所有能力的基础。

在百度百科中,人们将学习能力定义如下:定义1:学习能力一般是指人们在正式学习或非正式学习环境下,自我求知、做事、发展的能力。定义2:学习能力是指学生通过教师的指导而掌握科学的学习方法,也就是通常所说的"会学"。所以,学生只有懂得"会学",才能实现"学会",才能不断提高学习能力。定义3:一般学习能力是指在很多种基本活动中表现出来的能力,如观察力、记忆力、抽象概括能力、注意力、理解能力等。定义4:学习能力就是指观察和参与新的体验,把新知识融入已有的知识,从而改变已有知识结构的能力。定义5:学习能力是指以快捷、简便、有效的方式获取准确知识、信息,并将它转化为自身能力的本事。定义6:学习能力是指搜集和阅读科技文献、熟练使用学习工具的能力。定义7:所谓学习能力,就是指学生运用科学的学习方法去独立地获取信息,加工和利用信息,分析和解决实际问题的一种个性特征。定义8:所谓学习能力是指个体所具有的能够引起行为或思维方面比较持久变化的内在素质,并且,还必须通过一定的学习实践才能形成和发展。

以上定义反映了教学论、学习理论、心理学、教育技术学等学科领域对人的学习能力的认识。人们对学习能力的需求不同,应用的研究方法不同,对其定义也不尽相同。因此,我们认为可以将学习能力理解为包含多个层次、多项内容,而对其定义有不同的描述结果。

2. 学习能力的分类

(1) 六项"多元才能"和十二种"核心能力"的力德教育体系。这是由中国教育家协会、中华教育研究交流中心联合广州市特级教师协会研究出的结论。认为学习能力包括:六项"多元才能"(知识整合能力、社交能力、心理素质、团队合作、理财能力、策划与决策能力)和十二种"核心能力"(注意力、观察力、记忆力、思维力、想象力、创造力、理解力、语言表达、操作能力、运算能力、听/视知觉能力)。

(2) 根据对学习的心理学解释将学习能力分为:操作学习能力、探究学习能力、合作学习能力与自主学习能力。分别对应于行为主义心理学、认知主义心理学、人本主义心理学与建构主义等心理学流派的提法。这样的分类,也符合联合国教科文组织提出的终身学习能力要求:学生要学会认知、学会做事、学会共同生活、学会生存。与我国《基础教育课程改革纲要》提出的教育要倡导学生主动参与、乐于探究、勤于动手,培养学生搜集和处理信息的能力、获取新知识的能力、分析和解决问题的能力以及交流与合作的能力的提法是一致的。

信息技术具有实践性、工具性、创造性等特点,因此,在信息技术学习过程中,要培养学生的自主学习能力、合作学习能力、探究学习能力与实验操作能力。

二、自主学习能力的培养

1. 自主学习的含义

自主学习研究专家,美国纽约城市大学的齐莫曼(Zimmerman)教授提出:自主学习是指"学生以对学习效率和学习技巧的反馈为基础,选择和运用自主学习策略,以获得渴望的学习结果"。并提出了一个六维的自主学习研究框架,如表6-1。

表 6-1 自主学习的研究框架

科学的问题	心理维度	任务条件	自主的性质	自主过程
1. 为什么学	动机	选择参与	内在的或自我激发的	自我目标、自我效能、价值观、归因等
2. 如何学	方法	选择方法	有计划的或自动化的	策略使用、放松等
3. 何时学	时间	控制时限	定时而有效的	时间计划和管理
4. 学什么	学习结果	控制学习结果	对学习结果的自我意识	自我监控、自我判断、行为控制、意志等
5. 在哪里学	环境	控制物质环境	对物质环境的敏感和随机应变	选择、组织学习环境
6. 与谁一起学	社会性	控制社会环境	对社会环境的敏感和随机应变	选择榜样、寻求帮助

在此基础上,我国学者庞维国提出了新的概念界定:"从横向角度界定自主学习是指学习的各个方面或维度","从纵向角度界定自主学习是指从学习的整个过程来阐释自主学习的实质"。即认为:如果学生本人能对学习的各个方面都做出自主的选择或控制,其学习就是自主的。如对学习动机、学习方法、学习时间、学习环境、学习结果等方面的选择与控制。

综合了国内外学者对自主学习的研究,我们认为:自主学习是与传统的接受学习相对应的一种现代化学习方式。是以学生作为学习的主体,在教师的指导下,通过独立的分析、探索、实践、质疑、创造等方法来实现学习目标的学习方式。

2. 自主学习的特点

自主学习与自学不同。自学是根据社会和人的发展的需要,借助社会力量,充分调动主观能动性自我学习,不断积累知识、获取技能和培养能力的活动。自主学习则是在教学条件下进行的,学习动机是内发的而不是迫于压力,学习者使用学习方法很熟练,学习时间定时有效,且学习者对学习结果有较强的自我意识、能随机应变地选择学习环境,随时可以向教师或同学求助。这些都是自学所不具备的。

自主学习具有如下特点:

(1)自主性。学习的自主性表现在学习前的自我设计,学习中的自我监控、自我管理和自我调节,以及学习任务完成后的自我评价、自我总结等方面。学习的整个过程,所有活动都是学习者自主的。

(2) 有效性。自主学习在某种意义上讲就是采取各种调控措施使自己的学习达到最优化的过程。

(3) 相对性。已有的研究证明,现在的学生大多数具有了自主学习的能力,只是自主的程度与自主的方面表现有异。因此,要从学生实际出发,分析其学习的自主性的具体表现。

3. 自主学习能力的培养策略

自主学习的能力指在实际的学习情境中,学生有多大的可能性完成自主学习的任务。

在信息技术课程中进行自主学习,有利于提高学习的效率,弥补个体差异。在信息技术课程中培养学生的自主学习能力,主要有以下策略:

(1) 激发学习兴趣。心理学研究表明,学习兴趣的水平对学习效果能产生很大影响。学生学习兴趣浓厚,情绪高涨,他就会深入地、兴致勃勃地学习相关方面的知识,并且广泛地涉猎与之有关的知识,遇到困难时表现出顽强的钻研精神。否则,他只是表面地、形式地去掌握所学的知识,遇到困难时往往会丧失信心,不能坚持学习。因此,要促进学生主动学习,就必须激发和培养学生的学习兴趣。

案例 6-1

课题:建立文件夹

【激趣活动】寻宝游戏

【活动过程】

1. 活动准备。将不同类型的文件放在不同的文件夹中,文件夹分放在不同的盘符中。如将"荷塘月色.mp3"文件放在移动硬盘 h 盘的"音乐"文件夹中。
2. 提出任务:寻找"宝藏"。如寻找"荷塘月色.mp3"文件。
3. 学生寻找"宝藏"。
4. 找到即给予奖励。

【自主学习过程分析】

通过寻宝的过程,激发学习文件与文件夹理论知识的兴趣,并巩固知识。

(2) 任务驱动,交还学习权利。教学中采用任务驱动教学法,提出学习的总目标,让学生明确目标,制订计划,找到合适的学习方法,并合理规划、控制好学习时间,提高学生自主学习的控制力。

案例 6-2

课题:Word 工具使用

【任务提出】

1. 不讲命令,将文档做成不同目标的层次,学生查资料、翻书、请教,逐步完成。
2. 在教学生学会使用文本框后,鼓励学生利用文本框进行创作,如制作信封、名片等(这种形式的教学比较适合于每个模块的中间教学阶段)。

> 3. 综合练习,可以让学生设计制作一份小报,要求有图、有文、有艺术字、有分栏等,其内容和版图完全由学生自由发挥(这种形式比较适合于每个模块的综合学习阶段)。
> 【自主学习过程分析】
> 学生明确目标后,选择学习方法,对学习过程进行监控,向老师、同伴寻求帮助。学生自主学习的时间有了保障。

(3) 教给方法。在信息技术课程中,实践性内容更多,要教会学生会听(听老师、同学的讲解、指导、支持,还要听不同意见),会看,会想,会说,会做。

(4) 展示作品,分享快乐。评价是自主学习中不可或缺的一个环节,学生自学情况如何,是否完成自学任务,还存在哪些问题,这些都会在这一环节一目了然。可以通过这一环节培养学生自我评价和互相评价能力,并让学生在评价中获得成功的体验,并能及时补救出现的问题。评价方式要灵活多样,可以教师评价、学生互评、个人评价相结合;学生通过局域网进行交流,展示优秀、富有创造性的作品;教师要及时进行鼓励、表扬。

三、合作学习能力的培养

1. 合作学习的含义

合作学习是目前世界各国在教育领域普遍采用的富有创意与时效的教学理论与策略体系。它在改善课堂内的社会心理气氛,大面积提高学生的学业成绩,促进学生形成良好的非认知心理品质等方面效果显著,因此,学者们致力于对之进行深入研究。目前研究主要集中在师生互动、生生互动、师师互动与全员互动四种合作活动上。不同的研究层面,对合作学习的定义也不同。

在信息技术教育中,我们将合作学习定义为:学生利用计算机为主的媒体,在小组或团队中为了完成共同的任务,有明确的责任分工的互助性学习,以达到对教学内容的比较深刻的理解与掌握的过程。

它有以下几个方面的要素:

(1) 每个学生积极承担在完成任务中个人的责任。

(2) 积极地互相支持、配合,特别是进行面对面的促进性的互动。

(3) 期望所有学生能进行有效的沟通,建立并维护小组成员之间的相互信任感,有效地解决组内冲突。

(4) 对于个人完成的任务进行小组加工。

(5) 对共同活动的成效进行评估,寻求提高。

2. 合作学习的特点

合作学习的形式多样,但均表现出以下特点:

(1) 小组目标。合作学习以学习小组为单位,多采用异质分组,确保小组共同目标实现。教学目标的设计、确定与管理是合作学习的关键环节。

(2) 个人责任。可以通过测量小组成员的平均分、小组总分等形式达成。或直接进行任务分工,每个学生承担任务中的一部分的独立责任。

(3) 成功的均等机会。确保每个学生有均等地对小组作出贡献的机会。

(4) 小组竞争。即提倡组内合作,组间竞争。
(5) 任务专门化。把独立的子任务分给每个小组成员。
(6) 适应个人需要。在合作学习中确保每个个体的参与,进而促进个体的发展。

3. 合作学习能力的培养策略

学生在小组学习中,能通过合作和协作,完成学习任务,提高学习成绩的能力即合作学习能力。合作学习能激发学生发挥出自己的最高水平;能促进学生间在学习上的互相帮助、共同提高;能增进同学间的感情交流,改善他们的人际关系;能提高学生学习能力和效率,使学习成绩的提高效果显著。因此,在信息技术课程中培养学生的合作学习能力,成为最基本、最重要的教学目标。在合作能力培养的教学中,常用到以下策略:

(1) 明确学习目标。在实施合作学习之前,教师必须向学生讲明,通过合作学习,他们必须掌握哪一方面的知识和技能,即学习目标要明确。全体学生必须接受和认可既定的学习目标,每个小组的全体成员必须把他们所在小组的学习目标当做必须完成的任务来对待。

(2) 恰当选择内容。教学中,有的内容适合于合作交流,有的内容适合于独立思考,有的内容适合于动手操作,有的内容适合于教师演示,等等。因而教师要根据教材内容和学生的实际情况进行选择。一般说来,对于那些空间较大的问题,如条件、问题、思路、答案具有探索性和开放性的可采用合作学习的方式。

(3) 提前进行指导。教师必须在实施前给学生以明确的指导,包括学生要做什么、以何种次序、用什么资料以及证明学生已掌握知识和技能的考核办法等,这些都必须提前告诉学生。

(4) 控制小组差异。小组的成员组成必须多元化,即小组内成员之间必须有一定的差异,包括学习能力、文化背景、知识背景和性别等方面的差异。使学生能够接触到尽可能多的不同观点,增大知识面。

(5) 保证同等成功机会。让每一个学生相信自己享有别人一样的学习机会和成功的机会。要做到事先必须对每个学生的能力有一个正确的估计,分配给他相应的力所能及的学习研究任务。

(6) 提供合作技巧。一要积极相互帮助。使学生在合作学习过程中能够积极地相互依赖、相互帮助。教师分配给每一个小组的学习任务要求学生只有通过互相合作才能完成,让学生感到他们是一个战斗集体,谁也离不开谁。二要掌握社交技能。要求学生要学会与别人积极交流、友好相处,学会处理问题,学会接受建设性批评意见,学会妥协和谈判。教师要向学生讲明正确的社交行为和社交技能。

(7) 提供支架。要求学生能加工内部知识。每一个学生都必须完成一系列与学习目标相关的内部知识加工任务,如理解、解释、建立知识点之间的联系、赋予含义、组织数据和评价所学知识的相关性以及对所学知识的应用。

(8) 保证学习时间。教师必须提供每一个学生和小组应有的充足的时间以便完成学习目标,否则学习效果会受到影响。

(9) 总结评价。一要表扬学习成果。对小组在学习中获得的成功进行认可和表彰。对出色完成学习任务的小组给予学生认可的实质性的鼓励和表扬。二要总结学习结果。小组合作学习任务完成后,指导学生对以下几个方面进行分析总结:① 小组学习目标完

成得如何;② 在学习中互相帮助得怎么样;③ 在小组中的协作精神、学习态度好不好;
④ 下次怎样做得更好。

案例6-3

课题：网站制作

【教学过程】

一、布置任务，组织分组

1. 展示优秀网站，激发兴趣。
2. 布置任务。以小组为单位制作主题网站。
3. 分组。确定小组成员及分工。如收集资料、整理信息、网站内容制作、网页图像处理、成果汇报等，均有专人负责。小组长统筹安排学习任务，记录员记录学习过程与结果。

小组分工表

姓名	分工	完成任务描述

4. 组织小组进行"头脑风暴"，确定创作主题。
5. 班级交流，确定各小组任务。

二、分组合作，完成任务

1. 各小组成员合作完成任务。
2. 小组长组织成员讨论工作内容、流程及分工。
3. 记录员填写组内活动表。

组内活动表

主题网站的名称					
网站简介					
组长			成员		
网站栏目安排	栏目一	内容		负责人	
	栏目二	内容		负责人	
	栏目三	内容		负责人	
	栏目四	内容		负责人	
网站开发进展					
时间	内容		落实情况		存在的问题与要求

4. 教师提供支架。提供帮助、对集中的问题进行统一指导。

三、经验交流、评价提升

1. 各小组进行成果汇报。
2. 组织评价。
3. 总结学习要点。

【合作学习过程分析】

1. 师生合作。教师展示优秀网站，提出任务；组织小组实施"头脑风暴"，确定具体任务；在学生自主活动中给予帮助；组织评价，并确定分组及提出小组分工要求，体现了合作学习中教师主导作用发挥。

2. 学生合作学习有小组的共同目标，且小组成员的分工不同，但全员参与，集思广益，自主探究，也体现了合作中的互助，成员共同成长。

3. 总结评价阶段，小组间竞争、交流，对学习的结果与学习的方法进行总结，在轻松氛围中体验学习的快乐。

四、探究学习能力的培养

1. 探究学习的含义

按照《牛津英语词典》中的定义，探究是"求索知识或信息特别是求真的活动；是搜寻、研究、调查、检验的活动；是提问和质疑的活动"。我国的《汉语大辞典》中探究指"探索研究"，即努力寻找答案、解决问题。

对探究学习的研究最初主要集中在科学课程中。一个被教育界公认的探究学习定义是美国《国家科学教育标准》中提出的，"科学探究指的是科学家们用来研究自然界并根据研究所获事实证据作出解释的各种方式。科学探究也指的是学生构建知识、形成科学观念、领悟科学研究方法的各项活动"。对探究学习有代表性的并影响深远的研究，包括美国心理学家布鲁纳提出的发现学习理论、美国芝加哥大学教授施瓦布提出的科学探究学习方法。后者提出了更具体的操作性方法：给学生呈现调查研究的领域和方法；明确问题，确定研究中的困难；思考问题，提出假设；思考解决问题的途径、方法或重新设计实验，或用不同的方式组织数据；得出结论。探究学习作为学习的内容与学习方式，进入各国教育改革实施的各个方面。

综合已有的研究，我们认为，探究学习是在学生主动参与的前提下，根据自己的猜想或假设，在科学理论指导下，运用科学的方法对问题进行研究，在研究过程中获得创新实践能力、思维发展，自主构建知识体系的一种学习方式。

2. 探究学习的特点

探究学习主要是针对问题的探究活动，当学生面临各种让他们困惑的问题时，就要作出各种猜测，要想法寻找问题的答案，在解决问题的时候，要对问题进行推理、分析，找出解决问题的方向，然后通过观察、实验来收集事实，也可以通过其他方式（如查阅文献资料、检索等)得到第二手的资料,通过对获得的资料进行归纳、比较、统计分析,形成对问题的解释。最后通过讨论和交流,进一步澄清事实、发现新的问题,对问题进行更深入的研究。因此探究学习具有以下特点:

(1) 具有主动性。探究性学习在教学过程中把学生作为活动的主体,立足于学生的学,以学生的主体活动为中心来展开教学过程。学生在积极主动的参与教学活动过程中以自己的经验和知识为基础,经过积极的探索和发现、亲身的体验与实践,以自己的方式将知识纳入自己的认知结构中,并尝试用学过的知识解决新问题。教师在这个过程中只是一个组织者、指导者和参与者。

(2) 具有问题性。人具有天生的好奇心,面对问题有探究的需要,这构成了探究学习的心理学基础。

(3) 具有开放性。探究性学习的目标是很灵活的,没有像知识目标那样明确具体的要求和水平。探究性学习在内容上是开放的,在探究结果的要求上是开放的。

(4) 具有生成性和创造性。探究性学习打破了传统教学在统一规定下的教学模式,为学生提供了大胆创新、实现自我超越的学习环境。学生在探究学习的过程中,能够大胆地怀疑,提出问题,探讨解决问题的方案,对不同的结果进行分析,在活动中不断生成各种设想、知识以及创新意识和创造能力。

(5) 实践性。探究性学习是以学生的主体实践活动为主线展开教学过程的。学生借助于一定的手段,运用多种感官,通过自己的主体活动,在做中学,使得学生的实践活动贯穿于学习活动的始终。探究性学习特别强调学生的感知、操作和语言等外部的实践活动,强调学生的直接经验和间接经验的交融、统一,使认知活动建立在实践活动的基础之上,用学习主体的实践活动促进学习者的发展。

(6) 互动性与灵活性。探究学习是一个多向互动的学习过程,一方面是学习主体和学习客体之间的交互作用——通过活动来获取知识,培养能力;另一方面是教师和学生、学生和学生之间的交流与合作——通过师生间的交流、生生间的交互学习来进行探究学习。

3. 探究学习的基本过程
(1) 提出问题。
(2) 猜想与假定。
(3) 制订计划。
(4) 获取事实与论据。
(5) 分析论证。
(6) 表达与交流。
(7) 反思与评估。

4. 探究学习能力的培养策略

探究学习能力是指学习者在教师的引导下根据自己的猜想或假设,在科学理论指导下运用科学的方法对问题进行研究,在研究过程中获得创新实践能力、获得思维发展,自主构建知识体系的能力。在信息技术课程中,常用到的教学方法如任务驱动法、WebQuest教学法、基于问题的教学法等都具有培养学生的探究学习能力的功能。常用

的策略包括以下几点:

(1) 创设问题情境,激发探究兴趣。确定一些没有清晰答案、甚至有争议的问题,设计一个较为复杂的情境来吸引学生,使他们产生强烈的探求欲。

(2) 提供探究方法。如查阅和筛选资料、对资料归类和统计分析、使用新技术、探究过程中的表达与交流等方面的具体方法。

(3) 提供支架。根据问题的类别、难度与逻辑、规律,给学生提供帮助,搭建"思维脚手架"。既可以是提供活动步骤,也可以是行动指南、资料来源等。

(4) 探究学习与合作学习相结合。探究学习包括个人自主探究,也包括建立学习共同体,完成合作学习。在信息技术探究学习中,在教学情境下,学习共同体共同探究完成问题解决的情况较多。发挥教师、同伴合作学习的作用,更利于学生自主探究、合作学习的能力形成。

(5) 组织指导评价。探究性学习的评价内容应包括态度、情感、技能、能力以及结果等几个方面。一是参与探究性学习活动的态度。它可以通过学生在活动过程中的表现来判断,如是否认真努力地完成自己所承担的任务;是否积极参与,有责任感;是否主动协作,组员关系是否协调;是否主动提出探究设想和建议等。二是在探究性学习活动中所获得的体验情况。这主要通过学生的自我陈述以及小组讨论记录、活动开展过程的记录等反映出来。三是探究的方法、技能掌握情况。四是学生创新精神和实践能力的发展情况。要考查学生在一项探究活动中从发现和提出问题、分析问题到解决问题的全过程所显示出的探究精神和能力;也要通过活动前后的比较和几次活动的比较来评价其发展状态。五是学生的学习结果。探究性学习结果的形式多样,它可以是一篇研究论文、一份调查报告、一件模型、一块展板、一场主题演讲、一次口头报告、一本探究笔记,也可以是一项活动设计的方案。教师需要灵活掌握评价标准。

在评价手段和方法方面,探究性学习的评价可以采取教师评价与学生的自评、互评相结合,小组评价与组内个人评价相结合,书面材料的评价与学生口头报告、活动、展示的评价相结合,定性评价与定量评价相结合的方式进行。

案例 6-4

课题:拥有我的计算机

教学环节	教师活动	学生活动	探究学习过程
创设情境	进入高中阶段经常需要获取网络资源、利用计算机完成作业,李阳在向父母陈述理由并保证不沉溺于网络游戏的前提下获得了父母的支持,购置个人的计算机。这真是个好消息。李阳计算了自己的小金库,加上父母的赞助,共6000元,他该购置什么样的计算机呢?	接受任务:完成一个最佳购机方案	提出问题:激发兴趣;明确任务:完成一个最佳购机方案

续表

教学环节	教师活动	学生活动	探究学习过程
提出学习目标	1. 了解计算机基本配置和相关知识。2. 学会合理配置计算机。3. 提高应用信息技术解决问题的意识和能力。	接受具体任务:了解1. 计算机硬件配置标准。2. 计算机软件性能。3. 售后服务。	明确问题,建立假设
分组	4~6人一组,分为资料收集员、整理分析员、研究报告制作员、讲演员	具体分工,明确角色	建立学习共同体
介绍活动过程、步骤	1. 准备购置的计算机主要的用途是什么?准备购买品牌机还是兼容机?2. 准备在哪里购买?考虑除购机外的其他成本。3. 要求推荐3个感觉合适的配置,完成表格1~3。4. 要求完善购机方案。	学生讨论第1题、第2题。学习表格1~3呈现的理论知识。	提供支架
学生探究	提供咨询	1. 借助网络搜索信息。2. 走访电脑售卖实体店,获取第一手信息。3. 小组协作完成表格1~3。	获取事实与论据
整理、分析与处理信息	提供表格4,并提供指导	小组协作,完成表格4。制作PowerPoint演示文稿。	分析论证
成果交流	组织成果汇报与交流	汇报购机方案;接受老师与同学的质询	表达与交流
教学评价	提供表格5,完成评价	接受老师与同学评价,反思表格5。	反思与评估

附表格:

表格1　计算机硬件技术参数及价格表

计算机型号	CPU	主板	键盘	内存	显示器	显卡	声卡	光驱	其他	价格

表格2　计算机软件技术参数及价格表

计算机型号	操作系统	应用软件包	其他软件	信息来源

表格3　售后服务指标评价表

服务项目\计算机型号	电话服务	上门服务	质保年限	提供备机	其他	生产企业资质年限

表格4　计算机各项指标量化评价汇总表

机器型号	价格（元）	计算机硬件配置（权重0.2）	价格评价结果（权重0.2）	性价比评价结果（权重0.2）	售后服务评价结果（权重0.2）	随机软件评价结果（权重0.2）	总分（100分）	名次
A								
B								
C								
D								

表格5　项目评价量规

指标及权重\组别	方案设计是否符合要求					信息素养和表现力						总计
	价格(0.1)	硬件性能(0.1)	软件(0.1)	售后服务(0.1)	其他	资料获取途径(0.1)	资料完整性(0.1)	资料可信度(0.1)	团队精神(0.1)	作品表现力(0.1)	演讲风采(0.1)	其他	总分(100分)
第一组													
第二组													
第三组													
第四组													

五、实验操作能力的培养

1. 操作学习的含义

操作学习活动是学生在实际动手操作中进行的一种学习方式。包含了身体的动作，也是一个心理的过程。在操作活动学习中，一方面，学生要运用某种工具作用于某种物质现象，并将自己已经掌握的知识经验和心智能力在活动过程中外化；另一方面，活动对象和活动过程又要以观念、形象、感受和经验等形式进入学生的认知结构，从而改造和丰富学生的知识经验和心智技能。

在信息技术课程教学中，实验操作学习是常见的一种教学和学习方法。在学生操作技能训练与提高上已经取得了显著的成效。主要表现在：一能让学生在动手实践中提高学习积极性；二是能让学生熟能生巧地掌握一定的软件、硬件的操作技能；三是有利于学生学习并应用信息技术解决各种问题。

实验操作能力即在信息技术学习中动手操作计算机软件、硬件及其他媒体的技术能力。学生具有较高的实验操作的能力,更有助于完成自主、合作、探究式学习。更能提升学习的效率。

2. 实验操作学习的基本环节

(1)弄清实验操作活动的目的。(2)熟悉实验操作活动的原理。(3)熟悉实验器材。(4)能按照实验操作步骤进行活动学习。(5)记录、整理、总结实验操作过程。

3. 实验操作能力的培养策略

(1)明确实验操作目标。学生在操作前知晓要操作的任务,在目标指导下进行操作。并在操作中对目标实施结果进行随时监控。如制作一个逐帧动画作品,学生在操作前知晓要做成的作品效果如何,在操作过程中会随时将测试作品,将之与目标效果做比对。

(2)知晓操作的基本要领。即要熟知操作的知识,这是实验操作的基础。因此要通过讲授、演示、示范、自主阅读等方法使学生获得基础知识。

(3)综合操作练习。学生在实验操作中应循序渐进,反复操练、多任务操练,最终掌握某一项技术。

(4)实验操作练习中的监控。在进行实验操作学习时,要学会收集资料、学会合作与交流、学会总结与反思。在实验操作过程的各个环节中训练学生多项能力的综合运用。

案例 6-5

课题:声音的录入和处理

【活动过程】

简单介绍 CoolEditPro 的软件界面,出示本节课的学习任务,向学生提供事先准备好的辅助学习材料。

1. 提取音频(尝试性操练)

老师传给学生一段视频文件,让学生用软件将视频中的声音提取出来。

学生操练,老师点评,提示音频提取功能的作用。

2. 诗歌朗诵(合作操练)

要求学生尝试朗诵诗歌并录音,保存为 128 kHz 双声道的 MP3 格式文件。

学生操作、交流、评价。

从资源库中任选一首曲子,尝试将语言与背景音乐混合。

学生操作,教师点评,及时广播学习进程及相关问题。

3. 趣味变音(进一步操练)

老师演示几种声音效果,如音量调整、变速、混响,提示学生尝试使用菜单进行音频加工处理。

学生操练。

老师小结。

> 【实验操作活动分析】
> 　　老师在实验操作中起引导作用。不是先集中演示讲解,然后学生集中操练,而是将实验操作法与自主探究、合作、讲解、演示等方法结合,灵活运用,突出学生实验操作的主体性参与。

第三节　信息素养培养

　　2001年1月,亚太地区首届"网络时代学与教——实践、挑战与背景国际研讨会"指出:"信息素养不仅已成为当前评价人才综合素质的一项重要指标,而且成为信息时代每个成员的基本生存能力。"从小学、中学到大学,各国都强调信息素养是21世纪公民的基本生存能力。学者们普遍认为信息素养已与读、写、算等能力一起构成新时代学习者适应未来社会、开展终身学习、促进自身的完善与发展所必须具备的基础学力。因此,教育要面向现代化、面向世界、面向未来,就必须直面"培养儿童的信息素养"这一问题。而信息技术教育的教育目的与信息技术课程教学目标一致,即培养学生的信息素养,因此作为信息技术的学习者与教育者,需要对信息素养的含义及构成进行进一步的了解,并在此基础上探讨怎样培养学生的信息素养。

一、信息素养的含义与构成

　　对信息素养的本质含义的认识有多种。在百度百科中就有三种解释:第一种,信息素养(Information Literacy)的本质是全球信息化需要人们具备的一种基本能力。第二种,信息素养是一种基本能力,一种对信息社会的适应能力。第三种,信息素养是一种综合能力。信息素养涉及各方面的知识,是一个特殊的、涵盖面很宽的能力,它包含人文的、技术的、经济的、法律的诸多因素,和许多学科有着紧密的联系。信息技术支持信息素养,通晓信息技术强调对技术的理解、认识和使用技能。而信息素养的重点是内容、传播、分析,包括信息检索以及评价,涉及更宽的方面。它是一种了解、搜集、评估和利用信息的知识结构,既需要通过熟练的信息技术,也需要通过完善的调查方法、通过鉴别和推理来完成。信息素养是一种信息能力,信息技术是它的一种工具。这三种解释均认为信息素养是一种信息能力,其中第三种将信息素养与信息技术相分离,明确了信息素养的构成。

　　人们对"信息素养"的概念、含义、构成的认识随着研究的深入不断得到发展。对这一概念的认识人们总是将本质含义与其构成紧密相连,甚至至今不能区分这一概念及其构成。这从国内外的研究中可以看出。

　　1. 国外学者对信息素养含义与构成的观点

　　信息素养最初由美国信息产业协会主席保罗·泽考斯基于1974年提出,他认为:"具有信息素养的人,是指那些在如何将信息资源应用到工作中这一方面得到良好训练的人。有信息素养的人已经习得了使用各种信息工具和主要信息来源的技术和能力,以形成信息解决方案来解决问题。"信息素养包括文化素养、信息意识和信息技能三个层面。

1989年,美国图书馆协会的"信息素养总统委员会"在报告中关于信息素养的定义是:"要成为一个有信息素养的人,他必须能认识到何时需要信息,并具有检索、评价和有效使用必要信息的能力。"此定义在很长一段时间内在美国被广泛认可和接收,英国、澳大利亚等国家根据国情,稍有补充和修改。

1992年美国学者多尔在《信息素养全美论坛的终结报告》中给信息素养下的定义是:"一个具有信息素养的人,他能够认识到精确的和完整的信息是作出合理决策的基础,确定对信息的需求,形成基于信息需求的问题,确定潜在的信息源,制定成功的检索方式,从包括基于计算机的和其他的信息源获取信息、评价信息、组织信息用于实际的应用,将新信息与原有的知识体系进行融合以及在批判性思考和问题解决过程中使用信息。"这几项标准得到学者们的认可。

同年,伯何恩、罗伯特在《信息素养——一种核心能力》一文中指出,要成为一个有信息素养的人,他必须能够确定何时需要信息,并且他具有检索、评价和有效使用所需信息的能力。这是信息素养定义被人引用最多、最经典的定义,他全面而简练地概括了信息素养中基本技能和思考技能两个方面的内容。

根据对信息素养的理解与研究,从2000年开始美国国家教育技术协会相继出版面向学生、面向教师、面向管理者的《美国国家教育技术标准》,将标准与教育、教学、管理紧密结合,在案例分析的基础上凸显出信息素养在教育中的重要性。

2. 国内学者对信息素养含义与构成的观点

20世纪90年代后期,我国原有的电化教育开始改革,不断接受、借鉴国外关于信息技术的研究成果,其中信息素养的理论与研究得到大力的发展。结合本国实际,学者们提出了对信息素养含义及构成的看法。

王吉庆教授在《信息素养论》中提出:信息素养是一种可以通过教育所培育的,在信息社会中获得信息、利用信息、开发信息方面的修养与能力。它包括信息意识与情感、信息伦理道德、信息常识以及信息能力多个方面,是一种综合性的、社会共同的评价。其中,对信息素养的构成的分析得到了众多学者的认同,目前有关信息素养的多项研究借鉴了王吉庆教授的理论。

我国教育部2000年11月下发的教基[2000]35号文件——《中小学信息技术课程指导纲要(试行)》将中小学信息技术教育的目标规定为培养中小学生的信息素养,并且认为信息素养应当包含以下几个方面:信息意识、信息常识、信息能力和信息道德。信息意识,即使用信息技术解决工作和生活的问题的意识,这是信息技术教育中最重要的一点。信息常识,即信息科学技术常识,促使学生阅读有关的信息文章,参加有关讨论,便于了解信息技术的发展与应用。信息能力,包括信息系统的基本操作能力,信息的采集、传输、加工处理和应用的能力,信息系统的分析与查错能力,以及对信息系统与信息进行评价的能力等。信息道德,培养学生具有正确的信息伦理道德修养,使他们能够遵循信息应用人员的伦理道德规范,不组织和参与非法活动,并知道如何防止计算机病毒和其他计算机犯罪活动。

桑新民教授从哲学的角度将信息素养分成三个层次,六个方面的构成:

第一层次：高效获取信息的能力；熟练、批判性地评价、选择信息的能力；有序化地归纳、存储、快速提取信息的能力。

第二层次：将以上一整套驾驭信息的能力转化为自主、高效地学习与交流的能力。

第三层次：学习、培养和提高信息时代公民的道德、情感，以及法律意识与社会责任。

这一分层从知识学习到问题解决及伴随其中的道德情感、法律意识三方面着手，分析了信息素养构成的基本要素。

借鉴综合了多种观点后，张义兵、李艺从不同视角对信息素养进行了界定：从技术学视野看，信息素养应定位在信息处理能力。从心理学视野看，信息素养应定位在信息问题解决。从社会学视野看，信息素养应定位在信息交流。从文化视野看，信息素养应定位在信息文化的多重建构。这个观点取折中，通过对各种观点的优缺点的分析，取其优点进行总结，认为信息素养的科学结构是上述四个方面的融合，即信息素养中信息处理是基础，信息问题解决是关键，信息交流是根本，信息文化是导向。

在借鉴了目标分类理论、学习结果分类理论、学习过程相关理论、多元智力理论等理论的基础上，李艺、钟柏昌对信息素养进行了详细解析，认为信息素养由知识、技术、人际互动、问题解决、评价调控、情感态度与价值观六个部分组成。其中，知识为其他五个部分提供基础准备，而评价调控则为其他各个部分（包括知识部分）提供必要和重要的形成保证。因此，知识和评价调控两部分共同组成其他四个部分的共同承载；技术、人际互动、问题解决三部分有机相连并呈现一定的层级；情感态度与价值观是一种精神的领航，渗透于技术、人际互动、问题解决之中，并相互影响。

六个组成部分具体内容包含如下：第一，知识。包含符号、概念、事实。第二，技术。包含思想、原理、操作、方法。第三，人际互动。包含表达、交流、合作。第四，问题解决。包含发现问题、分析问题、确定方案、解决问题。第五，评价调控。包含要素评价、过程评价、个性化评价、调整控制。第六，情感态度与价值观。包含身心健康、信息意识、作品欣赏、行为规范。

综合了各种信息素养的理论研究结论，2003 年，《普通高中信息技术课程标准》提出了新的关于信息素养构成的便于理解与操作的标准："学生的信息素养表现：对信息的获取、加工、管理、表达与交流的能力；对信息及信息活动的过程、方法、结果进行评价的能力；发表观点、交流思想、开展合作与解决学习和生活中实际问题的能力；遵守相关的伦理道德与法律法规，形成与信息社会相适应的价值观和责任感。"可以归纳为知识与技能、过程与方法、情感态度与价值观三个层面并细化为 11 条具体论述。

3. 信息素养的含义及构成

国内外关于信息素养的含义与构成的理论探讨与学术研究结果多种多样，关于信息素养构成的实践探讨也颇多。从众定义中可以归纳出信息素养的本质是在特定的信息社会中人的一种综合素质。根据信息技术教学实践，国家教育部颁布的相关文件、制度，总结出信息素养的基本构成包括信息意识、信息伦理道德、信息知识与技能。

（1）信息意识

信息意识是人们对人与信息的关系的认识，是信息素养的基本构成之一。具体体现在人与信息交互的各个环节中。例如，能结合生活和学习经验，体验信息在生活、学习、科研中的重要作用,形成理性认识信息价值、敏锐捕捉有用信息、主动获取相关信息、甄别筛选正确信息、共享交流有益信息的良好信息意识。

通过身边的事例或观看案例,体验现代信息技术在获取、加工、存储、表达和交流信息方面的作用,理解信息技术是人的信息加工器官的延伸,讨论人类发明创造信息技术的基本历程,形成乐于学习、勤于操作、敢于创新的信息技术学习态度,树立不断提高自身信息素养和技术操作能力、主动参与科技创新的志愿。

观察和列举日常生活、学科学习和其他综合实践活动中信息技术的常见应用,能讨论这些技术应用带来的利弊。

结合不同类型信息的搜集、管理、加工、表达、交流过程,进一步理解信息的内涵及信息技术的价值。

(2) 信息伦理道德

信息伦理道德是人们对信息交往中人与人之间的关系的认识,是"调节人们之间以及个人和社会之间信息关系的行为规范的总和"。信息素养中信息伦理道德包括:形成判断和使用健康信息、主动抵触不良信息的信息道德判断能力;能讨论每个个体在创作和共享有益信息方面的责任;能讨论应用信息、信息产品、信息技术设备和软件时涉及的法律、法规和道德问题,能描述不恰当应用带来的后果;知道如何负责地使用技术设备和信息资料,在引用他人的观点、成果等信息时,知道如何注明出处和给予恰当的致谢;养成保护自己信息安全的意识,学会防查杀病毒、简单的文件加密(如设置使用口令)等信息保护方法;能观察和讨论网络交往中产生的法律、法规和道德问题,在使用网络与人交往时,能遵守相关的法律、法规和网络礼仪;能结合实例,讨论网络应用对个人信息资料与身心安全的潜在威胁,形成网络交往中必要的自我保护意识,知道不恰当的网络应用和网络交往可能产生的后果等方面。

(3) 信息知识与技能

这一部分是信息素养的知识主体部分,是人们在与信息进行交互,在信息交互中与人的交流过程中应该具有的信息知识及技能。它包括信息及信息技术的基本概念;计算机操作的基本方法并学会使用计算机管理文件;使用因特网及其他工具,采用多种方式,搜集信息;学会使用工具软件加工处理各类信息、发布信息,并用以解决各类问题、呈现结果;集成多种媒体形式,综合各类信息,采用合理方式,制作作品、分享信息、汇报结果、沟通感情等具体有关信息的知识及信息获取、加工、存储、提取等方面的技能。

二、信息素养培养途径

学校环境中学生的信息素养可以通过三种途径进行培养:第一种是通过信息技术课程进行直接培养;第二种是通过信息技术与学科整合在教学中应用信息技术培养学生的信息素养;第三种是通过在课外活动、作业中要求使用信息技术达到培养学生信息素养的目的。通过这三种途径培养学生的信息素养,至今已有很多成功的教学案例。

1. 通过信息技术课程培养学生信息素养

信息技术课程的教学目的就是全面培养学生的信息素养,因此,在信息技术课程教学过程中,要注意学生信息能力:信息意识、信息伦理道德、信息知识的培养。要真正做

到这些,在日常教学中,要努力做到以下几点:

(1) 注意培养学生信息能力

中小学生的信息能力体现在中小学生对计算机和网络的操作和应用,必须重视学生动手操作计算机训练,必须掌握计算机基本操作的基础。要培养学生的信息能力,因地制宜,根据自身的实力,搞好信息环境的建设,对现有的信息设施不断完善,提高运行能力,为学生的信息能力的形成提供物质保障,从而保证学生的信息素养的形成。

(2) 培养学生动手处理信息的能力

中小学生的信息学习比传统课程更注重实践和动手能力、创造能力的培养。通过信息技术课程教学,使学生具备获取信息、处理信息、传播信息等能力。让全体学生对所学的知识多视角观察和多方位探讨,进而形成创造能力和发散性思维。这些能力是学生接受信息技术文化后并形成意识和自然需求在学习实践中表现,是信息素养形成的标志。把信息技术融入学生学习生活中,化为学习的能力,只有这样才能形成良好的素养。

(3) 提高学生的其他基础文化素养

现代教育需要学生有良好的信息素养,而良好的信息素养的形成需要其他学科知识做基础。离开基础的知识,信息素养的形成就会变为空谈。反过来,信息素养在学生各科学习中和全面发展中的作用将会越来越重要,它慢慢地影响学生其他学科的学习,在培养学生的信息素养的同时不可忽视基础文化的学习。

(4) 必须尊重学生个性

每个学生都是一个相对独立的个体,都有很多个性化的地方,信息素养形成应该有广阔的个性空间,多开展一些有利于学生个性发展的信息技术兴趣小组和课外活动,组织各项信息技术竞赛活动,推动学生的个性发展,培养学生走上信息技术专业之路。

(5) 强调信息伦理道德的培养

随着信息传播技术的发展、网络的出现,人们对信息与信息技术的使用范围出现了前所未有的广泛,随之出现的多元的伦理道德问题引发了空前频繁的争论,如侵害隐私、侵犯知识产权、计算机安全、信息污染。需要建立健全与信息活动相关的法律法规及执法力度,建立关于信息活动的伦理道德规范并开展信息伦理道德教育。当前,学生普遍存在的信息伦理道德问题体现在以下方面:第一,侵犯个人隐私;第二,侵犯知识产权;第三,信息和网络安全;第四,网络游戏;第五,信息犯罪,如黑客、计算机犯罪、计算机偷盗。

对小学生来说,知道应负责任地使用信息技术系统及软件,养成良好的计算机使用习惯和责任意识。对初中生来说,树立正确的知识产权意识,能够遵照法律和道德行为负责任地使用信息技术。对高中生来说,树立正确的科学态度,自觉地按照法律和道德行为使用信息技术,进行与信息有关的活动。高中阶段对信息伦理道德的具体要求还包括:在"信息加工与表达"内容中确定要"合乎规范地使用网络等媒介发布信息、表达思想"。在"信息技术与社会"内容标准中确定"增强自觉遵守与信息活动相关的法律法规的意识,负责任地参与信息实践"。"在使用因特网的过程中,认识网络使用规范和有关伦理道德的基本内涵;能够识别并抵制不良信息;树立网络交流中的安全意识"。"树立信息安全意识,学会病毒防范、信息保护的基本方法;了解计算机犯罪的危害性,养成安全的信息活动习惯。""了解信息技术可能带来的不利于身心健康的因素,养成健康使用信息技术的习惯。"

2. 在其他学科课程教学中提供示范,应用信息技术

信息素养培养中信息意识、信息知识与技能的培养在信息技术课程教学中得到充分重视。随着信息技术教育的广泛开展,其他学科也逐步广泛使用了信息技术,这更体现了学生信息素养培养的途径增多。在其他学科教学中使学生时时接受信息知识与技术的应用,可以激发学生学习信息技术的兴趣、强化学生的信息意识、丰富学生的信息知识与技能、巩固信息伦理道德,从而对学生的信息素养进行潜移默化的培养。

在现实的教学中,信息技术与其他课程整合已经取得了很多成效,因此,在信息技术课堂之外,要淡化信息技术学科的学科性,强调其工具性和综合性,将信息技术教学与语文、数学、英语、物理、化学、地理、生物、历史、政治、音乐 美术等学科结合起来,利用计算机辅助教学等手段,把信息素养的培养落实到整个学校教育中去。以下两个为成功的信息技术与课程整合的案例。在课程教学中,教师充分应用信息技术进行示范,使学生接触、理解、学习信息技术,促进学生信息素养形成与提高。

案例6-6

在初中语文第一册《如梦令》一课教学中使用多媒体课件。主要应用于朗诵欣赏环节。

课件制作工具:Flash、PowerPoint、Cooledit。

课件制作素材:《如梦令》词意Flash动画(网上下载、自制);《如梦令》朗读音频(用Cooledit录音软件录制或用磁带录音转换)。

课件播放准备工作:检查电源、计算机、投影仪、功放等设备能否正常工作;检查拷贝课件能否成功播放。

课件播放:播放PowerPoint。

课件课堂应用:播放《如梦令》内容幻灯片,使学生对这首词在结构上有全面认识;播放词的朗诵音频,学生跟读或特别朗诵,唤起学生对词的品味;播放Flash动画,激发学生对词的意境展开想象、联想,达到作品欣赏时情感的激发与共鸣。

信息技术应用课堂分析:在学习语文知识的同时,教学中用到了计算机、投影仪、功放等媒体设备,并使用了Flash、PowerPoint、Cooledit等软件,使学生接触了信息知识与技术,形成了对信息知识与技术的好奇心,并能将所学的信息知识与技术应用到语文课堂中,促进了信息素养形成。

3. 在学生各项活动、作业中要求使用信息技术

通过在学生的各项课堂、课外活动、作业中要求使用信息技术,培养学生的信息素养。当前随着信息技术的教育应用,各学科研究性学习案例增多。研究性学习甚至作为单独的一门课程进入高中课堂,并以使学生保持独立的持续探究的兴趣,获得亲身参与研究探索的体验,发展提出问题和分析问题的能力,学会分享、尊重与合作,养成实事求是的科学态度,具有关注社会的责任心和使命感为课程目标。在研究性学习中,学生在

完成各项任务的过程中发展信息素养。

 案例6-7

课题：百万美元课程——小学3—5年级数学

活动设计：

1. 通过解释和描述一百万元钱的概念介绍这一课题。和学生一起参观图书馆和媒体中心、查找可以获得"百万"这个概念的印刷材料，采用现有技术，确保预期的结果能满足各地区和年级水平课程标准的具体要求。

2. 因为学生花的是钱，所以了解要买的商品，确定一个主题和科目，研究如何花掉这些钱。学生可以在全班以头脑风暴法集体讨论。主题可以包括创造一个梦幻世界，一次外出旅行和做些公益事业。具体科目由主题决定。

3. 利用电子表格，学生可根据所选的主题创建类目标。他们可以利用公式尽可能地使花费接近一百万元。在进行这项活动前，检查学生使用电子表格的技能和对电子表格的理解程度。

4. 在每个科目中，运用各种资源记载每个小项目的费用。学生需要估价资源的精确性并采用有效的研究手段。许多消费网站提供价格信息。学生要成为挑剔的消费者，能对他们想要的产品的信息精确性和可靠性做出判断。

5. 学生利用各种技术手段组织信息创建一个多媒体演示作品。由于使用电子表格，确保学生具备有效使用这种软件的技能。一旦学生可以做到这一点，就可以让他们把注意力放在有效表达想法上面。

6. 学生最终的报告应当包括：一张填满各种发现的电子表格；对所学东西的叙述；对如何花掉钱的图解表述；阐明消费过程的图解。

7. 所有的班级信息可以放在一张电子表格内进行小组分析。学生可以用头脑风暴法集思广益，建议用不同的方法对比、比较数据。结果可以用表格和图形呈现。例如，学生可以用分类整理程序排列出最畅销的10种物品。

8. 更全球化的做法是学生可以和其他班级的学生联系，比较他们的课题的结果。通过分析他们的消费选择，可以比较文化和经济上的差异。附加的微型课程可以包括让学生通过与远距离教室的同学联系发现等值于一百万美元的其他货币。

这个案例是在数学的学习基础上提出信息技术学习的目的的。具体分析就是要求学生能使用电子表格、因特网和演示软件等技术提出和解决一些问题，问题涉及大数字、数字常识、定价和现实社会等内容。这个主题完成后，学生的信息素养将得到进一步的提高。

诸如此类的研究性学习在中小学课堂中得到充分开展，学生在完成作业过程中提升了自身的信息素养，包括信息意识、信息伦理道德、信息知识与技能。

随着信息技术的发展，从要求学生与教师联系到学生主动通过各种信息技术手段如电子邮件、语音视频等聊天系统与教师、家长交流，充分展示了学生的信息意识增强、信息知识与技能的提高。学生还可以通过访问浏览教育类网站、博客,或建立个人网站、开通个人博客等方式获得海量信息,与他人交流的同时展示自己的信息素养。

学习活动:

1. 对主题"搜索技巧"进行教学设计,体现对学生自主探究学习能力与合作能力的培养目标。

2. 对主题"宇宙有多大"进行课堂教学设计或设计一项研究性学习,体现出培养学生信息素养的目标。

思考与练习:

1. 影响学生学习信息技术的学校因素有哪些?如何控制这些因素,促进学生的学习?
2. 什么是自主学习?在信息技术课程教学中如何促进学生自主学习?
3. 什么是探究学习?自主学习与探究学习有何关系?
4. 什么是合作学习?合作学习的主要特点有哪些?教学中如何实现合作学习?
5. 信息素养的本质是什么?其构成如何?确定构成的标准是什么?
6. 信息素养培养的途径有哪些?怎样在信息技术课堂中强调信息伦理道德?
7. 信息技术与课程整合中怎样体现出对学生信息素养的培养?

第七章　信息技术教师能力与专业化发展

学习目标

1. 了解信息技术教师应该具备的能力；
2. 阐明信息技术课教学研究的内涵、特点和意义；
3. 掌握信息技术课教学研究选题的基本要求和策略；
4. 掌握信息技术课教学研究报告和论文的撰写；
5. 了解教师专业化发展的意义；
6. 掌握教师专业化发展的策略和途径。

本章导读

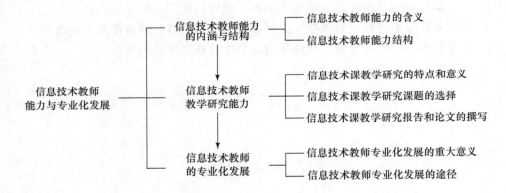

第一节　信息技术教师能力的内涵与结构

教师能力是指教师在教学活动中表现出来的直接或间接影响教学过程、教学效果的教师个体素质。教师作为从事教育行业的专门人才，是教师能力中一般能力和特殊能力整合的结果。教师能力既是教师自身发展关注的重点，也是社会群众及专家学者对教师从业的要求，关于教师能力的研究一直是教学研究的重要内容之一。近年来，有关教师能力的研究也比较活跃，主要有教师能力结构研究，教师能力现状研究，教师能力提高与专业化发展研究，教师能力与教学效果关系等。教师能力是一个动态的范畴，对教师能力的理解和研究都在不断深入。

教师能力与教师专业化发展的关系。一方面教师的能力发展和提升必然要求教师走专业化发展道路，另一方面教师的专业化发展必然带来教师能力的提升。教师能力形成和发展的研究表明，教师的绝大部分能力是可以通过培训得到有效提升的，通过对教师能力的研究找到教师能力形成和发展的规律,进行针对性的强化培养和训练,可以达到事半功倍的效果,也为改革教师教育制度提供了强有力的事实依据。师范教育对教师能力的基础形成必不可少,但实际上教师能力的诸多要素中,有一些是在教师的实践经验中逐步形成和提高的。

一、信息技术教师能力的含义

为贯彻落实《2003—2007年教育振兴行动计划》和《教育部关于加快推进全国教师教育网络联盟计划,组织实施新一轮中小学教师全员培训的意见》的有关要求,提高广大中小学教师教育技术应用能力和水平,教育部于2004年12月15日下发了《中小学教师教育技术能力标准(试行)》。这个试行标准分为"教学人员教育技术能力标准"、"管理人员教育技术能力标准"、"技术人员教育技术能力标准"几部分,每一部分都制定了"意识与态度"、"知识与技能"、"应用与创新"、"社会责任"方面的细则,这几个方面的细则实际上就是对教师能力的分类细化。

信息技术教师能力除了包括了解学生的能力、语言表达能力、组织能力、自我调控能力、评价能力等各学科教师普遍应该具备的能力外,还应包括信息技术教学设计能力,课堂教学能力,资源收集、开发、整合和利用能力,多媒体设备应用能力,网络教室应用和管理能力,信息技术教学研究能力等方面。

信息技术教师能力的内涵是一个动态的范畴,随着社会发展而变化,随着学科知识的丰富而扩展。

二、信息技术教师能力结构

我国学者关于信息技术教师的能力结构问题进行了多方面的研究。陈梅、李龙《关于信息技术教师能力培养的思考》一文中,认为信息技术教师的能力结构应该由学科教学能力、教学设计能力、媒体与资源的应用开发能力、教学研究能力等组成。靳瑞霞、徐久成在《中小学信息技术教师能力发展研究》一文中提出,信息技术教师的能力结构应该由课堂教学能力、信息技术与课程整合能力、校园信息化建设能力、网络教育能力和教育技术应用与研究能力等五个方面组成。郑珠、侯友在《浅议中小学信息技术教师能力要求》中归纳出信息技术教师六个方面的能力:开发、整合、设计课程的能力,科学、合理、有效地与学科课程进行整合的能力,反思能力,探究意识与解决问题的能力,组织学生进行有效合作学习的能力,综合评价学生的能力。王琼、董轶男、赵国庆在《〈全新思维〉对完善中小学信息技术教师能力结构的启示》一文中提出信息技术教师应该积极开发自己的右脑,培养设计感、故事感、交响能力、共情能力、娱乐感和探寻意义六个方面的能力。

综合以上分析可以看出,在信息技术教师的能力结构中,除了要具备普通学科教师的全部能力以外,还要有自己特有的部分,主要表现在教学设计能力、媒体资源的开发能力,以及支持其他学科教师进行信息技术与课程整合的实践能力等方面。

下面,我们将主要从信息技术教师的教学设计能力,课堂教学能力,教学资源收集、开发和利用能力,教学环境应用和管理能力,教学研究能力五个方面来阐述信息技术教师能力的结构,如图7-1所示。

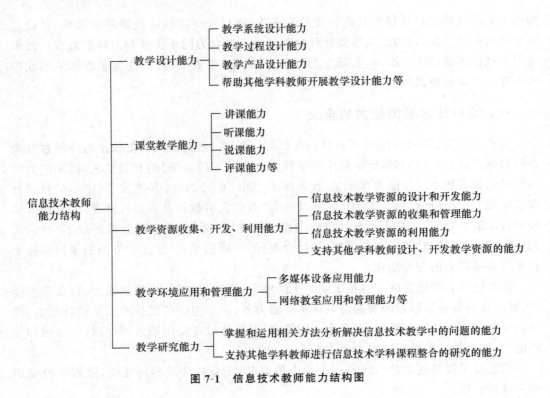

图 7-1 信息技术教师能力结构图

(一) 教学设计能力

信息技术教学设计就是运用现代教学设计的相关理论与技术,分析信息技术教学中的问题和需要,从而设计相应的解决方法,并在教学实际中试行解决方法、评价试行结果,进一步在评价的基础上改进设计的一个系统过程。根据《中国教育技术标准(试行)》教育技术职业人员中"中小学信息技术课程专职教师的绩效指标"的要求,中小学信息技术教师应能运用教学设计的理论和方法,设计基于技术的学与教的实践,并有所创新。中小学信息技术教师应具备的教学设计能力主要是教学过程的设计:全面领会教学设计的思想,掌握教学过程设计的程序。从信息技术课程教学设计出发,依据课程标准科学地确定教学目标,分析学习者和教学内容,形成完整的知识、能力结构和目标体系,做出完整的课程教学设计。然后根据具体的教学目标、教学内容和学习者的特点,选择合适的课堂教学形式或学生自主学习形式,分别进行课堂教学设计和自主学习教学设计,依据设计方案进行教学实践和评价。同时,信息技术教师还应具备能够指导、帮助其他学科教师进行教学设计的能力。

信息技术教师进行教学设计应注意掌握和应用一定的教育学、心理学理论。掌握教育教学理论、心理学理论以及最新的信息技术知识,形成完善的理论知识结构,目的在于使教学设计方案具有深刻的理论内涵和合理的设计结构,从而保证教学过程的顺利实施和保证教学遵循教育规律和认知发展规律。

（二）课堂教学能力

课堂教学能力是教师能力结构中的核心要素，提高教师课堂教学能力是教师培训工作的核心任务。我们主要从信息技术教师的讲课能力、听课能力、说课能力、评课能力四个方面来论述。

课堂讲授是信息技术教师教学活动中最常见的教学方式，主要包括以下三个方面的能力：第一，语言表达能力。讲解、谈话、讨论是信息技术教学中常常用到的几种教学方法。这几种方法的基本特点是利用语言作为传递和交流信息的主要工具。其他的教学方法同样离不开教师的语言表达。因此，教师的语言表达能力是教师顺利实施信息技术教学，取得良好教学效果的必要条件。第二，教学组织能力。教师是课堂教学的组织者、指导者、咨询者。在教学过程中教师要运用管理学的知识，采取某些方法和途径，来组织和管理课堂教学，建立起良好的教学环境，以保证教学任务的顺利完成。教学活动的效果如何，与课堂教学组织状况有着极其密切的关系。因此，教师必须精心组织好课堂教学，维护好课堂纪律，并且创造良好的课堂氛围，以保证教学顺利实施。教师的组织管理能力是教师能力结构的一个重要要素。第三，动手操作、演示能力。信息技术学科是一门实践性很强的学科，教师实践操作能力的强弱，会直接影响教学的组织和教学的质量。在动手实践演示操作过程中，教师应做到操作步骤熟练、规范、准确、协调，并能够及时排除操作过程中出现的"故障"。教师的规范操作，不仅是成功操作演示的前提，而且能使学生养成良好的操作习惯。学生在教师演示操作过程中，既能观察到清晰的实践步骤，又能引导学生对操作过程进行积极思考。

听课一般分为三个步骤：课前准备工作，课堂中观察和记录，课后思考和整理。听课应该集中精力，坚持"四到"：耳到——仔细聆听师生对话；眼到——认真观察教师教态、表情、肢体语言、板书、所用教具及学生反应与表现；心到——边听边认真思考，把授课者的理解、感悟及教法与自己做比较；手到——记录教学流程、重点、难点、板书、师生交流情况、教学"亮点"及自己触景生情碰撞出的"火花"。说课是指教师面对同行或评委以口头语言表达为主，以教育科学理论和教材为依据，针对每节课的具体特点，系统地说出对某一节课的教学设计及其理论依据的一种教研活动。一般包括说教材、说教法、说学法指导、说课堂教学程序四部分。进行评课，应根据教研活动的目的或听课者听课目的确定评课的目的。评课过程中，要根据上课教师提供的课堂教学实例，交流教学思想，总结教学经验，探讨教学方法，帮助、指导上课教师和参与听课活动的教师提高教学能力。通过评课，参与活动的全体教师，从一个课堂教学实例中吸取长处，学习教学方法，改进不足，以达到共同提高教学水平的目的。因此，评课必须围绕这些已确定了的目的进行，以便使评课活动具有针对性，取得应有的效果。

（三）教学资源收集、开发、利用能力

教育资源的各种描述种类繁多，但是其本质和核心都应该是立足于教学活动，目的在于规范、促进和改进教育教学。我们认为，教学资源是从属于教育资源的，相对于后者，教学资源更强调教学过程和教学实际，教学资源强调的是在微观和中观层面的教育资源。

信息技术教学资源的获取能力包括教学资源的设计、开发、利用等几个方面。信息技术教师要能够进行资源系统的教学意义分析和模块的需求分析，对资源要素的来源、性质、用途和使用方法进行归类等教学资源设计；能够以信息技术教学资源设计为基础，利用一定的编程工具或者多媒体制作工具，甚至利用一些设备和工具来完成教学资源的开发；能够以教学设计和教学资源开发、获取为基础来优化和促进教学效果的教学资源利用。

　　信息技术教学资源的设计遵从泰勒（R. W. Tyler）的课程开发原理。设计开发分为三步：第一步是分析学习条件，明确教学目的，并细化教学内容，设计出教学流程图；第二步是按照设计方案的要求进行多媒体制作和代码编写；第三步是对教学资源进行试运行和修改完善。为了保障教学资源设计具有良好的使用效率，教学资源设计要遵循一定的原则：尊重学生认知主体地位的原则、学习资源内容及表现形式与教学内容相符原则、学习资源系统性原则等。

　　由于信息技术教学资源有很多的共享资源，也有很多的商品资源，实际上可以被利用的资源尤其是网络资源非常多。为了能够从海量的教学资源中快速地浏览并获取需要的部分，应对这些教学资源注重收集、分类存储和管理。从网上获取资源的方式很多，主要有两种：一是查询专业的素材资源网站，二是利用谷歌或百度等搜索引擎。

　　信息技术教学过程中，要尤其重视教学资源的利用，教学资源的利用对信息技术教育也有非常重要的地位和作用。我们知道，信息技术教学资源的设计、开发、评价都是以资源的可用、好用为指标，教学资源的利用是信息技术资源设计、开发、管理的出发点和归宿。教学资源利用的不同时间、不同方式、不同策略都会影响教学的效果，选择一种经济简便、高效实用的教学资源利用方式，能够充分发挥教学资源的效益，克服资源的内容和形式上的不足。

（四）教学环境应用和管理能力

　　信息技术教师对教学环境的应用和管理能力主要体现在两个方面：多媒体设备的应用能力和网络教室应用与管理能力。

　　信息技术教师应该具备多媒体设备的管理、使用和维护能力，具体体现为以下各项：教学媒体的发展历史；教学媒体概述（分类、基本特征、在教学中的作用及选择依据）；常规教学媒体的使用（包括硬件和软件），媒体材料的编制等；计算机类媒体的使用（包括多媒体课件、网络课件）；了解现代化教学媒体（包括视频展台、电脑硬件、光学投影器等基本结构与基本原理）；了解多媒体教室（包括基本类型、组成结构、工作原理、功能应用）；熟练掌握多媒体设备的使用方法及使用中常见故障的排除等。

　　网络教室的网络管理能力主要是对网络教室的网络进行规划、部署和优化的能力。信息技术教师对网络教室的日常管理要注意下列措施：建立计算机档案，掌握每台计算机的使用、保养、故障、维修等情况。学期初有工作计划，学期末有工作总结。对计算机及其辅助设备和设施，要分类编号定位，逐一登记入账。文件、教学资料、软件和财产档案要及时整理归档，做到账目齐全，账物相符。要做好系统维护和设备保养工作，雨季和假期要定时开机。要严控外来磁盘和光盘的使用，定期进行病毒检测和杀毒，定期进行系统升级工作，重要文件和软件要有备份。按要求做好课前准备，督促学生保持室内安静和清洁卫生,要求学生按上机操作规程操作。学生离开时,要检查设备,填写使用记录,学生离开后,要做好设备和资料的整理工作。根据教学安排组织协调学科教师对计算机机房的使用,并协助学科教师搞好校本教研。另外,还要积极参加各类培训,加强学习,提高自身业务能力。

(五)教学研究能力

教学研究就是运用科学的理论和方法,有目的、有意识地对教学领域中的现象进行研究,从而探索和认识教学规律,提高教学质量。信息技术教师作为当前教育信息化进程中的专门人才,应该成为教育信息化的推动者,同时也应是教学的研究者。信息技术教师应该能够运用教育科学研究的方法与技术研究日常教学问题,从而促进学生的学习。信息技术教师应该能够选择和运用相关合适的方法与技术分析和解决信息技术教育教学中的问题。同时还应具备支持其他学科教师进行信息技术与学科教学的整合研究的能力。关于这一部分内容我们将在下一节详细论述。

第二节 信息技术教师教学研究能力

教学研究主要讨论有关课程建设、教学方法改革等方面问题。我国教学论前辈李定仁认为,教学研究就是运用科学的理论和方法,有目的、有意识地对教学领域中的现象进行研究,从而探索和认识教学规律,提高教学质量。

一、信息技术课教学研究的特点和意义

信息技术新课程要求教师成为教育教学的实践者和研究者。新课程所蕴含的新理念、新方法以及新课程实施过程中出现的各种各样的新问题,教师不一定能用过去的经验和理论来应对。因此,教师不仅是教学活动的实施者,也应成为教育教学活动的研究者。运用教育科学的理论和方法,有目的、有计划地去探索信息技术教学的规律以及信息技术的典型应用是提高信息技术教学效果的必要工作。

(一)信息技术课教学研究的特点

信息技术教学研究不同于其他学科的教学研究,也不同于纯粹的信息技术开发和应用。信息技术教学研究在研究的对象、性质、方法和结果等方面有着自身的特点。

第一,信息技术教学研究的对象主要是教学过程和在教学过程中发生关系的各种教学要素。教学过程中的教师、学生、教学内容、环境和条件等要素之间的关系及其对教学效果的影响是信息技术教学研究的重要内容。探讨信息技术教学的方法、途径、策略并且用以提高教学水平,提高学生的信息素养是信息技术教学研究的落脚点。相对于信息技术开发和应用而言,信息技术教学研究重在教学领域;相对于教学研究而言,应强调信息技术学科的特殊性和学科特点。

第二,信息技术教学研究具有一定的主观性。信息技术教学研究所关心的首要问题是社会群体和师生个体对信息技术教育的有关需求,希望达到的目的。因此,对于人们在不同社会背景和技术条件下的意志和价值标准的研究不能忽视。信息技术教学研究

的主观性还体现在研究的执行者和被研究者对研究意图和价值的认识和看法，以及被研究者对研究执行人员的态度，都可能对研究结果的准确性和客观性产生影响。这是教育科学作为社会科学领域特点的体现。

第三，信息技术教学研究需要掌握一些方法。常用的信息技术教学研究方法有：（1）文献研究方法。查阅各类文献资料，尤其对教学研究有理论支撑和有重要指导作用的文献资料。（2）问卷调查法。通过对教师、学生和家长发放问卷，广泛了解信息技术教学中的现状、问题、手段、效果等方面的问题。（3）行动研究法。通过对精心设置的信息技术教育教学及课外活动的情况进行素材收集，分析并加以研究。（4）比较法。通过对实验教学结果的比较，归纳出信息技术教学的有关经验和教训。（5）个案分析法。确定典型研究对象，重点研究该对象的学习行为、教学行为或者效果等某些具体方面的问题。教师可以写教育叙事博客，跟踪记录个案的情况，在写作过程中加强思考，同时也能增加与学生的沟通，促进教学研究。

第四，信息技术教学研究的效果具有一定的滞后性和隐蔽性。信息技术教学研究是一个长期积累的过程，需要相关的教师和理论研究人员进行深入的研究。研究的过程和结果推广都有一个阶段，而且不同区域、不同生源情况、不同的教学条件都会对结果产生影响。信息技术教学研究的最终效果在于提高人们信息技术素质，这更是要经过长期的考察和综合鉴定才能客观地体现。

教师成为研究者意味着教师在教学过程中要以研究者的心态置身于教学情境之中，以研究者的眼光审视和分析教学理论与教学实践中的各种问题，对自身的行为进行反思，对出现的问题进行探究，对积累的经验进行总结，使其形成规律性的认识，努力使自己成为学者型和科研型的信息技术教师。

（二）信息技术课教学研究的意义

开展信息技术教学的有关研究，目的在于认清信息技术教学的规律，掌握更有效的信息技术教学方法，确实提高学生的信息技术素养。信息技术教学研究的水平直接影响着信息技术的教学工作，开展科学的信息技术教学研究是保障中小学信息技术教育事业协调、高效进行的重要措施。教育家鲍琳说过："如果一个人在进行教学的同时也进行研究，那么他的教育效果一定会得到进一步的提高。即使他的研究工作不像他希望的那样成功，但他也可以继续有效地进行教学。"

信息技术教学研究对发挥一线教师的积极性和创造性，提高教师的科学素质，解决教学中的实际问题和困难，改进信息技术教学工作，发展和改革信息技术教育事业有着重大作用。从教师发展、教学过程、教学效果、教育事业四个方面来看其意义在于：

第一，开展信息技术教学研究有利于发挥教师的创造性，培养教师的科学精神，引导教师专业化发展，提高教师的整体素质。信息技术课程改革和一些新的教学设备、教学技术、教学理念的引入，要求教师在教学实践中以更积极主动的姿态去迎接这些变化。教学研究活动则使教师深刻体会到教学研究活动不仅是要完成教学的常规任务，而且还需要在教学过程中多留心、多思考、多尝试、多总结。教师的科学精神则是在认真钻研有关的教学研究成果、激励教师去扩充、更新知识、锻炼教师科学地分析和概括教学活动，撰写研究方案、报告等过程中逐步得到升华的。教学研究能将教师的研究领域进一步深化,将肤浅、分散的教学经验发展成为深刻的、整体的系统科学体系。

第二,开展信息技术教学研究有利于发现教学过程中的问题,探索信息技术教学的方法和途径,解决信息技术教育中的难题。如何提高学生的兴趣、如何提高学生的动手操作能力等问题都在信息技术教学研究领域中进行了广泛的研究。

第三,开展信息技术教学研究有利于提高信息技术教学质量。信息技术教学研究能够进一步丰富和完善人们对教学本质及其一般规律的认识和理解,探索教学原理如何在信息技术教学中得以体现及其表现方式和途径。教师的不断研究和探索,也必然能够引导学生科学地学习、高效地学习。

第四,开展信息技术教学研究有利于发展和改革信息技术教育事业。信息技术本身的发展和进步、学生已有知识的不断充实、教师队伍的变化都使信息技术教育面临着许多的新问题、新情况,因此组织各种试验和对教学实践、教学理论的总结,用新的知识丰富原有的理论和实践,最终用以在宏观上指导教学,例如基于大面积的、基础标准的教育信息技术研究能够对信息技术教育的整体推进和提高有指导作用,通过这种研究能够保证中小学信息技术教育沿着正确的方向顺利发展,为建立与我国国情相符的信息技术教育体系创造条件。用信息技术学科特有的研究方法、研究成果来推进该学科教育发展的历程,揣摩发展趋势,规划教育事业的发展,全面推进我国中小学信息技术教育事业稳步发展。

二、信息技术课教学研究课题的选择

任何研究都是从研究问题开始的。研究的首要步骤是选题,只有选好题,我们的研究才有意义和可行性。一般来说,信息技术课教学研究课题选择是指从信息技术课研究和教学过程中出现的复杂的教育现象中选择并确定自己要研究的问题。我们将会从选题的本质、选题的基本要求、选题的策略来对选题的问题作一个比较清晰的阐述。

(一) 选题的本质

从信息技术教育现象到可以研究的课题有一个转化过程,洞悉了这个过程,也就理解了选题的本质。在这个历程中我们要把握两个关键的概念:教学现象和课题。

1. 对教学现象的把握

信息技术教学中出现的问题是课题的来源,通过对教学现象的把握,我们可以知道从哪里寻找研究课题,并可以选择合适的教育现象并从中提炼出可行的课题。

(1) 教学现象的内涵

德国哲学家胡塞尔创造的现象学中指出:现象是世界显现到我们意识中的东西。其一,现象是客观世界已经存在的东西,没有事先的存在也不会有现象;其二,现象必须被研究者主观意识到,进入研究者意识中的事物才是现象。从现象学中,我们要明确所有的研究都不是臆想的,必须有坚实的现实基础,研究现象并不是事实本身,只是研究者意识到的事实。

理解研究现象,一方面要充分理解教学现象的多方面性,这种现象并不是我们想象的唯一的解释,它从多方面拓展了我们对教育教学现象的认识,甚至看到别人看不到的东西;另一方面我们也要关注学术界在理解某一教学现象时所经常用的方法,这样研究结果才能被大家所认同。

(2) 对教学现象的分析

理解了教学现象的本质,我们就要对教学现象进行分析。对教学现象的分析,首先要做的就是对其进行定位,包括理论定位和实践定位两个方面。所谓理论定位,就是从理论上确定自己所研究的教学现象和问题处于什么位置,它可以帮助研究者明确自己的研究所属的理论体系,从而为这一研究可以运用的视角和理论奠定基础。一般来说,理论定位要考虑以下因素:

研究课题所属的理论脉络,尤其是本理论中所涉及的概念。比如一个学者或者教师研究信息技术课还不能在全国范围内推广的现象,他从社会学的角度认为这个问题属于经济的范畴。在我国,不发达地区不具备购买多媒体设备的能力,有些地区虽然在国家的帮助下具有购买多媒体设备的能力,但受到人力资源的限制。一方面当地没有懂得信息技术的人才;另一方面懂得信息技术的人才又不希望到偏远的地区去搞信息技术的研究与教学,这些都限制了信息技术课在全国范围内的推广。

与研究课题有关的研究的进展情况,尤其是相关研究的进展。对于初学者,如果相关研究太少,会发现无法下手;相反,如果相关研究太多,会发现自己很容易和别人的研究重复,很难选题。此外,相关研究和本研究的关系也是选题必须关注的,从而找到自己相关研究的突破点。

对自己研究课题相近的概念进行区分。这种区分有助于澄清自己的研究所涉及的概念,为概念的界定和研究的清晰性打下基础。

所谓实践定位,就是说要找到自己所研究的问题在实践中处于什么位置,经过实践定位,可以明了自己的研究从实践的哪个方面入手。一般来说,实践定位要考虑以下因素:

研究课题所属的教育阶段,比如是小学、中学、大学等。

研究课题涉及信息技术教学中的哪个领域。

研究课题所属的具体教学范畴,如教学问题中的教师问题、学生问题、教学环境问题,等等。

和相近的教育实践进行区分,以防在研究中发生混淆现象。

那么,怎么选择自己的研究视角?首先,必须清楚有哪些视角可以利用,我们可以看已有的文献,从中发现别人都运用了哪些视角。其次,研究视角的选择还与自己的学术偏好有关,研究者应该从自己最熟悉的视角出发展开研究。最后,考虑自己心中有关这一现象的假设,如果自己的假设大多属于心理活动的,就要选择心理学视角。

2. 对课题的理解

选题的目的不是对教学现象的理解,而是从教育现象中发现、总结和概括出有关研究课题。

(1) 课题的内涵

简单地说,教学课题就是确定下来成为研究对象的教学现象。其一,课题来源于信息技术教学现象,研究的对象是信息技术教学现象本身;其二,课题是对信息技术教学现象的截取、总结、提炼的结果,而并不是教学现象的全部。上述对课题的界定具有两个方面的意义：一方面，任何课题研究的对象都是教学现象，不是凭空臆想的产物；另一方面，任何研究都是对现实的课题化。

（2）课题的表现

课题在具体的研究中表现为明确的研究问题。研究问题是一个研究所要回答的具体问题，这个具体的研究问题虽然来自于教学实践，和我们平时所说的"教学现象"和"教学问题"有着紧密的联系，但"教学现象"和"教学问题"本身都是十分复杂的，研究问题只是从信息技术教学的"教学现象"和"教学问题"概括和提炼出来的，因此，比某种教学现象或问题更为具体，更适合展开研究。

（二）选题的基本要求

在教学研究过程中，要解决的问题很多，但并非所有的问题都可以作为研究课题，研究问题有主次和大小之分。一个研究课题必须符合以下四个基本要求：

1. 课题必须有研究价值

问题本身是否新颖和富有创意直接关系到课题的价值，只有那些现有的信息技术教学知识体系不能覆盖和无法解释的疑惑，才可能成为研究的问题。选定的问题不仅要对信息技术学科具有很好的内部价值，而且对相关其他领域也有较高的外部价值。衡量选定课题价值的大小，主要看两个方面：一是所选择的课题是否符合社会的发展、教育事业发展的需要，是否有利于提高信息技术教学质量，促进学生的全面提高；二是所选择的研究课题是根据教育科学本身发展的需要而确定的，是为了检验、修正、创新和发展教学理论，建立科学的信息技术理论体系。

2. 课题的提出必须有据可循

选定的问题必须做到指导思想及目的明确，立论充分、合理。首先，课题必须以信息技术科学基本原理为依据，即理论基础。信息技术理论对选题起到定向、规范、选择和解释作用。没有一定的科学理论依据，选定的课题必然起点低，盲目性大。其次，选题还要有一定的事实依据，即实践基础。研究课题从实践中产生的，具有很强的针对性。选题的理论基础和实践基础制约着选题的全过程，影响着选题的方向和水平。

3. 课题的表述必须具体明确

研究者选定的课题不仅要有意义，而且要清楚明白。选定的问题一定要具体化，界限要清，范围要小，不能太笼统。课题是否具体、适度往往影响全局的成败。那种大而空、笼统模糊、针对性不强的课题往往科学性差。

4. 课题必须是可行的

课题的可行性是指研究的问题是研究者可以找到信息加以解答的。可行性包括三方面的条件：

客观条件。除必要的资料、设备、时间、经费、技术、人力、理论准备等条件外，还有科学上的可行性。

主观条件。指研究者本人原有的知识、能力、基础、经验、专长，所掌握的有关信息技术课题的材料以及对此课题的兴趣。

时机问题。选题必须抓住关键性时期，什么时候提出该课题要看有关理论、研究工具及条件的发展成熟程度。

(三) 选题的策略

1. 选题的具体来源

要进行选题,首先要明确课题研究从哪里来,一般来说,一个教育研究的课题有以下三个方面的来源:

课题从已有的信息技术文献中得到。通常情况下,研究者要发现一个有意义的课题,往往需要查阅一些文献。获得课题有两种方法:其一,研究者事先并没有研究本课题的念头,只是因为其他原因去查阅文献,结果发现一个教学现象值得研究;其二,研究者通过其他途径,比如根据自己的经验或者对某方面的话题感兴趣,但是尚不明确,于是开始查阅文献,使自己要研究的课题明朗起来。

课题从生活或者工作经验中得到。从生活或者工作经验中发现课题是一种从实践到理论的研究路线,生活或工作经验是教育研究的源泉,在生活或工作实践中,研究者可以发现更加广阔的研究天地。

课题从各级课题指南中得到。各级教育科学规划的课题一般有两个来源,来自于专家和来自于教育行政部门。教育专家对教育理论的发展非常熟悉,对教育实践的要求也有一定的了解。教育行政部门虽然不如教育专家对教育理论的理解透彻,但是他们对于教育实践中的困境和难题比较熟悉,因此提出的课题往往是当前教学发展所需要的。

2. 选题的思维策略

选题的思维策略就是研究者处理、加工研究对象的思维方法。研究都有研究的对象,但是只有研究对象,还不能构成研究的选题,许多教师的选题就停留在这一步。造成这个问题的关键是缺少对研究对象进行精加工的选题思维策略。

思维策略是研究者思考问题方式的具体表现,是个人心智水平的凝结。选题思维策略,既是教育研究者研究思维方式的具体表现,也是活化研究者知识储备的催化剂和反映研究者"学术主见"的试金石。具有新意的选题能够体现研究者独到的、个性化的思维策略,而缺乏新意的选题则反映研究者拙劣的思维策略。虽然思维策略没有僵化的定规和程序,但它也不是完全虚无缥缈、无踪可寻,总结前人的选题思维策略类型,在模仿中创造,逐步形成个性化的选题思维策略也是可行的。

三、信息技术课教学研究报告和论文的撰写

研究报告和论文的撰写是研究意义得以体现的必需过程,也是研究过程中非常重要的环节。研究报告是教育科研成果的最终表现形式,可分为哲理型论文、实验报告、经验总结报告、调查报告等。撰写研究报告有利于提高教学质量,有利于提高教师自身素质,撰写研究报告是总结发表科研成果的基本手段,也是交流推广教育科研成果的重要工具。研究报告主要有学术性、科学性、创造性、针对性和专业性等特点。

(一) 信息技术调查报告及其构成

调查研究报告是反映调查过程和结果的一种研究报告,它通过一定的形式表达调查研究取得的结果、研究者的观点及某种理论。一般情况下,调查报告从提出问题、分析问题到解决问题一般由题目、前言、正文、总结和附录五个部分组成。

（1）题目。反映主要研究的问题和中心思想。可加副标题对主标题进行补充。

（2）前言。说明调查的目的、意义、任务和方法。首先要说明调查的内容是什么问题，调查此问题的原因和背景，调查的筹备过程和调查内容，国内外对同一课题的研究概况以及此次调查的理论意义、现实意义和方法。其次要说明调查的基本情况，概述调查的时间、地点、对象、范围、取样及调查的方式方法。要让读者知道在调查研究中收集和分析资料的方法和手段，有判断调查资料来源是否可靠、分析方法是否科学、结论是否正确的依据。

（3）正文。正文部分即调查内容，通过叙述、调查图表、统计数字及有关文献资料，用纲目、项、篇、章、节的形式把主题内容有条理并准确的表示出来。

（4）总结。在对整个调查内容进行总体的定性、定量分析的基础上，概括出事物的内在联系和规律，并提出新的见解、理论和意见。

（5）附录。在调查报告后面附上调查工具和原始材料，包括收集和分析资料的调查表或者调查问卷、原始资料、典型个案资料等。附录的作用是为读者提供可供分析的原始资料，以便读者分析借鉴收集和分析资料的方法是否科学，材料是否可靠，结论是否合理。

（二）信息技术实验研究报告及其构成

实验报告是以书面的形式，全面地反映教育实验过程和结果的一种研究报告，它的显著特点是客观性。实验报告的基本结构如下：

（1）标题。实验报告的标题应当力求简练、具体、明确，要准确地、清楚地呈现所研究的主要问题。标题常常采用研究课题的名称，并指明所研究的主要变量，使读者一目了然。

（2）前言。是研究报告的正文开头部分，包括提出问题；通过对有关文献的考察，说明选题的依据，课题的价值和意义；目前国内外的研究现状、研究成果和存在的问题和发展趋势；该研究所要解决的问题以及研究的理论框架四个部分。

（3）实验方法。目的是使人了解研究结果是在什么条件下和什么情况下通过什么方法和事实得来的。实验方法中要交代被试的选择、实验的组织类型、因果共变关系的验证以及对无关因子的控制情况。

（4）实验结果。实验结果必须详细、清楚地说明每一结果与研究假设的关系，将研究结果作为客观事实呈现给读者。实验结果最重要的是提供实验数据。

（5）分析和讨论。研究者根据研究的客观事实和结论，结合自己的认识和了解，运用教育教学理论来讨论、分析与实验结果有关的问题。

（6）结论。是对实验结果进行概括和归纳，从理论上和概念上说明结果的意义。结论部分常常把研究结果和研究发现归纳为某种原理、规律等。

（7）参考文献和附录。在研究报告的结尾要注明直接提到或者引用的资料的来源。

（三）学术论文及其构成

在信息技术领域，无论是应用研究还是基础研究，只要提出了新的见解、采用新的材料、运用新的方法、得出新的结论或者站在新的高度对原有的理论作出新的解释，根据获得的科学研究新成果写成的文章就是学术论文。主要包括以下六个主要部分。

（1）标题。对论文内容的高度概括，向读者说明研究的问题和意义。

（2）摘要。有关研究的主要内容和结构的见解，并略加评论。

（3）前言。开门见山地阐明写作的目的、意图及研究方法，要求简明扼要，条理清楚，据理分析，切忌空谈或言过其实。

（4）正文。学术论文的主体部分，对研究内容进行全面的阐述和认证，是研究成果的呈现。正文部分由论点、论据和论证组成。

（5）结论和讨论。结论是将研究成果进行更高层次的精确概括，还可以提出一些建议，今后要进一步解决的问题和方向。讨论是从理论上对研究成果的含义和意义进行分析、解释和评价。

（6）引文注释和参考文献。在论文的结尾列举文中所引用或参考的他人研究成果的出处，这样既表示对他人劳动成果的尊重，体现作者治学的严谨，又可以向读者提供资料来源，帮助读者了解本课题相关的情况，提供查阅的线索。

教学研究报告和论文的撰写要注意以下几点：

第一，在科学求实的基础上创新。学术论文的中心是创新，反映作者在研究探索中获得的新见解和新理论。但是创新要立足在科学性的基础上，要实事求是，从实际出发。

第二，注意观点和材料的一致。要保证观点和材料的一致，关键在于如何选材，要紧紧围绕研究的主要问题选材，分清主次；选取典型的、具有广泛代表性和说服力的材料，对材料的质和量把握得当；选取真实准确、符合客观实际的材料。

第三，在独立思考的基础上借鉴吸收。在研究报告和学术论文的撰写中，必须正确处理借鉴吸收别人研究成果与自己独立思考的关系。一方面，我们不能故步自封，无视他人的研究成果；另一方面，不能为介绍而介绍，对所引用的观点只述不评、断章取义。我们要搞清楚作者的原意、文献内容的价值，从中挖掘出实质性的问题，将其与论证联系起来，加强论证的针对性。其次，要善于从众多的研究成果和文献中选择最典型的、富有说服力的材料但不能简单罗列和大量堆砌。

第四，书写格式符合规范，文字精练、简洁，表达准确完整。研究报告和学术论文的书写要符合规范，语言文字要准确、鲜明、生动。

第三节　信息技术教师的专业化发展

一、信息技术教师专业化发展的重大意义

教师专业化发展是教师个人能力提高和教师群体素质优化的途径和目的。无论是教师还是教育管理工作者，既要高度认识教师专业化发展的内涵和意义，又要深入探索教师专业化发展的策略与途径，从而不断提高教师专业化发展水平。

1. 教师专业化发展的含义

教师专业化发展,是指教师在社会分工中逐步成为一种专门的职业,和医生、律师一样有其自身的职业特点和职业要求,这需要经过专门的选拔、培养和训练,有相应的职业培养机构和职业标准,并能够获得一定的社会地位和经济地位。从"状态"意义上讲,它反映着教师的专业化程度或水平,如学历水平、教育教学能力、社会地位等。从"过程"意义上讲,"化"是一个渐进的过程,教师专业化是一个不断提高教育教学能力、教师个体和群体不断发展的过程,这也就是教师的专业成长过程。

教师专业化一般包括专业理念、专业知识和专业能力,信息技术教师专业化发展就是要掌握与信息技术及教学活动相关的理念、知识和能力。

专业理念是支撑教师专业发展的基础和可持续发展的动力。教师有意识地对教师职业本身和教师的教学行为做出某种探究,这也必将引起教师自身在职业观念、态度和行为上的一系列变化,教师的专业理念应该是自觉摒弃传统观念中与新课程精神不相符的东西,结合自己的教育教学经验重新构建自己的专业理念体系。

专业知识包括信息技术专业知识、教育教学科学理论知识和实践性知识三个主要成分。教育理论对教师具有非常重要的启示作用,实践性知识是教师教学能力的重要来源,它包括教学技术规则、教学经验、教学情境知识、教学决策判断能力的知识和实践化的学问知识,这些知识的增长都要求教师在教育教学实践中具有探究意识和探究能力,自主进行教学目的、教学内容、教学策略、教学资源、学生角色、教师角色、学习评价等的设计,促使教师向更自觉更主动的专业化方向发展。专业能力即教师在育人中所表现出来的教育教学能力的总和。

专业能力即教师在育人中所表现出来的教育教学能力的总和。

2. 教师专业化发展的意义

教师专业化发展对社会、教育事业、个人三个角度都有着重要意义。

(1) 教师专业化发展是科教兴国的重要举措

从社会学的角度看,教师专业化发展是科教兴国的重要举措。我国经济社会发展进入新的阶段后,拥有高新技术和创新性人才的数量和质量直接关系到国家的可持续发展。教育越来越成为一个国家创新能力的基础,成为提高现实生产力和国际竞争力的重要力量。实施教育优先发展战略,提高教育质量,加快人才培养是增强综合国力、应对国际竞争的重要手段。教育质量的提高很大程度上依赖于教师教学水平的提高,依赖于教师的专业化发展。

教师专业化发展能够使教师掌握、控制、传播、创造更多的文化资源和文化价值。教师通过接受正规的教育,掌握丰富的教育教学理论和知识,了解学习者的特点和学习活动的规律,运用各种现代教育技术和手段,以及驾驭各种学科和领域的知识与现象等,成为具有丰富理论知识的工作者。教师在文化知识的生产、建设、构建中,作用也越来越大,教师在传递、保存、交流、更新、创造文化知识等活动中也应该发挥更积极的作用。

教师的专业化过程即是社会文明与进步过程的一种反映。现代社会是专业分工越来越细化的社会。分工的细化就意味着专业化,每一个具体的工作领域都是专业化的结果,要维持这样的专业化,就要发展出一套相应的专业训练体系,包括训练特殊知识、管理技能、专业道德等。这实际上是职业"空间分化"和"功能专业化"的过程,是传统社会向现代社会转变的重要社会现象之一。

(2) 教师专业化有利于教育事业的发展

教师专业化对发展教育事业也有重要意义。教师专业化能够推进教育理论创新。教师专业化能够促使教师和教育专家深刻认识到教育是一种特殊的精神活动,需要教师分析和探讨教学活动的规律,不能忽视作为特殊精神活动、认识活动的教育教学过程的复杂性,充分发挥教师与学生的主动性和创造性。教师专业化必然引起教育理念的多样化发展和大量的教学思想、教学流派,这些不同思想的争论也会进一步激发教师群体的专业化水平,为教学理论体系的丰富和完善提供动力。

教师专业化发展能够保障教育事业的有序、健康发展,指导和影响教学实践。国家和教育主管部门确立了一系列针对教师的资格、文化素质、心理素质、个性修养的规定,教育部还规定要全面实施教师"资格制度",引进竞争机制,完善教师聘任制,破除教师职业"终身制"和"身份制",开通"下岗"、"分流"的渠道,这实际上是对教师专业化发展提出了更高的要求。教师专业化的发展满足上述条件,才能保障教育事业的健康发展。

(3) 教师专业化能够促进教师个人发展

教师专业化发展的内涵要求教师有合理的文化素质结构、高尚的职业情感和品格特征以及良好的教师职业的行为规范,如乐观向上、宽容大度、激励学生的个人品格等。不仅要系统地掌握所教学科的基础理论和知识结构,而且教师要有特殊的教学技能和能力,如课堂组织能力、语言表达能力、沟通协调能力等。教师专业化还要求教师成为研究者,教师要认真钻研有关的教学研究成果,主动去扩充、更新知识,科学地分析和概括教学活动。教师的专业化发展必然使研究领域进一步深化,将肤浅、分散的教学经验发展成为深刻的、整体的系统科学体系。教师能够做教学研究,教师应该做研究,教师需要教学研究,教师就是研究者等观点就是把研究看做是教育实践中的一种态度、方式,认为研究体现着教育的根本意义,教师就是教育研究的主体。因此教师在从事教学活动中的研究意识、主体意识是教师专业发展的重要支撑。

不仅如此,教师专业化也是教师不断进步和教育事业发展的必然趋势,国际上很多国家都已经有明确的教师专业化要求和专业化进程。在世界范围的教育改革浪潮中,人们清晰地认识到,教育改革的成败在教师,只有教师专业水平的不断提高才能造就高质量的教育水平,因此教师教育的专业化发展成为世界各国教师教育改革的共同目标。早在1996年,联合国教科文组织召开的第45届国际教育大会提出:"在提高教师地位的整体政策中,专业化是最有前途的中长期策略。"我国的教师专业化发展是伴随着教师资格认证制度的实施和教师继续教育的落实而逐步发展的。教师专业化发展必须基于一定的策略和途径。

二、信息技术教师专业化发展的途径

信息技术教师专业化发展是信息技术教师职业生涯中的重要活动,需要得到教育行政部门、学校领导和教师个人的支持与配合。尽管教师专业化发展已经提出多年,学校和教师对教师专业化发展也采取了很多的措施,付出了较多努力。但仍存在一些问题:

教师的学历不高,或者尽管取得了学历,但并非全日制学习获得的学历,学历层次与专业水平不匹配;以教师事业心、进取意识、敬业奉献精神不足为表征的教师道德素质与社会对教师的期待有一定差距;教师评价强调教师的"德",而不是"能",实际上,教师发展到一定程度之后,最大的差异表现在知识能力和教学水平上;教师培训不能覆盖到全部的教师,也不是一个连续、长期的过程,缺乏系统性。

1. 信息技术教师专业化发展的策略

信息技术教师专业化发展也同样存在着类似问题,现就信息技术教师专业化发展的策略和途径进行初步的分析和总结。

第一,信息技术教师专业化必须依赖于转变观念,认清专业化的内涵和目标。教育部门领导、学校管理层和信息技术教师是信息技术教育的主要认识主体,他们认识水平的高低直接关系到信息技术教育的发展和信息技术教师专业化发展。作为管理者要更新观念,提高认识,坚信教师专业化才是学校整体教学水平提高的后盾,积极为信息技术教师发展创造条件。信息技术教师要不断提高工作积极性,不断提高自己的教学技能和教学水平,充分认识专业化才是教师个人发展的出路。这里的观念还要对专业化的内涵、具体目标有现实的规划。

第二,教师专业化需要建设良好的硬件环境和条件。信息技术的教学依赖于信息技术设备的使用,如果教学设备和硬件环境得不到应用的保障,别说教师的专业化发展,就连基本的教学任务都完成不了。信息技术教学环境与一般的教学环境不同,既有一次性投入的固定资产投资,还有一些实验、实践环节的耗材和环境投入。学校要主动争取政府财政投入,也要发挥教师积极性,为学生的实践操作提供时间、条件上的支持。

第三,教师专业化要有激励措施。目前,有的地方、有的学校缺乏信息技术教师激励考核机制:干多干少一个样、干好干坏一个样、干与不干一个样,教师的热情得不到保护,更谈不上什么促进,这实际上制约了信息技术教师的发展。建立健全信息技术教师的激励考核机制,能够提高信息技术教师的工作积极性,推动信息技术教师专业发展。一方面总结、修改现有的考核评价机制;另一方面建立新的奖惩机制,对信息技术教师在职务晋升、评优选模等方面实行政策倾斜,在工作量计算、教学质量评价等方面建立科学、合理的管理制度和评价体系。

第四,教师专业化要把教师的"教"和"学"结合起来。教师的"教"和"学"是教师职业活动中的两个主要方面,"教"是教师的职业属性首先决定了的,不能履行"教"的活动自然不能称为教师。而"学",是教师为了适应社会发展开展"教"或者说为了更好地"教"而进行的"学"。教师自身为了实现专业化发展,就应该主动参与到提高自身素质的各项活动中去。主动更新教学知识,大胆使用新的教学方法和手段,吸取各类教学思想,积极投身到课程改革的教育活动中去。

2. 信息技术教师专业化发展的途径

上述信息技术教师专业化的策略是一个相对的发展思路,是一个宏观上的要求。但教师专业化是一个差异的发展和个性的发展过程,因此,教师专业化发展应该在下列具体的发展途径上有选择地进行。

第一,师范院校教育。教师培训是指教师在规定的时间和地点,接受与培训目的相匹配的培训。师范教育课程的基本结构一般是由文化基础课程、学科专业课程、教育理论课程、教育技能课程和教学实践课程所构成。一个教师只有具备了这些系统知识，才可能成为一个合格的教师。师范院校不仅培养教师岗前预备能力，同时还承担着对教师职业生涯的能力提升所需的各类继续教育。

第二，项目培训。近年来，由国内外一些有影响的信息技术公司设立了培训合作项目，通过这些项目进行培训，既能够节省经费，又能够及时把握信息技术发展的新动态、新技术、新思路。目前影响较广泛的有英特尔和微软公司的培训项目。

英特尔®教育计划是面向全球教育工作者的一项长期教育计划，旨在与全球的政府和教师工作者通力合作，推动教育创新，培养能适应21世纪知识经济发展的创新人才。每年英特尔都投资1亿美元的资金，通过有效运用技术，扩展学生数学、科学和工程领域的知识。英特尔®教育计划提供了包括基础教育和高等教育在内的全面的教育项目，以使学生适应知识经济时代瞬息万变的社会要求，获得成功。英特尔的不变承诺是：有效地运用科技，提升科学、数学、工程及技术的教学和研究，不断改善教育水平和学习效果。该项目目前培训各类教师人数已经超过一百万，至2011年，英特尔未来教育项目在中国培训的教师总数达到170万名。

2003年11月20日，教育部和微软（中国）有限公司在北京签署了《中国基础教育信息化合作框架》协议。根据该协议，在教育部的指导下，微软公司在未来五年内提供价值1000万美元捐助，用以支持基础教育和师范教育，尤其是在农村和边远地区。微软公司将首先从师资培训与技能培养、农村中小学现代远程教育工程，以及教育信息技术管理培训等具体项目开始展开合作，项目内容主要是建设计算机教室、资助建设信息技术师资培训中心和参与信息技术教材开发。目前该项目已经在云南、湖北、甘肃、山东、江苏等多个省市开展。

另外，还有一些企业和商业机构资助或赞助了区域性的教师培训项目，这也是教师专业化发展的有效途径。

第三，同行交流。教师同行交流就是互相取长补短，以老带新，以新促老，形成传、帮、带的共同进步的氛围。教师同行集体备课，互相评课的措施能够让教师在集体环境中较快地成长，尤其是在实际教学经验不足或者教师队伍差距较大时尤为明显。教师的同行交流还应该有学校或者课题组的正确引导，使教师同行交流形成一种相对稳定的体制，必要时可以和其他培训、课题研究结合起来，也可以与其他学校、其他地区、其他层次的教师进行交流。一个优秀的教师不仅善于向同行学习，吸取别人的长处，也能够向其他教师探讨、传授自己的教学体会和经验。教师的同行交流有正式的，即在一个规定的时间和地点，预设的参与人员，也有非正式的，即随机的交流，甚至是在网络、QQ群、博客圈子等场合进行。

第四，课题促进。随着信息技术教师专业水平的不断提高，教师开展一定的课题研究和教学改革项目是教师发展的重要手段。在课题研究中，教师是研究者，在教学的过程中要勇于反思、探询、研究，以自己的亲身感受去验证、理解、关注，进而发现、提出、解决教学面临的各种实际问题，以研究者的眼光审视和分析教学理论与教学实践中的各种问题，对自身的行为进行反思，对出现的问题进行探究，对积累的经验进行总结，使其形成规律性的认识。这样教师就能把课题研究融入工作中去。教师在这一过程中,逐步学会反思,学会合作,学会交流,使教师从不成熟到成熟,从新手到专家,有效地促进了教师专业发展。教师既是课程改革的实践者,又是课程改革实验的研究者。将课题研究融于日常教学之中,促进课题研究与教学实践的互动。通过课题研究,教师对教材的处理、课堂的组织、师生的互动、课堂的驾驭能力,都会有明显的提高,这无疑是教师专业化的重要表现。

第五,课程开发。《中小学信息技术课程指导纲要(试行)》中对课程任务和目标、教学内容和课时安排、教学评价都有了比较明确的规定,但信息技术教材和课程开发仍然具有一定的灵活性。教师应该开发、设计、转化一些既能够在现有条件下完成规定的教学目标,又能够体现学校或地区特色的信息技术课程。国家提供的课程标准是完成教学任务的基本前提,也是基本要求。但这些要求通过什么版本的教材、什么样的课堂组织形式、什么样的教学内容和教学进度安排都可以被教师控制,正是有了这个自由度和灵活性,教师的主动性才能够更好地发挥,教学活动才更有特色。教师参与课程设计,使课程以国家及地方制定的课程纲要的基本精神为指导,依据学校自身的性质、特点、条件及可利用和开发的资源,由学校教师自愿、自主、独立或与校外团体及个人合作开展的旨在满足本校所有学生学习需求的一切形式的课程开发活动,是一个持续和动态的课程改进过程,这样使教师得以亲自参与到课程编制的整个过程,教师对学生的现有能力掌握情况和预期发展目标有着比较准确的评估和了解,教师需要从短期和长期目标、效应进行规划,对教学内容的可行性进行判断分析。可以说,课程开发给教师松绑,让教师自主决策,对教师专业化发展提出了更高的要求,也提供了教师专业化发展的广阔空间。

教师专业化发展是教师职业生涯不可缺少的一个过程,也是教师队伍不断优化、教师素质不断提高的表现和途径,但教师专业化发展不是一蹴而就的过程,需要教育管理部门的支持,需要学校领导的重视,更需要教师长期、持续的努力。

学习活动:

调查或走访某中学,并与信息技术教师座谈,了解信息技术教师的工作内容,调查他们对信息技术教师能力的理解。

思考与练习:

1. 讨论:信息技术教师应该具备哪些能力?
2. 如何看待网络资源在信息技术教学资源中的重要性?
3. 网络教室的优点和重要应用有哪些?
4. 信息技术教学研究的特点和意义有哪些?
5. 如何提高信息技术教学研究能力?
6. 教师专业化发展有何重要意义?
7. 教师专业化发展的途径有哪些?

第八章 信息技术课程教学评价

学习目标

1. 知道信息技术课程教学评价的含义,了解信息技术课程教学评价的重要意义;
2. 了解信息技术课程教学评价的原则;
3. 了解中小学信息技术课程教学评价的特点及基本要求;
4. 掌握学生信息技术课程学习绩效评价的方法,比较各种方法的特点,能够根据具体内容选择合适的评价方法;
5. 了解信息技术教师工作绩效评价的指标体系,了解信息技术教师工作绩效的评价方法。

本章导读

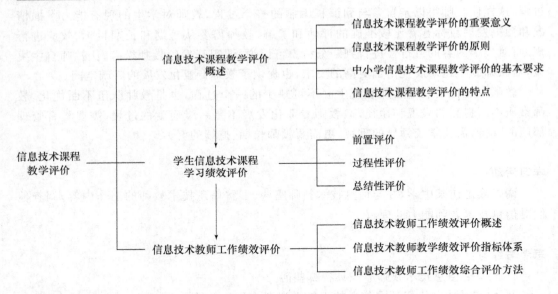

所谓教学评价是根据一定的教学目标,通过有目的、有计划、广泛而系统地收集有关教学效果的信息,并依据这些信息,对学生的学习绩效和教师的教学绩效做出价值判断,并以此为依据,调整、修改、优化教学过程的一种活动。

教学评价在教学过程中起着激励、导向和质量监控的作用,建立体现素质教育思想、促进学生全面发展、激励教师不断改进教学方法、提高教学质量和推动信息技术课程不断完善的信息技术教学评价体系,是信息技术教学活动的重要组成部分,它对于促进信息技术教育的健康发展、实现全面提高学生的信息素养具有十分重要的意义。

21世纪要培养的是富于创新精神、价值观正确、交流合作能力良好和意志坚韧不拔的人才,所以在教学评价中,我们不仅要评价学生获得的知识和技能的多寡,而且要关注学生获得知识和技能的方法,以及与之相伴随的情感态度与价值观的发展变化。中小学信息技术是一门新兴的学科,在教学评价方面还显得比较薄弱。调查表明,很多中小学的信息技术课程还没有形成有效的评价机制。因此,建立一种适应新课程改革需要的中小学信息技术教学评价体系,是非常迫切和必要的。

第一节　信息技术课程教学评价概述

新一轮课程改革倡导"立足过程,促进发展"的课程评价理念,倡导发挥教师在评价中的主导作用,创造条件实现评价主体的多元化,全面评估学生的信息素养。以评价促学习,以评价促发展,这成为信息技术课程目标达成、教师教学能力提高的重要手段。

教师要引导学生转变学习方式,引导学生由接受学习转变为主动学习,学会与他人合作学习,在教学过程中体现科学探究、合作学习等现代教学思想,使学生在学习过程中达到"自主、体验、个性发展"的目标,让教与学的形式"生动、多样、有趣",以适应新的评价理念。

我们要建立中小学信息技术课程学习目标体系,要从以注重知识技能为主转变为以学生发展为本,真正体现注重知识与技能、过程与方法、情感态度与价值观。教师需重新组合教学内容,使得信息技术课的教学内容贴近学生的生活和实际需要,根据学生的需要来建构知识,既要考虑学生目前发展的实际,又要考虑学生将来发展的需要。把培养学生学习的情感态度和科学的价值观作为教学与评价的重要内容。

一、信息技术课程教学评价的重要意义

对任何事物做出评价,其意义不仅仅在于给出价值判断,更重要的应该是促进事物的改进、提高和发展。信息技术课程的教学评价也是如此。信息技术课程评价不仅仅是对教师和学生在信息技术课程教学中的行为做出价值判断,更主要的是通过检查学生信息技术的学习状况,来巩固学生的学习成果,肯定或修正教师的教学方法,最终达到全面促进学生信息素养提高的目的。

1. 评价可以检查学习效果,激励学习动机

在学习过程中,可以通过形成性评价来达到判断学生前期学习目标达成的情况,对学生的学习情况及时反馈,调整和改进学生的学习过程。在学习结束时,可能通过总结性评价来达到检测学生整个学习过程的学习效果,是否达到学期预期的学习目标,并以此来评定教学的有效性。学习动机是指直接推动学生进行学习的一种内部动力,是激励和指引学生进行学习的一种需要。精心设计、运用得当的评价程序可以激发学生的学习动机,从而促进学习目标的达成。

2. 评价可以促进学习的保持和迁移,巩固学习成果

信息技术学习是一个连续的过程,任何信息技术学习都是在学生已有信息技术知识、技能和经验构成的认知结构基础上,理解和建构新信息技术的过程。因此,学生已有的信息技术知识、技能和学习经验会对后续的信息技术学习产生影响,而新的信息技术

学习过程及学习结果又会对学生原有的知识、经验、技能等产生影响,这种新旧学习之间的相互影响就是学习的迁移。

学生当前的学习能否对后续的学习产生积极的迁移,取决于学生能否在后续的学习中迅速搜索、提取和应用学过的相关知识、技能、策略等。因此,要有效地利用学生已有的知识技能促进后续学习,必须理解学习及其迁移发生的原理,必须在信息技术教学评价中重视对知识的理解以及对各种知识、技能解决问题等层面的评价,以引导学生对知识、原理的理解及实践应用的重视,将评价作为提高学生学习保持效果和迁移效果的工具。

3. 评价可以促进学生信息素养的全面养成

信息技术课程的评价在检查学生的学习过程中,巩固了学生的学习成果,增长了学生信息技术方面的知识,发展了学生信息技术能力,最终促进学生信息素养的全面养成。首先,信息技术课程的评价有利于发展学生的信息意识与情感,评价过程也是学生心理的一种潜在表现过程,正确的评价能使学生真实表现当前的心理状况,并且能反映出学生的意识和情感。第二,信息技术课程的评价可以提高学生信息伦理道德的修养,在信息社会里,培养学生良好的伦理道德修养,正确使用信息资源,合理保护自己的劳动成果,是任何一个学生在基础阶段都应具有的修养。第三,信息技术课程的评价可以促使学生信息科学常识的积累,信息技术课程的评价一方面可以把学生所学的理论知识运用于实践,使理论与实践相结合,加强学生对原理性的知识的理解;另一方面使学生对所学知识的细节有更深刻的认识,使所学的知识更加清晰明了。通过对信息技术知识的评价,可以促使学生了解信息技术发展的趋势,使学生从更深的层次上去认识信息技术的发展,从而把握它的发展动态,促进学生信息能力的发展。

4. 评价可以促进教学反思

教师在了解学生的学习和发展状况的同时,也要利用评价,反思并改善自己的教学过程,发挥评价与教学的相互促进作用。充分利用和分析学生的表现,确定学生在多大程度达到了教学目标,反思教学方法和教学材料的选择是否恰当,学生学习活动序列的组织是否合理等,并提出改进措施,进一步提高教学效果。

二、信息技术课程教学评价的原则

我们希望能通过教学评价的实施来激发学生学习信息技术的兴趣,提高教师的教学水平,提高学生的信息素养。信息技术课程的教学评价应遵循以下原则:

1. 强调评价对教学的激励和诊断作用

信息技术课程中的评价,要强调评价对教学的激励、诊断和促进作用,弱化评价的选拔与甄别功能。在信息技术教学过程中,应通过灵活多样的评价方式激励和引导学生学习,促进学生信息素养的全面发展。教师应注意观察学生实际的技术操作过程及活动过程,分析学生的典型信息技术作品,全面考查学生信息技术操作的熟练程度和利用信息技术解决问题的能力。教师在向学生呈现评价结果时应多采用评价报告、学习建议等方式,多采用鼓励性的语言,这一方面有利于激发学生的内在学习动机,另一方面也可以帮助学生明确自己的不足和努力方向,促进学生进一步的发展。要慎用定量评价,呈现评价结果时要尽量避免给学生贴标签或排名次,弱化评价对学生的选拔与甄别功能,减轻评价对学生造成心理负担。教师在了解学生的学习和发展状况的同时,也要利用评价结果反思和改善自己的教学过程,发挥评价与教学的相互促进作用。

2. 树立评价主体多元化意识

教师应注意发挥在信息技术评价中的主导作用,同时充分利用学生的评价能力,适时引导学生通过自我反思和自我评价了解自己的优势和不足,以评价促进学习;组织学生开展互评,在互评中相互学习、相互促进,共同提高。

建议教师根据评价目的和当地现状创造条件组织家长、学校、外部考试机构、教育团体等有关机构和人员参与教学评价。为了减少各评价主体的主观因素对评价结果的干扰,教师可以在评价之前设计统一的评价标准,并与各评价主体充分交流,提高评价主体之间的一致性,保证评价的客观与公正。评价结束后,教师应及时收集评价信息,统计、归纳评价结果,并尽快反馈给学生和参与评价的有关人员。

3. 评价要关注学生的个别差异

中小学生学习和应用信息技术的能力水平、学习风格和发展需求等方面的差异很大,信息技术课程的评价要正视这种个别差异。同时,学生个性特征总是存在,进行信息技术创作的热情也较高,评价时要充分尊重学生的个性和创造性。信息技术课程的评价标准和评价方式的确定和选用,要在保证达到最低教学要求的基础上,允许学生通过不同的方式展示自己的想象力与技术水平。一方面,不同起点学生在已有基础上取得的进步都应该得到认可,使每一个学生都能获得成功的体验;另一方面,要尊重学生在学习和应用信息技术过程中表现出的个性和创造性,对同一信息作品的不同设计思路和不同设计风格、对同一问题的不同技术解决方案等,都应给予恰当的认可与鼓励。

三、中小学信息技术课程教学评价的基本要求

"关注学生的发展,促进学生的发展"是新课程倡导的学生评价新理念。在这一理念指导下,信息技术教学评价应符合以下要求:

1. 评价功能立体化

传统教育本身以选拔和升学为目标,导致了它对评价的诸多教育功能的忽视,而过于注重对学生学习结果的价值判断,强调对学生的分等和甄别,不利于全体学生的全面发展。信息技术课程标准提出"信息技术课程的总目标是提升学生的信息素养",并进一步划分为"基础知识、操作技能、交流与评价、问题解决以及价值观与责任感"等诸多层面。与新课程目标相适应,评价的功能从单一走向立体,人们认识到,评价不仅仅充当选拔的工具,更重要的是成为教学的工具,为学生的发展提供及时而良好的服务。在关注静态的鉴别、选拔功能的同时,人们更注重评价的动态调整、改进教学、激励师生、诊断教学、反馈信息等功能,使学生和教师了解学习过程中存在的缺陷和不足,从而促使教师改进自己的教学行为,使学生完善自己的学习过程。

2. 评价标准多维化

评价标准是评价主体对评价对象进行价值判断所依据的价值尺度。传统的教育模式把教育的价值定位在筛选功能上,这种模式下的评价过于强调相对标准,其作用是确

定学生在群体中的相对位置,这种标准有利于激发学生的竞争意识,但其客观性差,不能很好地反映学生的实际水平,且易导致激烈的、无休止的竞争。

信息技术课程标准提出的"提升信息素养,培养信息时代的合格公民"、"关照全体学生,建设有特色的信息技术课程",决定了新课程理念下的评价标准是以绝对标准为主,绝对标准、相对标准和个体标准相结合的多维标准。所谓绝对标准是指建立在理性的经验的基础之上的,在评价对象所在群体之外的客观标准。采用绝对标准,评价对象可以把握自己的实际水平,明确自己与客观标准之间的差距,但绝对标准也是人为制订的,只能做到相对客观、合理和科学,且只能反映对评价对象的共同的基本的要求,缺乏个性差异方面的考虑。相对标准是在被评价者群体内,以被评价群体的平均水平作为评价标准。相对标准有利于鼓舞学生学习的热情。个体标准是根据评价对象现在和过去的情况来确定的标准,主要用来衡量自身的学习和发展的现状,是一种个性化的评价。三类评价标准相辅相成、相得益彰,使得信息技术课程的评价活动得以科学、合理地开展。

3. 评价主体多元化

传统的信息技术课程评价的主体和评价的信息来源是比较单一的,一般都是由教师来评价学生,忽视了学生的自我评价和学生之间相互评价的价值,也忽视了家长和社会各界的参与,导致评价结论片面、主观,且难以保证被评价者对评价结果的认同,信息技术课程的总目标是提升学生的信息素养,而信息素养更多存在并体现在日常学习和生活中。因此,在制订评价内容和评价标准时,教师应更多征求学生和家长的意见;在评价资料的收集中,学生应发挥更积极的作用;在得出评价结论时,也应鼓励学生积极开展自评和互评,通过"协商"达成评价结论;在反馈评价信息时,教师更要与学生密切沟通,共同制订改革学习的措施,以保证"以评价促进学生发展"的真正落实,评价主体的多元化,一方面可以从多个方面、多个角度出发对学生进行更全面、更客观、更科学的评价;另一方面,作为评价主体的学生,在进行评价的过程中,也不再处于过去单纯的被动状态,而是处于一种主动的积极参与状态,充分体现了他们在教育评价活动中的主体地位,这十分有利于学生不断地对自己的学习活动进行反思,对自己的活动进行自我调控、自我完善、自我修正,促进评价习惯的养成,达成发展自我评价能力的目的,同时提升信息素养。

4. 评价方法多样化

评价方法多样化,是指改变过去单纯通过书面测验和考试来检查学生对知识、技能的掌握情况的做法。倡导运用多种评价方法、评价手段和评价工具,综合评价学生在情感态度与价值观、创新意识和实践能力等方面的进步与变化。每种评价方法都有自己的特点和优势,同时也有不足,为了保证评价的全面性、客观性、科学性,应具体问题具体分析。

由于信息技术课程的特殊性,我们可以采用定量评价和定性评价等多种评价方法。所谓定量评价是指通过教育测量获得相关的数据,通过一个或一组数据来表明评价对象的状态。而定性评价则是力图通过自然的调查,全面充分地描述评价对象的各种特质,以彰显其中的意义,促进理解。追求客观化、量化一度成为评价方法的主流,标准化测验、常模测验一度成为盛行的评价手段。美国教育家杜威曾明确指出,在教育领域,真正能揭示教育现象本质的,不是量的研究方法,而是质的研究方法。在我国质性评价方法逐步受到教育工作者的重视和认可,并成为基础教育课程改革中大力倡导的评价方法。目前,学生成长记录袋、表现性评价、情境测验、行为观察等质性评价方法已得到广泛关注。

5. 评价内容全面化

以往的教育评价过于关注学生知识与技能的获得,而学生在学习过程与方法、情感态度与价值观等其他方面的发展则或多或少地受到忽略;与此相对应,传统的信息技术课程评价只关注学生的学业成绩,而学生在教育活动中体现的实践能力、创新精神、心理素质、行为习惯等综合素质的评价则因为缺乏有效的评价工具和方法而受到忽视。新一轮基础教育课程改革提出,课程的功能要从单纯注重知识与技能的传授转变为引导学生学会学习,学会生存,学会做人。与此相一致的信息技术课程的评价理念强调评价内容的全面性和综合性,强调对评价对象各方面活动和发展状况的全面关注,注重对学生综合素质的考查,不仅关注学生学业成绩,而且关注学生的创新精神和实践能力的发展,提倡观察学生实际的技术操作过程及活动过程,分析学生的典型信息技术作品,全面考查学生信息技术操作的熟练程度和利用信息技术解决问题的能力,以及在此过程中体现的交流与合作能力。

6. 评价结果归因的多维化

评价者在解释信息技术课程的评价结果时应充分考虑到学生的先天素质、生活环境、生理特点、心理特征、动机兴趣、爱好特长等各个方面的差异,对同一信息作品的不同设计思路和不同设计风格、对同一问题的不同技术解决方案等,都应给予恰当的认可与鼓励,最大限度地以个性化方式进行评价结果的归因,并坚持正面教育的原则。在呈现评价结果时应多采用评价报告、学习建议等方式,多采用鼓励性的语言,以表扬激励为主,做到客观、公正,注意保护学生自尊,引导学生认识自己的智能优劣,进而采取针对性措施,弥补劣势,发展优势,从而提高学生的信息素养。

四、信息技术课程教学评价的特点

在中小学信息技术课程教学评价过程中,必须要对学生所掌握的知识、认知能力与水平、道德思想等方面作全面评价。方法可以是多样化的,不仅要有笔试、口试,还要有动脑思考、动手操作等动态的评价过程。信息技术课程的教学评价有不同于其他课程的特殊性,了解和把握这些特点,对信息技术课的教学评价有着十分重要的意义。

1. 理论与实践相结合特点

中小学信息技术课程是一门知识性与技能性相结合的基础学科,在学习基础知识的同时,应注重操作实践。所以,在教学评价过程中,考查学生对基础知识的理解和掌握,一般采用选择题、填空题、判断题等形式,比较容易做出定量分析。但对于操作题的评价,要注意理论与实践相结合的方法,评价的方法和技术不只是单纯的定量分析,而要采用定量分析和定性分析相结合的方法。

2. 评价内容多元化特点

中小学信息技术课程的教学评价,应注意内容多元化的特点,要注重学生信息素养的评价,不仅关心学生的考试成绩,更要关注学生创新精神和实践能力的发展。也就是说要重视学生的个性发展,发展他们多方面的潜能。因此,要采用先进的评价方法,不仅要评价"知识"或"概念"等认知层面,而且要重视"实践"等操作层面的评价。例如,对学生编辑的小报、网页、演示文稿、多媒体作品等的评价,教师可以从这些作品中发现学生的想象力和创新精神,以及熟练的操作技能。从某种意义上讲,如果评价的结果表明学生取得了进步,则说明教学取得了成效;反之,教师应该调整教学思路并改进教学方法,不断提高教学质量。

3. 评价环境差异性特点

中小学信息技术课程教学需要硬件和软件的支持,教学的实施和教学的效果很大程度上与硬件和软件息息相关。我国地域广阔,各地区经济文化水平不平衡,所以在师资力量、计算机机房配置等方面有着很大的差异。例如,经济和文化发达地区硬件条件好,操作系统采用 Windows XP、Linux 等,而有些地区只基于 Windows 98 甚至 DOS 平台,地区差异导致了信息技术教学评价方案的差异。对此,我们一定要根据本地区的实际情况,选定合适的教材,确定评价目标,制订出较为合理的评价方案,促进中小学信息技术教学法的健康发展。

4. 利用现代教育手段进行教学评价特点

利用现代教育手段,特别是利用计算机进行信息技术课堂教学评价,是教育改革的一项重要课题。我们必须利用学科本身的优势,利用网络进行在线考试和用计算机进行教学评价,这样充分体现了计算机在教学评价中的先进性。

第二节 学生信息技术课程学习绩效评价

在信息技术教学过程中的各个阶段,对学生进行评价,是确保学生的信息技术学习获得理想绩效的有效办法。在信息技术教学活动开展之前,对学生进行前置评价;在信息技术教学活动开展的过程中,对学生进行过程性评价;在教学活动之后对学生进行总结性评价。

一、前置评价

前置评价就是在教学活动开展之前,为判断学生的前期准备状况而进行的教学评价。它要解决的问题包括三个方面:第一,学生是否已经掌握了参加预定学习活动所需要的知识与技能;第二,在多大程度上学生已经达到了预期的学习目标;第三,学生的兴趣、学习习惯及其他相关因素说明应该采用何种教学方式才最适合他们。

把学习新知识所需要的先决技能作为评价的主要内容,在信息技术课程或者某个单元开始之前进行,用来检测学生是否具备了学好新课所必需的知识和技能,这可以用来获得上述第一个问题的答案。如果大多数学生还没有掌握这些知识和技能,则说明应该降低教学起点。把预期的学习目标作为评价的主要内容,亦在教学活动开展之前进行,这样的测验可以用来了解在多大程度上学生已经达到了预期的学习目标。如果大多数学生已经达到了预期的学习目标,则说明应该提高教学起点。学生对信息技术课程或者其中特定的内容的兴趣、态度、学习习惯、个性因素等则可以通过访谈、问卷等方式来了解,以确定合适的教学模式。

值得注意的是,为了确保前置评价对信息技术教学的促进作用,教师首先要根据教学内容的性质,明确界定学生学习的先决条件,以此决定希望通过前置评价收集哪些方面的信息。其次,教师应该根据预先评价的结果发现并补救学生的不足,将学生置于教学序列中的有利位置。

二、过程性评价

过程性评价就是在教学活动过程中进行的评价活动,它主要有形成性评价、表现性评价、学习行为评价、操作过程评价、作品评价、电子学档评价等形式。

1. 形成性评价

形成性评价在教学过程中进行,往往是在某一个知识点或者单元教学将要结束时进行,它主要用来让教师了解学生对刚刚学过的那一小部分内容的理解和掌握的程度。依据形成性评价的结果,教师要特别注重强化学生学习的成功之处,随后明确、具体地指出学生学习过程中需要改进的地方。当然,不只学生的学习行为与理解方式需要矫正,有时教师的教学行为与解释、演示方式也可能需要调整。比如,当形成性评价显示大多数学生都在某一个问题上出错时,教师就要反省自己是不是在这个问题上解释得不清楚;当大多数学生在某个问题上犯相同的错误时,教师就要考虑自己是不是无意中误导了学生,是不是应该换一种方式来就这个问题重新向学生做出解释或者演示。这就是信息技术课程中的形成性评价,适时为教学活动提供反馈意见,供教师和学生调整教与学的过程。

2. 表现性评价

信息技术课程的教学目的主要是培养学生获取信息、分析信息、加工信息、传递信息与表达信息的能力,涉及多种软件和技术的综合运用。学生利用信息技术表现自我观点的能力,比如,字表处理、多媒体演示文稿、图形图像处理、网页制作、算法设计与高级语言编程、数据库系统构建等,都适合采用表现性评价方式。

（1）表现性评价的特点

表现性评价的特点在于它擅长于诊断知识和技能的应用水平和非智力因素的发展（测验则更重视知识的再认）。表现性评价是让学生面临处于真实情境中的问题,并让学生依据自己掌握的知识和技能来尝试解决这些问题。例如,学生学过文字处理软件Word和表格处理软件Excel以后,需要学生综合应用这些知识技能,就可以设计一个表现性评价——提供本班信息技术期中考试的成绩列表给学生,要求学生用Word制作本班信息技术期中考试分析简报。要求简报中的考试成绩统计分析图表用Excel来制作,并把这些图表插入到简报文字中的合适位置,简报中的文字分析部分由学生各自撰写。学生完成这个任务的过程中,需要综合运用这两个软件中的文字输入与编辑、字体设置、数据计算、图表生成、图文混排、版面设计等各项技能,最终形成一个包含数据图表的具有明确主题的电子文档作品。

（2）表现性评价的层次

表现性评价可以分为两个层次：限定性表现性评价和拓展性表现性评价。限定性表现性评价关注学生在一个结构良好的限定性的任务中的实际表现。拓展性表现性评价则涉及更综合、结构化较差的操作性的真实情境中的任务。限定性表现性评价,比如,用 PowerPoint 制作自我介绍的演示文稿,要求 5 张以上幻灯片,图文并茂。拓展性的表现性评价,比如,要求学生根据对当地生活与工业污水的处理调查,制作一篇关于呼吁保护水资源的多媒体演示文稿,要求其中至少有一项数据统计图表,而且用 Excel 完成;至少有 4 张以上图片,要求用数码相机拍摄,并用 PhotoShop 进行美化或剪裁;导言和结束语要求有同步录音,可以控制播放或暂停;演示文稿尽量具有冲击力、震撼力和感染力。

信息技术课程中的限定性表现性评价便于教师了解学生在某一两方面的具体操作水平,并有针对性的训练学生的操作。所以,在将具体的技能放入复杂的、综合的任务中进行拓展性表现性评价中之前,可以使用限定性评价对某方面能力进行单独评价,或者在利用复杂的任务对学生进行表现性评价时,运用限定性任务来诊断学生存在的问题。

(3) 设计表现性任务的要点

表现性评价的设计有两个要点,一个是设计表现性评价的任务,一个是设计表现性评价的标准。所谓表现性评价的任务,就是在表现性评价过程中,要求学生完成的具体任务。能否设计出适当的表现性任务,是保证表现性评价信度和效度的基本前提。

设计表现性任务要考虑多个方面的因素。第一是适当选择表现性任务的类型。在学习信息技术教学情境下,常用的表现性任务的类型主要有六种:结构性表现任务、口头表述、模拟表现任务、做试验或者调查、创作作品、完成研究项目等。在实际教学中,到底选择哪一种类型的表现任务,需要教师根据教学内容及其他相关因素综合考虑决定。

第二,学生发展水平是选择表现性任务的重要依据。处于不同发展水平的学生,其可能完成的任务是存在很大差异的。这种差异集中体现在表现性任务的复杂程度和综合程度上。学生年龄越小,越不适合完成那些包含大量知识信息、涉及多个变量和要素的复杂任务。学生的抽象思维水平越高,越适合处理那些含有多个变量的交互作用的任务。学生的知识结构越是具有较好的广度与深度,越适合完成那些复杂的、综合的任务。

第三,时间、空间与设备也是影响表现性任务选择的重要因素之一。比如,要开展计算机组装这样的表现性任务,得给学生提供元件(主板、CPU、内存条、显卡、声卡、电源、机箱、显示器、键盘、鼠标等)。如果不具备这样的条件,则这样的表现性任务的设想将无法实现。

第四,为表现性任务设计真实或者接近真实的情境。在设计表现性任务时,教师除了要恰当地选择任务的类型并具体设计任务的内容之外,还要设计实施表现性任务的条件、情境及观察的次数。这里的条件主要是指表现性任务实施的时间、地点或者需要使用的设备等。这里的情境是指自然情境或者特殊控制的情境。情境的选择要根据表现性任务的特点和表现性评价的结果的用途来决定。这里所说的观察的次数,是指教师为了做出可靠的评价结论,需要观察学生表现的次数。不管评价的目的和任务的性质如何,单独一次的观察结果只能代表学生一次行为表现,不具有普遍的代表性。因此,要保证评价结论的可靠性,教师必须多次观察,多次收集资料,然后做出综合分析。如果在多次观察中获得相同或相近的表现结果,就说明这些信息是可靠的;相反,如果每次观察到的表现都不一致,那么就需要教师再做更多次的观察,收集更多的信息,然后做出可靠的结论。

第五,设计或者选定表现性评价的工具。任何评价都需要借助一定的工具来进行。

有时,评价活动非常简单,评价工具可能内化在评价者身上,从外表来看并不明显。例如,教师对学生键盘操作姿势的评价,只要借助于教师的观察,即可发现问题并进行矫正。但对于复杂表现性任务的评价,则需要借助外在于评价者的工具,通过系统的观察和详细的记录来进行,这样才能保证评价的客观性和有效性。例如,文字处理作品的评价需要打印预览或者打印输出;多媒体作品的评价需要支持该作品的播放软件;网站作品的评价需要网站发布系统和浏览器等。

(4) 设计表现性评价的标准

表现性评价是对学生在完成任务时具体行为的评价。必须事先确定评价的内容,并将它分解为构成表现成果的可观察的具体行为,拟定评价这些行为优劣的标准。明确而清楚地界定表现性行为的评价标准,是成功实施表现性评价的关键。

要保证评价标准有效,拟定表现性评价标准的策略有五条:第一,对要评价的行为表现,教师自己先实际表现一下,记录并研究自己的表现或任何可能的表现成果。第二,列出这些表现或成果的重要方面,作为指导观察和评价的标准。为方便观察和判断,表现标准的数量不宜太多,一般限制在 10~15 项之间。第三,尽可能用可观察、可测量和可量化的学生行为或成果特质来界定表现标准,避免用模棱两可的词汇来描述表现标准。第四,按行为的顺序排列表现标准,以方便观察和判断。第五,检查是否已有现成的表现评价工具,若有,则直接使用;若无,则需自行编制。比如,要求学生就某一主题制作演示文稿,并进行演讲。对此进行评价时,可参考如表 8-1 所示的评价标准。

表 8-1 表现性评价标准示例:演示文稿与演讲技能的评价标准

演示文稿的评价标准		演讲技巧评价标准	
题目新颖得当	(10%)	站立姿势自然	(10%)
论点鲜明,有自己的见解	(10%)	与听众保持良好目光接触	(20%)
论据充分	(10%)	面部表情适当,有效使用肢体语言	(10%)
逻辑性强,层次分明	(20%)	音量适当,吐字清楚	(10%)
图文并茂,在教室后排具有良好的可视性	(20%)	以有条理的方式陈述观点	(20%)
图表翔实得当	(20%)	语言通顺	(10%)
文字精练准确	(10%)	有效保持听众的注意和兴趣	(20%)

3. 学习行为评价、操作过程评价、作品评价

学习行为评价要求实时记录学生学习过程中的各种行为,包括学习习惯、自主学习与合作学习的表现等。操作过程评价侧重于学生在完成某项任务过程中的技术表现。作品评价则侧重于学生所完成的作品质量。

(1) 学习行为评价

学习行为评价是为关注过程的学习评价提供数据的有效方法。学习行为评价主要针对情感态度与价值观和基本知识与基本技能两个方面。

① 情感态度与价值观方面的行为观察记录评价

情感态度方面以学习习惯、自主学习、合作学习等为一级指标,再列出相应的二级指标,如表 8-2 所示,基本分为 80 分,在 80 分的基础上按照表格中的指标加或者减,假如学生获得总分为 X,那么,这样评定情感态度等级:$X \geqslant 90$,优;$80 \leqslant X < 90$,良;$70 \leqslant X <$

80，中；60≤X＜70，及格；X＜60，不及格。这个评价在小组中进行，可以每四周做一次，小组填写完评价表以后，交给教师阅读并保存。教师自己也应该对学生平时这些方面的表现做详细的笔头记载。记录使用的量规可参考表 8-2 所示的评价表。

表 8-2　中小学信息技术课程学生情感态度小组评价表

一级指标	二级指标	组员 1	组员 2	组员 3	组员 4
学习习惯	无故迟到（−5～−1）				
	无故旷课（−30）				
	上课讲话、喧哗，不认真听讲，影响课堂纪律（−2～−1）				
	捣乱，影响他人上课学习（−2～−1）				
	擅自玩游戏或做学习任务以外的事（−3～−1）				
	偷看或擅自修改、删除他人文件（−10～−1）				
	故意使机房感染病毒（−10～−1）				
	故意破坏机房设备（−50）				
	窃取学校机房设备（−80）				
	课外在网吧贪玩（−5～−1）				
	上课忘带课本、作业本、作品或其他学具（−2～−1）				
	未完成作业或者任务（−2～−1）				
	上课过程中不懂就问（+1～+3）				
	上课时积极回答老师提问（+1～+3）				
	课后参与整理机房（+1～+3）				
自主学习	每次自觉预习，上课表现突出（+1～+2）				
	学习过程中善于质疑，提出问题有深度有价值（+1～+2）				
	不会做时善于查阅课本（+1～+2）				
	不会做时向同学或老师轻声请教（+1～+2）				
	不会做时利用网络技术向他人请教（+1～+2）				
	完成的作品颇具美感（+1～+3）				
	完成的作品显得很有创意（+1～+3）				
	课外积极参与种类信息技术兴趣活动（+1～+3）				
	积极参加学科竞赛，在校、县市、省获奖（+1～+10）				
	学习过程中表现出灵活性或创新性（+1～+5）				
合作学习	在合作小组中，能够起领导组织作用，表现突出（+1～+3）				
	积极为小组完成任务提出建设性意见（+1～+2）				
	模范遵守课堂纪律，提示他人中止不当行为（+1～+2）				
	认真完成小组分给自己的任务（+1～+3）				
	遇到他人请教时，尽力提供帮助（+1～+5）				
	不会做时及时向同学或老师请教，确保不拉小组后腿（+1～+3）				
	完成任务时，不仅技术过关，而且注重美感（+1～+3）				
	在合作小组中不与他人配合，单独行动（−2～−1）				
	在学习中自高自大，讽刺挖苦他人（−3～−1）				

续表

一级指标	二级指标	组员1	组员2	组员3	组员4
总分					
等级					

注：填写时，对部分小组长不能决定的，由本小组讨论决定给予加分或减分。

小组长（签名）：

日期：　　年　　月　　日

② 基础知识与基本技能方面的现场观察记录评价

首先，要求学生识记或理解教材中所涉及的关于信息、信息技术、计算机的硬件、应用软件的使用等一般知识，即信息技术学科中的基础知识部分。其次，要求学生学会各种应用软件的基本操作，并能够综合应用。再次，要求学生理解算法与程序语言规则，并能编写实现一定功能的程序。这个评价也可以在小组中进行。由教师拟定好评价表格，如表8-3所示，每堂课下课前3~5分钟发给每个小组。在组长的主持下，每个学生对自己做出评价。下课前交给教师。

表 8-3　中小学信息技术课程学生知识与技能自主评价表

学习要点	基本知识 基本技能	识记 初步学会	理解 熟练操作	简单 应用	综合 应用	组员1 ***	组员2 **	组员3 ***	组员4 **
1.********（10%）		√							
2.********（20%）			√						
3.********（20%）			√						
4.********（25%）				√					
5.********（25%）									

当使用任务驱动法，或者开展了主题学习活动，或者让学生分小组开展了协作学习活动，可以参考表8-4所示的评价量规。

表 8-4　主题活动学习评价量规

姓　名			本组主题活动			
自我评价	项　目		内　容	完成情况		
	组内分工			□合格　□优秀		
	承担任务			□合格　□优秀		
对同组成员的评价	小组成员姓名	任务内容	组内分工	学习情况	任务完成情况	协作情况
				□合格 □优秀	□合格 □优秀	□一般 □优秀
				□合格 □优秀	□合格 □优秀	□一般 □优秀
				□合格 □优秀	□合格 □优秀	□一般 □优秀

续表

姓名			本组主题活动	学习情况	任务完成情况	协作情况
	小组成员姓名	任务内容	组内分工			
				□合格 □优秀	□合格 □优秀	□一般 □优秀
				□合格 □优秀	□合格 □优秀	□一般 □优秀
				□合格 □优秀	□合格 □优秀	□一般 □优秀
				□合格 □优秀	□合格 □优秀	□一般 □优秀
教师评价	知识学习情况 □合格 □优秀	任务完成情况 □合格 □优秀	参加组内活动情况 □合格 □优秀	组内协作 □合格 □优秀	评价态度 □合格 □优秀	
合计	合格总数			优秀总数		

指导教师：　　　　　日期：

信息技术课程中的协作学习评价还可以参考表8-5所示的评价量规。

表8-5　小组协作学习成果评价量规

课题名称					
小组成员					
一级指标	二级指标		组内自评	组间互评	教师评价
内容(30%)	内容全面，包括任务要求的所有基本主题，能论及有关的其他主题 (8%)				
	观点准确，论证清楚、有力 (7%)				
	主题内容逻辑顺序准确清楚，重点突出，易于理解 (8%)				
	包含细节、提问，能引发读者思考、好奇和探询更多信息的动机(7%)				
技术(30%)	布局 (7%)	区域划分清晰，版式美观，易于理解 (2%)			
		内容表现形式多样、合理 (2%)			
		布局平衡合理，易于观看和检索 (3%)			
	界面 (8%)	页面风格与主题相符，形式新颖 (3%)			
		背景能很好地衬托出主题 (3%)			
		图片内容恰当，使用合理，能提高访问者兴趣并有助于理解相关文本 (2%)			
	多媒体素材应用 (8%)	声音使用合理，能创造与主题相符的氛围 (3%)			
		能根据演示的需要合理设置有关对象的动画效果，动画播放顺序准确、自然 (3%)			
		能准确、合理地使用外部的多媒体素材，如声音、动画、视频素材等 (2%)			

续表

一级指标	二级指标		组内自评	组间互评	教师评价
导航（7%）	有用于导航帮助的目录页，各幻灯片标题清晰易懂，利于理解和检索	（3%）			
	能利用母版设置各页之间的链接，相关页面之间的链接准确、合理	（2%）			
	页面切换自然、准确	（2%）			
演示报告（20%）	能使用生动、准确的语言	（4%）			
	组织严密，条理清晰，易于理解，能引发观众兴趣	（4%）			
	能灵活地使用信息传递和交流技巧	（4%）			
	小组成员轮流发言	（4%）			
	做过较好的预演	（4%）			
组内协作（20%）	分工明确，能相互合作，取长补短	（10%）			
	小组成员能完成分配给的任务	（5%）			
	各小组成员主动帮助别人，共同完成项目	（5%）			
总 分					
小组自评					
教师点评					

（2）操作过程评价

操作过程评价，主要是针对学生完成具有一定综合性的任务的过程而言。它侧重评价学生的学习态度、制作计划、协作表现、独立思考能力、信息技术应用水平、学习效果等。可以参考表8-6所示的量规。

表8-6 电子作品完成过程的评价量规

姓 名		作品名称				
评价内容	标 准			自评	同学互评	教师评价
学习态度（15%）	对制作本作品的意义认识充分		（5%）			
	能积极参与学习活动，努力自学必要的技术		（5%）			
	有学好信息技术的自信心，能够不回避遇到的困难		（5%）			
制作计划（10%）	有作品规划意识，并有明确可行的学习和制作计划		（5%）			
	能按照规划实施学习和制作活动		（5%）			
协作（25%）	在学习活动中有协作的精神，互帮互学		（5%）			
	乐于与他人合作，能根据学习要求或任务，与同学进行合理的交流		（5%）			
	愿意并能与教师、同学进行有效的交流、沟通		（5%）			
	理解别人的思路，并在与同伴交流中获益		（5%）			
	能积极参与评价活动，合理打分		（5%）			
独立思考能力（10%）	能够通过独立思考获得解决问题的思路		（5%）			
	有反思自己学习或活动过程的意识		（5%）			

续表

评价内容	标　准	自评	同学互评	教师评价
信息技术应用(20%)	能够熟练地使用已经学过的信息技术知识和技能完成当前学习任务　(5%)			
	敢于动手操作,能通过自己的尝试和创新,学习新的信息技术知识和技能　(5%)			
	合理应用网络环境收集信息,交流思想　(5%)			
	合理应用网络环境建立并保存自己的有用信息　(5%)			
收获和进步(20%)	信息技术知识、技能　(5%)			
	信息技术操作　(5%)			
	信息搜集、处理、利用信息解决问题及信息发布、交流的过程与方法　(5%)			
	创新精神和动手实践能力　(5%)			
合　计				
自我评价				
教师评价				

(3) 作品评价

作品评价是着眼于学生完成的作品,侧重评价作品的设计、创意、技术水平等。可以参考表 8-7 所示的量规。

表 8-7　中小学信息技术课程学生作品评价表

一级指标	二级指标	作品1	作品2	作品3	作品4	作品5	……
技术与效果(60%)	使用了教师要求的各项技术　(10%)						
	作品演示流畅　(10%)						
	标题准确　(10%)						
	逻辑结构清楚　(10%)						
	色彩构图等视觉效果好　(10%)						
	配音音乐等听觉效果好　(10%)						
特色与创新(10%)							
合作(30%)	组内分工明确　(5%)						
	成员勤于钻研,各自完成了任务　(5%)						
	完成任务过程中各成员善于请教　(5%)						
	小组作品按时完成,没有拖延　(5%)						
	各人介绍相应部分,表达清楚　(5%)						
	合作得很愉快　(5%)						
评语或建议		总分					
		等级					
备　注	表中的特色与创新部分由评价者填写并酌情加 1~10 分						

4. 电子学档评价

学习档案袋用来记录学生自己、教师或同伴做出评价的有关材料，包括学生的作品、反思，还有其他相关的证据与材料，以此来评价学生学习和进步的状况。在信息技术课程中，我们往往让学生把这些信息都记录在电脑里，记录在自己的学习文件夹中，所以通常又称为电子学习档案，简称电子学档。电子学档记录学生在某一时期的成长足迹，是评价学生进步过程、努力程度、反省能力及其最终发展水平的理想方式。电子学档中的"证据"有三种类型。第一种是展示型。收集学生最优秀或最满意的作品，而体现学习过程的作品不属于这个类型。学生有选择作品的权利，教师不能用自己的标准代替学生选择作品，鼓励学生考虑作品选择的理由，而有关的反省记录也可以装进去，其内容是非结构化的，每个学生的电子学档可以是不一样的，往往也确实各不相同。第二，描述型。所收集的学生作品不仅指结果性作品，还包括学生在完成这一作品过程中产生的过程性作品。教师完成的核查表、教师做的课堂观察记录表现性测试的结果，学生的自我评价和反省，来自家长的指导、帮助和评语等，只要能真实地反映学生的学习过程，都可以收集。所收集的资料必须是在学习过程中自然产生的，这样才能真实地反映学生的学习过程。第三种是评估型。用于评估学生学习与发展水平的电子学档，其内容是标准化的，就像其评分过程一样，这种电子学档可以作为决定学生升级或留级的参考，也可以作为教师填写学生学习报告的依据。

电子学档的主要意义，首先是它让学生通过自己全程参与评价，为学生进行学习反思、判断自己的进步与努力程度提供了机会。因为学生有权决定自己电子学档的内容，特别是在作品展示或过程记录中，由学生负责判断提交作品或资料的质量和价值，从而拥有了判断学习质量、进步过程、努力情况的机会。其次，电子学档最大限度地为教师提供了有关学生学习与发展的重要信息，既有助于教师形成对学生的准确预期，方便教师检查学生学习的过程和结果，更是将评价与教育、教学融合在一起，与课程和学生的发展保持一致，提高了评价的效度。电子学档评价与标准化测验的区别显著，具体如表 8-8 所示。

表 8-8 电子学档评价与标准化测验的区别

电子学档评价	标准化测验
反映学生参与的多种操作活动	依据有限的应答试题来评价学生的操作能力
让学生参与自己进步与成就的评价，并提出进一步学习的预期目标	由教师根据学生的答题情况评分
在尊重学生个体差异的基础上评价每一个学生的成就	用同一标准评价所有的学生
评价过程是合作性的	评价过程严格要求学生各自独立完成
自我评价是重要目标	有自我评价方面的目标
关注学生的进步、努力与成就	只关注学生最终取得的学习成就
将评价与教、学结合起来	教学与评价是分离的

电子学档评价实施的步骤主要有：(1) 明确评价目的；(2) 确定评价的内容和技能；(3) 确定评价的对象，在什么年级水平；(4) 确定收集的内容和收集的次数、频率；(5) 调

动学生参与;(6)确定评分程序;(7)向全班或者全小组介绍自己的电子学档及其中的作品;(8)制订交流计划和保存、使用计划。整个电子学档的形成过程由教师和学生共同完成,以学生为主。电子学档的内容通常涵盖了一项任务从起始阶段到完成的完整过程,是对学生做出全面准确评价的有效依据。一般来说,电子学档中包含若干项目,假设总计十项,各项在整个电子学档中的权重各不相同。假设有学生自己评价、小组成员相互评价、教师评价、家长评价等几个方面,权重分别为10%、30%、50%、20%,那么,可以参考表8-9统计记载每个学生的电子学档的成绩。

表8-9 中小学信息技术课程学生电子学档评价表

	有/没有	自评(10%)	小组互评(30%)	教师评价(50%)	家长评价(20%)
项目1:*****(3%)					
项目2:*****(3%)					
项目3:*****(8%)					
项目4:*****(8%)					
项目5:*****(10%)					
项目6:*****(10%)					
项目7:*****(12%)					
项目8:*****(12%)					
项目9:*****(14%)					
项目10:*****(20%)					
总分					
等级(在等级上打钩)	优秀	良好	中等	及格	不及格
学习建议					

三、总结性评价

总结性评价也可以称为终结性评价,是指在教育活动结束后为判断其效果而进行的评价,包括一个单元、一个模块,或一个学期、学年、学段的教学结束后对最终效果进行的评价。它是对教学目标达到程度的判断,同时也为判断教学目标适当性程度和教学策略有效性程度提供了依据。信息技术与其他科目不同,在总结性评价上,上机操作测试是必不可少的部分。信息技术课程的总结性评价主要有两种方式,第一种是笔纸测验加上机操作测试,第二种是计算机支持的信息技术考试。

1. 笔纸测验与上机操作测试

信息技术课程的笔纸测验主要是针对信息技术基础知识、情感态度、信息伦理、信息道德与信息法制观念。上机操作测试主要是针对操作技能。

不论是笔纸测验还是上机操作测验,都要事先编制试题。编制试题是一项繁杂、细致的工作。为了科学地进行测验,应根据测验的目的选择知识点,并以适当题型体现各个知识点,再集合成试卷。

(1)拟定试题

一个完整的信息技术测验应该包含4~5种题型,且其中至少应该有一种题型是通过上机操作完成的。题型太少,考查的思维层次少,不能全面检查学生的能力。题型太多,学生处于思维方式的过度转换中,容易造成焦虑,使测验所得的分数不能充分反映学生的能力。所以,题型数量要适中。题目的数量也要适合多数学生的水平,与考试所给的时间匹配。

① 试题选择的原则

科学性原则。命题要注意试题的科学性。试题的文字表达应该清晰、明确,表达的意思不能有歧义,评分参考答案要考虑到各种情况,按步骤或者要点记分,分值分配要合理。命题结束后一定要严格校对,不能发生任何差错,如文字、标点、流程图、程序、菜单、界面图和对话框等都要准确无误。

目的性原则。所有的测验,都有特定的需要达到的目的和要求。考试不同,命题的要求也不同。期中考试、期末考试、毕业会考等,应该按照《纲要》的基本要求和大部分同学可以达到的及格标准来命题;而信息技术等级考试,则应考虑如何让试题难度有较明显的层次。当然,所有的信息技术考试,都要有利于指导中小学信息技术教学,有利于减轻学生的考试负担,有利于提高学生学习信息技术的兴趣和效率,有利于更好地普及信息技术教育。

难度适当原则。命题要把难度控制在适当的水平。如果是单元测验、期中或期末考试,则应该以考查基本知识和基本技能为主,让学生感到只要认真学了,都能做对,以激发学生进一步学习信息技术的热情。如果是竞赛或者等级考试,其难度应该让大多数人合格,而让少数能力强的学生获得高分,以利于人才的选拔。就一般的测验而言,试题中较容易的题目应占70%,较难的题目占20%,更难的题目占10%。

遵循课程标准原则。考试内容要力求与课程标准一致,既要达到课程标准规定的要求,又不能超过课程标准规定的要求。从考试的知识点来看,要注重最基本的内容,让考试的知识点尽量覆盖课程标准规定的范围,同时注意突出重点内容。这样才有利于把课程标准落到实处,才有利于信息技术教学的规范化。

创造性原则。命题过程中,最好能设计一些试题来测试学生的创造性思维能力,以鼓励学生多角度看问题,支持学生的发散思维和求异思维,给学生个体发展提供一个展示的空间。

经济性原则。命题应考虑考试成本的问题,尤其是在大规模的测验中,命题要能满足节约纸张、易于组织、节约阅卷人力等经济性要求。

② 试卷设计

根据测验任务的真实性、测验任务的复杂性、测验所需的时间、计分所需的判断能力四个方面来看,测验可以分为四种,即选择性反应、补充性反应、限定性表现性评价和拓展性表现性评价。选择性反应,是一种反应性测验,它要求学生从题目中提供的答案中选出正确的或最佳的答案,常用的选择性反应测验的试题类型有选择题、判断题、改错题、匹配题等。补充性反应,也是一种反应性测验,它要求学生依据试题提供的部分信息补充更多的信息,常用的补充性反应测验的试题类型有填空题、简答题、论述题、编程题等。限定性表现性评价关注学生在一个结构良好的限制性的任务中的实际表现。比如,给出一段文字,并给出明确的要求,让学生为这段文字按要求设置格式。拓展性表现性评价,涉及更综合、结构化较差的操作性任务。

信息技术是一门新兴学科,其试题的编制还处于探索阶段。针对其综合性、实践性强的特点,信息技术试题可以分为两大类,理论性笔纸考试题和实践性上机操作考试题。在一次考试中应该既包括理论性笔试考试,也包括实践性上机操作考试。依据考试内容操作性技能的重要性程度,实践性上机操作考试部分的分值所占比例可以在20%～80%之间调节。

③ 可供选择的题型

便于客观评分的题型有选择题、判断题、填空题等。

第一,选择题。选择题能在短时间内测验学生的思维灵活性与敏捷性,具有很高的覆盖面,便于测量学生的知识全面程度,易于计分。所以,选择题是信息技术课程考试可以采用的题型之一。编制选择题要注意,题目中要明确指出是多项选择题还是单向选择题,题干设问要准确,各选项在形式上要相近,干扰项要有足够的迷惑性,单向选择题的备选答案一般为4个,符合题干要求必须只有一项,多项选择题的备选答案为5～6个,符合题干要求的可以有一项、两项或者多项。编制选择题时应该避免使用"以上答案都不正确"这样的选项。

由于选择题只要求学生写出选择的结果,教师无法了解学生思维的过程,无从判断学生的迷惑所在,猜对的也可能出现。所以,选择题在试卷中所占的比例不宜过大,最好不要超过理论性笔纸测试部分总分值的20%。

第二,判断题。判断题又称是非题、正误题。它主要用来测验学生对基本知识和基本概念理解、记忆是否清楚准确。它也具有较高的覆盖性,评分客观快捷。编制判断题时需要注意的是,所给的命题不能有歧义,必须有明确的正误性。避免使用暗示性的词语,比如"一般"、"肯定"、"总是"等。正确的命题和错误的命题数量基本持平,随机穿插出现。判断题与选择题有着相同的弊端,所以,在测验中,判断题的总分值应控制在理论性笔纸测试部分总分值的10%以内。

第三,填空题。填空题用于考查学生对信息技术基础知识、基本理论、基本算法的掌握程度。往往是把对相关知识或程序的完整表述中的重要的词语或者片段去掉,让学生来填写。在信息技术学科中,填空题被学生猜测答对的可能性较小,应用范围较广。编制填空题时,必须选择那些具有重要意义的知识点,填空题每一小题中的空不宜超过2个,以免使得题目提供的背景信息过少。填空题不必强求学生的回答与教科书上完全一样,只要意义正确即可,避免学生死记硬背,加重学生的负担,又毫无益处。填空题所能考查到的认知加工深度较浅,其总分值一般宜控制在理论性笔纸测试部分总分值的10%以内。

信息技术课程测验中,依靠教师主观判分的题型有简答题、论述题、编程题等。

第四,简答题。简答题可以考查对基本知识、基本概念是否记得清楚,还可以考查学生对基本知识、基本概念理解是否透彻。简答题要求学生的回答切中要害,准确、简洁、明了。简答题一般分值较大,所以,要针对教学中的重点、难点来编制简答题。简答题的提问也要简明扼要,以避免学生在理解题意上耽误时间。简答题的总分值宜控制在理论性笔纸测试部分总分值的30%以内。

第五，论述题。信息技术课程考试中的论述题，主要是针对那些信息伦理、信息道德、信息法制等方面的问题，可以提出问题，让学生论述，也可以给出案例，让学生分析，进行评述，一般而言，没有严格统一的答案，学生的回答结构完整、论点明确、论述充分、自成体系或自圆其说就可以。论述题的分值宜控制在理论性笔纸测试部分总分值的10%以内。

第六，编程题。程序设计是中小学信息技术课程中的教学模块之一，在教学过程中要求学生学会程序设计的思想和方法，如问题的算法表示，算法的程序实现，使学生能编写一些简单的程序。编程能提升学生解决问题的能力，还能促进创造性思维的发展，是信息技术教学的重要方面。所以，编程题在考试中是必要的题型。编程题有四种具体形式，第一种是改错，即告知程序预期实现的功能，并给出程序，但是程序中有错误，要求学生阅读程序，发现错误，把错误部分画上横线，并把正确的写在下面或者旁边。第二种是补充，即告知学生程序预期的功能，并给出程序，只是程序中有些地方是不完整的，并以横线表示。要求学生把缺失的部分补充完整。第三种是编写程序。题目只给出期望实现的功能，程序完全由学生编写。第四种是给出完整正确的程序，要求学生回答程序运行的结果或者实现的功能。

第七，上机操作题。新课标指出："要鼓励学生创新，主要采取考查学生实际操作，或者评价学生作品的方式。"因此，我们应该重视对上机操作试题的命题研究。上机操作试题的题量根据学生的年龄和需要考查的教学内容的多少决定。一般，至少应包括限制性操作和拓展性操作两个层次。限制性操作试题给学生明确的操作指令，以清楚地考查学生是否掌握了相关的基本操作。拓展性操作试题，只给学生大致的要求，考查学生的综合应用能力和创新能力。考查某一操作技能的试题宜备同质的多道题，存在计算机中，由系统随机抽取一道给学生。实践性上机操作考试部分的评分，目前一般是由教师即时观察记录并立即评分；也可以要求学生把自己的操作过程用屏幕视频采集软件采集下来，以自己的学号和姓名保存，所有学生同时操作，之后教师依据学生保存的操作过程视频给学生评分；还有一种是，学生按照上机试题的要求，现场完成操作，并保存作品，教师在学生操作完成之后依据学生的作品进行评分。未来的发展趋势是，编制软件综合监测学生的操作是否符合题目的要求、试误的次数、所花时间的长短，并给出分数。限制性操作试题分值宜占上机操作试题总分值的60%左右，拓展性操作试题分值宜占上机操作试题总分值的40%左右。

(2) 测验试卷的编制

测验试卷的编制，是指将拟定好的试题进行科学的搭配，最后组织成试卷。手工组卷过程包括检查试题、编排试题及编写答题说明。

① 检查试题

试题的检查是编制测验试卷的重要步骤。在收集编写好的试题的同时，应当认真检查每一道试题。试题检查主要包括：试题的题意是否完整，试题叙述是否简单明了，试题是否避免了提供答题的暗示，每道试题是否彼此独立、有无重叠现象，试题的难度是否适宜，区分度是否良好，测验的长度与测验的时间是否适当，测验所包括的试题能否覆盖整个命题双向细目表的内容，单项选择题选择项中是否只包括一个最佳答案，干扰答案是否具有似真性等。

②编排试题

试题通过检查之后,检查合格的试题就可以用来编排成试卷。由于试题的类型不同,安排试题的方式也有区别。为了使试题的编排达到最佳效果,应注意以下编排原则。

首先,将测验认知目标相同的试题编排在一起。也就是说,将知道、理解、应用、分析、综合、评价六个不同层次的试题相对集中在一起。这样编排试题,一方面经过评定测验结果,可使测验对教学起反馈作用,发挥测验的诊断作用;另一方面,这样编排有利于考生回答试题,可使考生在同一时间内运用同一种智力活动来回答试题。

其次,将同一类型的试题编排在一起。也就是说,将是非题、简答题、多重选择题、论述试题等不同类型试题相对集中在一起。这样编排试题,便于学生作答,减少由于试题类型变换对考生产生的干扰,有利于教师记分和对测验结果的统计分析。

再次,由易到难排列试题。将试题由易到难排列,可使整个试卷具有难度的层次性,使不同程度的考生都充满信心来完成试题。即使是能力较弱的学生,通过自己的努力也可以解答前面较简单的问题,从而坚定考生的考试信心,这就是所谓的"热身题"。在编排试题时,一般可按照认知目标的顺序,如知道、理解、应用、分析、综合、评价来分组,每组内的试题应遵循从易到难的原则排列。

③编写答题说明

测验试题编排好后,还需要对答题的各种要求进行简要说明。测验的答题说明必须简明扼要,意义明确,不使学生产生歧义。答题说明一般包括:测验目的、测验时间限制、回答试题方法和记分方法。下面是一个答题说明的实例:

● 本测验的目的是检查和了解同学们对本单元教材的掌握情况,发现同学们在学习中的困难,以便帮助同学们为完成下一单元的教材内容做好知识准备。

● 本测验时间为 45 分钟。

● 本测验共 50 道选择题,每题只有一个正确答案,请将正确答案前面的字母圈起来。

● 本测验答错不倒扣分,所有的试题都要回答,不要遗漏。

编写答题说明的目的在于尽可能使考生独立作答,尽量避免监考教师的指导,这样才能保证测验的统一性和客观性。如果对不同考生所附加的答题说明不一致,就会极大地影响测验的客观一致性,降低测验结果的可比性。

(3)测验的实施

测验试卷编制好后便可正式交付使用。测验实施一般可分为三个阶段,即测验前的组织工作、测验的施行和试卷的评定。

①测验前的组织工作

测验前的组织工作包括制订的实施计划,测验试卷印制、保密,考场的安排及测验工作人员的选聘和培训。要安排好测验的工作日程,制定好考生违纪处理办法,在试卷印制中,要切实做好保密工作。在测验前,测验工作人员要集中学习测验法规、工作计划和明确分工,以便在测验实施过程中密切合作,确保各个环节顺利推进。

在测验前的组织工作中,必须保证试卷的印刷质量,要求做到正确、清晰。印制试卷时,一般可采用两种形式之一:一种是分离式试卷,另一种是传统的综合式试卷。分离式试卷是将试题纸与答案纸分离,考生只要将答案纸的题号与试卷题号保持一致,在答案纸上填写答案即可。这种形式的试卷可以反复使用,节约印刷经费,便于管理和评阅试卷。综合式试卷是将试题与答题空白印制在同一张试卷上。这种试卷符合一般人的考试习惯,也便于评分。不管何种形式的试卷都必须注意以下事项:

- 不同类型的试题之间,应留出两行间隔,以达到考生易读的效果。
- 多重选择题的题干与选项不能印在同一行中,每个选项应单独占一行。
- 一道试题不能分开印在两页上,以避免考生来回翻阅试卷,耽误时间,分散精力,发生错误。
- 试卷应按统一规格印制,并力求美观、经济与实用。

② 测验的施行

在测验中,测验的施行是一个必须重视的环节。测验的施行是否得当将对被试的成绩产生直接影响。因此,测验的施行要求按严格的规范进行。测验的施行包括宣讲考场规则,注意时间的限制。若在测验中发现舞弊违纪现象或其他突发性事件,应按规定的办法妥善处理。在测验中自始至终都要保持考场环境的安静稳定,便于考生发挥应有的水平,以保证测验结果的可靠性。测验前不应讲与测验无关的话,否则会使考生产生烦躁情绪,影响测验成绩。测验前还要妥善安排好座次,预防考生作弊。在测验过程中,要尽可能排除一切外界干扰,特别是与测验无关的人员不准进入测验教室。教室外不允许有人讲话,避免影响考生作答。当考生提出问题要求说明题意时,这时的说明应力求简短,不可给考生提供暗示。监考教师事先应学习考场纪律及遇到突发事件的处理办法,做好考场的监督工作。

③ 试卷的评定

试卷的评定要按标准答案评定,尽量客观,将分析评分、要点评分与综合评分(从整体上考查)结合起来。评阅试卷既要初评也要复评,确保评阅质量。对于重要的考试,在可能条件下,应尽量由两位或更多的评卷者参加,并要求评阅者独立评分,然后再计算其平均分,这样可弥补单独评阅、主观给分的偏差,而且还可检验评分结果的信度。试卷评定后还要分析试卷评阅情况,从中发现考生存在的问题,以便为改进教育、教学工作提供依据。

(4) 测验质量分析

某一次信息技术测验好还是不好,以什么来衡量呢?一般来说,需要考虑测验的信度、效度,试题的难度、区分度等。

① 信度

信度是指一个测验所获得的测验结果的可靠性和稳定性。如果同一组考生多次进行同一个测验,或同一组考生用另一组等值试题进行测验,结果比较稳定,那么可以说这个测验的信度较高。

影响测验信度的因素主要有测验的题量、试题对教学内容的覆盖程度、分值的分布、试题指导语和学生的临场状态。所以,精心设计试题,适当大一些的题量,提高试题对教学内容的覆盖率,均匀分配各小题的分值,保证试题导语的清楚、易懂,使学生保持适度的紧张等措施都能提高测验的信度。

② 效度

效度是指一个测验能够正确地测出它所要测量的东西的程度。效度体现了测验结果与测验目标之间的一致程度。而测验是通过一定的测验内容来反映测验目的的。所以，要提高测验的效度，需要注意两个问题，一是测验的目标要明确，是要考核学生对信息技术基础知识的理解，还是要考查学生应用信息技术基础知识的能力，或是考查学生获取信息、辨别评价信息的能力。二是试题的设计要能有效体现测验目标。客观性试题一般用来考核学生对知识的掌握情况，非客观试题主要用来考核学生对材料的组织能力、对知识的应用能力、逻辑推理能力、发散思维能力。信息技术测验的题目要用浅显易懂的文字来表达，避免学生在读题上花费太多时间或者理解错误，导致信息技术水平无法发挥出来。测验的信度和效度都可以通过统计的方法计算得到数据，即信度系数和效度系数。

③ 难度

难度是指试题的难易程度，是试题对学生知识、能力水平的适合性程度的指标。难度通常用答错该题的人数比例来表示。答错该题的人越多，就意味着该题的难度越大。对一般测验而言，难度为 0.4～0.6 的题比较适宜。

④ 区分度

区分度是指试题对学生水平高低的区分程度。一般而言，在测验中，学习好的学生获得高分，学习差的学习获得低分。一般来说，试题应该具有良好的区分度，以使教师能较为全面地了解学生的学习状况。

难度和区分度是对试题进行分析的重要指标，也是两个密切相关的指标。区分度的提高主要是通过控制试题的难度来实现。太难的题目，学习好的学生和学习差的学生都答不出来，它的区分度就低；太易的题目，学习好的学生和学习差的学生都答得出来，它的区分度也低。一套试题中的各个题目，它们的难度只有以阶梯状分布，才能使测验具有良好的区分度。在不同目的的测验中，试题的难度和区分度要求是不同的，对于常规参照测验，它要确定学生等级，所以，需要层次丰富的难度，以获得较高的区分度；而对于目标参照测验，或者教师自编测验，主要是为了检查全体学生是否都达到了教学目标规定的最低要求，这时的测验就要以教学目标为准，不必追求区分度而增加部分试题的难度。

(5) 测验成绩分析

测验以后，作为教师，需要对测验成绩进行统计分析，从学生的测验统计数据中总结教学的成功经验，确定教学中存在的问题。在测验分析中常用的方法有平均数、百分等级数、标准差、Z 分数、T 分数等。

2. 计算机支持的信息技术考试

计算机支持的考试是考试发展的趋势。信息技术课程更应该走在前列，体现出信息技术带给教育评价的优越性。

计算机支持的考试系统允许学生通过任何一种 Web 浏览器在网络中的任何节点上灵活在线考试，教师也不受地理位置的影响和限制，更适合进行分布式考试管理。系统功能结构如图 8-1 所示。

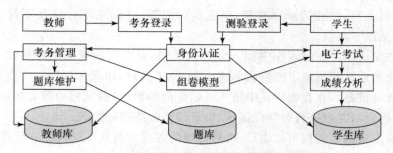

图 8-1　计算机支持的测验系统功能结构图

① 考务管理

完成考试信息管理的维护、考试内容及相关信息的发布、考生报名、资格认证与专家确认等功能,具体包括以下五项。

第一,注册管理。管理用户(教师、学生)注册信息,进行权限管理。

第二,身份认证。对考试进行监督,保证所有参加考试的考生使用合法的机器,在合法的时间内进行考试。

第三,系统设置。设置一些影响系统运行的全局参数,如题型、双向细目表等。

第四,专家确认。对题库进行修订时,必须通过学科专家的确认,包括修订试题参数、增删试题等。

第五,退出系统。若退出后,还想继续使用本题库,需要重新登录。

② 数据库构建

电子考试系统设有多种数据库存放各类档案数据,包括学生数据、教师数据、学科专家数据、试题库、缓存试题库和组卷策略库等。各类数据库的内容如下。

第一,学生数据库。存放被测者的信息,包含考生编号、姓名、性别、身份证号、专业、考试(测试)科目、测验时间(开始、结束)、试题成绩、做错试题的详细解答等信息。

第二,教师数据库。存放授课教师信息,包含教师编号、姓名、性别、身份证号、学习专业、从事专业、授课名称、组织考试参数等信息。

第三,学科专家库。存放专家编号、姓名、性别、身份证号、学习专业、从事专业、最熟悉的领域课程、确认试题参数(类型、内容、确认时间、曝光时间、曝光次数)等信息。

第四,题库。存放试题编号、试题内容、试题类型(选择、填空、判断等客观试题,简答、设计等主观题)、试题参数(难度、区分度、猜测系数、曝光时间、曝光次数)等信息。

第五,缓存题库。存放试题编号、试题内容、试题类型(选择、填空、判断等客观试题,简答、设计等主观题)、试题参数(难度、区分度、猜测系数)等信息。

第六,组卷策略库。存放组卷规则知识。组卷规则筛选依据考试科目的双向细目表、试题类型(选择、填空、判断等客观试题,简答、设计等主观题)、试题参数(难度、区分度、猜测系数、曝光时间、曝光次数)等信息设置。

③ 题库管理

依据经典测量理论(Classical Test Theory,CTT)和项目反应理论(Item Response

Theory,IRT)添加试题,并依据试题检验(模拟测验)获取的数据,修订已有试题的难度、区分度和猜测系数,试卷的测试对象,试卷的内容等,并删除不合格及不符合要求的试题。具体包括以下六项。

第一,添加试题。在试题库中加入编好的试题,可以按预置的试题格式一道一道地填写,也可将多道试题按预定的格式形成一个 TXT 文件,由录入程序一次性录入题库。

第二,查询试题。在查询界面中输入试题查询参数(包括试题中所有的属性参数,并可实现逻辑组合),查出符合条件的试题,供后续修改或删除处理。

第三,修改试题。查询出试题后,可对试题的各项参数及试题内容进行修改。

第四,删除试题。查询出试题后,可删除该试题。

第五,收集试题。教师可通过网络提交试题,提交后试题存储在一个缓冲试题库中,自动形成标准的 RTF 文档,供学科专家审查修改,然后批量录入题库。

第六,组卷策略设置。对于一些常见的考试组卷,可以设置一些常用的组卷策略(试题类型、难度、区分度、猜测系数、测试对象),教师组卷时可以选择已有的组卷策略,无需重复输入复杂的参数便可组卷。

④ 组卷与考试

在考试前要先组合成适应学生能力的试卷,考试分两种,可以群体考试,也可以个人测验。具体包括以下五项。

第一,考试组卷。教师通过在浏览器中输入相应的组卷参数(试卷题目、考试时间、总题数、满分值、曝光时间、考查知识点、平均难度、平均区分度、题型结构等),系统自动组出一份符合要求的试卷及其参考答案。试卷以网页方式呈现,教师可在线修改试题。组成满意的试卷后,可直接打印或者保存在待考试卷库中,供学生考试使用。

第二,群体考试。学生通过身份认证登录考试系统后,输入每页显示试题个数,系统以 HTML 的方式呈现组好的试卷。学生通过表单来输入试题答案,试题作答完成后提交答卷。系统接收答卷后,将学生答案存入学生档案库之中,待教师阅卷。

第三,个人测验。学生可以针对自己学习特点,输入组卷参数(测试标题、总额数、满分值、考查知识点、平均难度、平均区分度、客观题型结构等),形成针对性的练习试卷,直接在线回答测试题目。测试完成后提交答案,系统自动给出测试成绩和参考答案,对做错的试题给出详细解答。

第四,教师阅卷。教师通过身份确认登录考试系统后,选择要批阅的试卷,选择参加考试的学生,即可调出该学生的考卷及答案。客观题由系统自动判分,主观题由教师判分,教师确认阅卷完毕后提交,判卷信息便存入学生的学习档案之中。

第五,考试结果查询。学生登录后,选择自己考过的试卷,便可调出该试卷,显示出该试卷的内容、标准答案、学生的答卷记录、教师的评分情况等。

⑤ 考试组卷策略

在题库系统构建中,用于试题质量控制的"参数设置"和"组卷策略"是最重要的两个因素。题库建成后,教师需要输入一些组卷参数(试题标号、试题类型、难度系数、区分度系数、所属认知类别、相关联的知识点等项),系统将根据这些参数抽出最适合参数要求的试题,组成能够实际使用的试卷。这种查询参数及对这些参数进行变换算法,称为组卷策略。

组卷策略的实质是将通常较直观明了的组卷参数变换成计算机能够直接操作的试题属性项，然后根据这些属性项，在题库中抽取试题组成试卷。因此，组卷策略一般由试题属性项定义、组卷参数定义、变换算法说明三部分组成。快速组卷只需要设置试卷的一些整体属性参数和题型结构参数，便可组合出一份满意的试卷。这种组卷对题目的知识点难度分布没有特殊要求，只设平均难度和平均区分度参数。参数设置简单直观。其组卷参数如下。

第一，设置总体参数。试卷标题、考试时间、总题数、满分值、曝光时间、考查的知识点、平均难度、平均区分度等。

第二，依据考试科目的双向细目表设置题型比例表（选择、填空、判断、简答、设计等类型在试卷中所占比例），检查约束条件，生成最终组卷参数原型表（编号、题型、难度系数、区分度系数、猜测系数、认知类别、知识所属等）。

第三，题型与知识点分布对应。根据题型比例表，计算某知识点在某类题型中所出的试题数，并预设最终组卷参数表（填写参数表的知识点列）。

设：A=题型比例表中某知识点在某类题型中所列出的试题数，B=题型比例表中某类题型的试题数，C=该类题型考核的知识点数，则 $A=B/(C+Random(B\ MOD\ C))$。式中，MOD 是取余。Random 将余下的试题数，用补零的方式补足与知识点相等的个数，再取随机值。若随机值为 0，则加值为 0，否则加 1。如果考核知识点列为空，则默认为所有考查的知识点。

第四，试卷难度比例分配。在平均难度计算模式表中随机取一模式值，得出这份试卷的试题难度比例，将此难度比例变换成最终组卷参数表中的难度系数。

第五，试卷区分度比例分配。在平均区分度计算机模式表中随机取一模式值，得出这份试卷的试题区分度比例，并将此区分度比例变换成最终组卷参数表中的区分度级别参数。由于在组卷时，区分度参数与其他参数（难度、知识点等）无很强关联，故采用与平均难度类似的随机比例分配的形式。

第六，形成最终抽题的组卷参数表。上面所陈述的都是为了使教师使用方便而设置的组卷参数，而计算机进行处理时，并不能直接用上述参数来抽题，需要将它们变换成最终组卷参数表（试题标号、试题类型、难度系数、区分度系数、所属认知类别、相关联的知识点等项）。这两者之间的变换方法就是组卷策略。在实际组卷时，每道试题选取的条件为：曝光时间<定义的曝光时间，试题编号≠已抽出的试题编号；抽题时的最终条件为：最终组卷参数表中的每一项（不含试题编号，表中各项为"与"关系）·AND·曝光时间<定义的曝光时间·AND·试题编号≠已抽出的试题编号。

为确保试卷的科学性、准确性及公平合理性，可以采用满足一定条件的随机抽取试题方法。考生根据条件，如试题类型、难度、时间和分值等基本属性。抽出的试题数大于一道，则从抽出的试题中随机取一道。需要注意的是，在组卷过程中，肯定会遇到许多同一考核知识点的试题，所以在题库中设置了一个与知识点的相关字段。这样，组成试卷时，利用标记字段可以限制某一知识点的抽取试题的数量，维护知识点考查的均等性。若抽不出试题，则顺次取消的控制条件为曝光时间、所属认知分类、区分度；若仍抽不出试题,则难度进行最低程度的变化;若还抽不出试题,则在考查的知识点中随机抽取知识点值。

3. 评价结果的处理与报告

评价结果的处理与报告是评价过程的重要环节,可以及时提供科学的反馈信息,使学生和教师了解学习过程中存在的缺陷和不足,从而促使学生改进、完善自己的学习活动。

在确定学生信息技术课程的最终成绩时,需要结合过程性评价和终结性评价两个方面,需要把档案袋、测验、上机操作成绩、作品制作、研究性学习报告、终结性评价试卷等各种类型的评价结果合并起来以获取一个合成分数,或再据此进行成绩评定。在进行评价结果的合并时,不宜简单相加,可以为每种类型的评价结果赋予相应的权重,然后根据权重进行分数合并。权重的确定由各种类型的评价结果在总成绩中的相对重要性及评价者的预期期望所决定。例如,笔纸测验分数占最终成绩的40%,上机操作占最终成绩的40%,平时的作品制作占20%,可先将学生在笔纸测验、上机操作和平时作品设计中取得的成绩分别乘以各自的权重后相加得到学生的总成绩,或再据此为学生评定等级。

评价结果的报告和使用为了使学生及家长能更好地理解分数的意义,在报告评价结果时要注意以下几个问题:

第一,使学生和家长能理解评价的内容和目的。要让学生和家长明确评价的内容和目的,可以提供学生在课程中主要学习结果的等级,也可以包含预期学习结果的列表以及学生在主要学习结果上达到的等级。必要时,也可提供关于学生学习努力程度的单独报告以及学习习惯、人格特征等其他方面,但要避免过于冗长的报告表,以免对学生和家长造成阅读障碍。

第二,全面反馈信息。问学生和家长报告评价结果时,并不仅是对评价结论的反馈,而是对评价中肯定评价信息和否定评价信息的全面反馈,以帮助被评者了解自己的成绩、优点和长处,清楚自己的不足和弱点,从而保持优势、克服不足。比较好的做法是,在全面反馈信息的前提下,对于基础比较好的被评者,多帮助分析存在的不足之外,促其再上台阶;对于原来基础较差的被评者,要多帮助其找到存在的潜力、优势和闪光点,使其增强自信心。

第三,使用多样的反馈方式。评价结果的反馈方式影响评价结果作用的发挥,因此要根据不同的对象采取灵活多样的反馈方式。

第四,评价语言要通俗易懂。在使用有关评价术语时,要注意教师所理解的专业术语家长和学生未必能理解。因此,必须采用通俗但不失科学性的言语来报告评价结果,必要时可询问学生是否理解并让他根据自己的理解试着解释评价结果的含义。

第三节 信息技术教师工作绩效评价

一、信息技术教师工作绩效评价概述

1. 信息技术教师工作绩效评价的内涵

信息技术教师工作绩效评价,是指通过对信息技术教师素质以及信息技术教师在信

息技术教育教学工作中的行为表现状况的测量,评价信息技术教师的素质和教育教学效果,为进一步提高中小学信息技术教师的素质水平,为提高中小学信息技术课程教学效果提供切实可行的建议。完整地理解信息技术教师工作绩效教师评价的内涵,应该注意以下几点:第一点,信息技术教师评价的内容应该包括三个大的方面,一是信息技术教师本身所具有的素质;二是信息技术教师在教育教学中的行为表现;三是信息技术教师教育教学的效果。缺少其中的任何一方面,都不是全面的、科学的教师评价。第二点,测量与分析,是信息技术教师评价的基础,教师评价必须以测量结果为依据。第三点,信息技术教师评价的目的是为了向教师提出建议,以促进教师发展。

2. 信息技术教师工作绩效评价意义和作用

信息技术教师工作绩效评价重要意义不仅在于它是一种有效的提高中小学信息技术教学质量的有效手段,而且也是一种推动信息技术教师专业化发展的手段,同时,它也是学校管理中不可缺少的重要手段。归结起来,信息技术教师工作绩效评价的意义与作用在于以下几个方面。

(1) 信息技术教师工作绩效评价有助于鉴定信息技术教师的资格。作为专业人员,信息技术教师的素质和能力结构必须符合一定的标准。借助信息技术教师工作绩效评价,我们可以衡量信息技术教师的个体素质是否符合中小学信息技术教师的标准,衡量他是否适合承担中小学信息技术教学任务。评价的结果可以运用到教师聘任、教育教学工作安排、教师人员调动与配置等方面,避免只看学历而忽视实际教育教学能力的现象。

(2) 有助于评判信息技术教师的工作业绩。信息技术教师工作业绩评价可以用来评判信息技术教师在工作过程中是否忠实地履行了他所应尽的职责,是否完成了所规定的教育工作任务,是否达到了应达到的教育教学要求。

(3) 有助于信息技术教师素质的提高和信息技术教学工作的改善。科学的教师评价能够帮助教师发现其以往工作中存在的问题,找出其业务素质和业务水平上的薄弱之处,并在分析原因的基础上,总结成功的经验和失败的教训,提出新的促进专业发展的意见和建议,以促进逐步提高自身素质和业务水平,推动教师改进教学、提高教育教学质量。

(4) 有助于实现教师队伍的科学管理。教师管理是学校管理工作重要组成部分。一所学校管理工作的好坏在一定程度上取决于教师管理工作的质量。因此,高质量的教师管理是每所学校追求的目标之一。为了实现对教师的有效管理,学校领导必须充分掌握每个教师的情况,包括教师的基本素质和专业素质,教师在教育教学过程的行为表现,以及教育教学的实际效果等。只有这样,学校领导才能制定出适合本校实际的教师队伍建设目标和学校教师发展策略,才能对教师因人指导和因人要求,以实现学校教师队伍的整体发展。因此,信息技术教师工作绩效评价是中小学实现学校管理目标的重要方面。

3. 信息技术教师工作绩效评价的主体

信息技术教师工作绩效评价,要选择包括信息技术教师自身在内的多元主体,形成民主、公正的评价体系。应该考虑到如下这些人员对信息技术教师的评价。

(1) 教师自我评价。每学期末,让信息技术教师对照学校制定的"信息技术教师职责条例"进行自我检查,自我评价形成自检报告,自检报告最好包括两部分,一部分是表格,便于统计基本的数据,另一部分是总结,便于促进教师回顾反省,并向同行提供更多关于他自己的工作方面的细节,为年终考核积累材料。

(2) 教师互评。每学期召开两次信息技术教师工作交流座谈会,首先,由各位信息技术教师进行发言,对自己一学期的工作进行总结。其次,教师之间互相交流,学习别人的优点,查找自身不足。最后,教师互评,依据统一的评价指标相互评分。

(3) 领导测评。根据学校整体工作规划和教师队伍基本素质情况以及信息技术教师工作表现和绩效制定测评标准,对信息技术教师进行测评。

(4) 职能部门评价。各职能部门,根据信息技术教师的工作量、工作表现、工作业绩进行评价。

(5) 学生评价。每学期开展一次学生评教活动。学生对任课教师的师德、授课质量、作业批改、课后辅导、课外活动等方面给予优、良、差的评价,评选出班级"最受学生欢迎的教师"。学校根据学生的投票情况,在全校范围内评出10%的"最受学生欢迎的教师",连续三次获此荣誉的教师,学校将给予重奖,在教师中形成"受学生欢迎,无上光荣"的气氛。

(6) 家长评价。学校每月设立家长接待日。由校长倾听家长对学校管理及教师工作的意见和建议,起到家长和社会监督的作用。还可以设计教师评价量表,让家长为每位信息技术教师评分。

二、信息技术教师教学绩效评价指标体系

1. 素质指标

所谓素质指标是依据教师在履行教师职责方面应具备的基本素质而提出的评价指标,有时也称为条件指标。信息技术教师的基本素质集中体现在职业道德和职业智能两个方面。职业道德要求教师要有高尚的道德品质和崇高的精神境界,通过教师的潜移默化影响,培养和塑造一代新人。教师的智能结构包括两个方面的内容,即教师的职业知识(精深的专业知识、广博的文化知识、必备的教育科学知识)和职业能力(加工知识的能力、传授知识的能力、组织管理学生的能力、自我控制能力以及开拓与创新的能力)。21世纪的教师应具有较强的获取、加工、转播信息的能力,即应具备应用现代教育技术进行教学的能力,应具备对教学资源和教学过程进行设计、开发、利用、评估和管理的能力,应具备应用计算机网络技术、多媒体技术以及电教设备进行教学的能力。

一名信息技术教师的素质是通过从事信息技术教育事业养成的,并决定今后发展方向的基础和条件,因此,在评价一个教师的教学质量时不应完全以学生考试成绩的好坏、教师一时的工作积极性或者一两节公开课的好坏为标准。应该看到,如果忽视了条件指标,就可能导致教师急功近利,只顾眼前工作,而不愿学习新知识、吸收新经验。所以在评价过程中,重视条件指标有助于提高教师自身业务水平和素质,从而保证信息技术教学水平和质量不断提高。

2. 工作行为指标

工作行为指标是针对信息技术教师所应承担的责任,完成任务的情况而提出的评价指标,在教学中教师起着主导作用,教学方向、内容、方式方法、进程结果都由教师决定;

学生的学习动机、学习方法、学习效果都受到教师教学的影响。评价教师的教学质量,主要取决于以下几个方面。

第一,备课质量。主要看教师对大纲钻研是否深入,对授课学生情况了解是否清楚,对教材的重点、难点把握是否准确,是否制作多媒体课件辅助教学,教学方法设计是否恰当,教学结构安排是否合理,教案是否翔实。

第二,授课质量。主要是教学目的是否明确,内容是否科学,重难点是否突出,教学组织是否灵活。语言表达是否清晰,课堂气氛是否活跃,是否采取现代化教学手段,是否注重教学效果,是否注重学生的创造能力培养。

第三,作业批改质量。主要看作业分量是否恰当,作业内容是否符合教材要求,批改作业是否及时、认真、准确,批改后是否点评。

第四,课后辅导。主要看是否对不同层次学生进行了辅导,是否对学生进行了上机辅导,辅导学生是否经常、是否耐心。

第五,考试考查工作。包括命题是否严肃认真,题目难度是否适当,题目的分布是否合理,评分标准是否正确,考试之后是否进行认真总结。

信息技术教师工作绩效评价的重中之重是授课质量的评价。在教学工作中,教师起主导作用。教师授课水平的高低,直接影响学生学习的效果和身心发展的质量。对教师授课情况进行科学的评价,从而获得教学情况的有效信息反馈,是提高教学质量和教师教学水平的重要途径。

3. 教学效果指标

教学效果是指教师在信息技术教学活动中取得的效果和成绩,它主要通过学生对基础知识、基本理论的掌握和应用程度、学生创新意识的培养以及学生身心素质和思想品德提高的程度体现出来。教学效果评价的指标有教学成绩评价指标和教学中教育效果评价指标。所谓教学成绩评价指标是针对信息技术教师在教学工作中所取得的最终教学成果而提出的评价指标,它主要通过学生信息素养的提升、在信息技术考试中获得的成绩来体现。教学中教育效果指标主要指教学对学生思想教育的效果,如在教学中,培养激发学生强烈的学习动机,正确的学习目的,浓厚的学习兴趣,顽强的学习意志和毅力,充分的学习信心,实事求是的科学态度,独立思考、勇于探索的创新精神等。

4. 信息技术教师指导课外活动与竞赛辅导绩效评价指标

信息技术在生活中变得越来越重要,除了信息技术课之外,很多中小学生和家长都希望有信息技术课外活动,以便让学生有更多的机会学习信息技术。所以,信息技术课外活动也是信息技术教师的职责范围。一般而言,对教师指导信息技术课外活动的评价应该考虑到以下四个方面。第一,组织得力。信息技术教师要组织好学生报名,组织好学生每次按时来到活动地点,一般是学校的机房,每次检查参与学生的任务完成情况。第二,指导有方。课外活动与课堂教学不同,课堂教学的宗旨是让全班同学都达到教学目标规定的最低要求。而课外活动,则是需要让每个有兴趣的学生,在自身信息技术知识能力的基础上能有所发展、有所深入,所以课外活动更重要的是指导。第三,学生有进步。每个学期快要结束时,信息技术教师要组织学生作品展示,学生操作演示,让平行的课外活动组、班主任、学生家长、学校领导等一起观看,以展示信息技术课外活动的"成果",展示学生参加课外活动小组所取得的进步。第四,学生获奖。参加比赛往往是信息技术课外活动的目的之一,所以,信息技术课外活动往往是学生参加各种信息技术比赛的训练营。所以,学生通过在信息技术课外活动小组的学习,能在各级信息技术比赛中获奖当然也算信息技术教师组织课外活动的工作成绩。

5. 信息技术教师教学研究绩效评价

信息技术课程教师像其他任何学科的教师一样,在完成基本的教学任务和课外活动指导等职责之外,也要坚持进行教学研究。每年至少在省级学术杂志上公开发表一篇文章。在省级刊物上发表一篇文章之外的教学研究成果获得奖励加分。

6. 信息技术教师工作绩效评价指标体系

表 8-10 列出了信息技术教师工作绩效评价的三级指标。

表 8-10 信息技术教师工作绩效评价指标体系

一级指标	二级指标	三级指标		记分
1. 素质(10%)	职业道德(5%)	道德品质	(2.5%)	
		潜移默化培养学生	(2.5%)	
	职业智能(5%)	精深的专业知识	(1%)	
		广博的文化知识	(0.5%)	
		必备的教育科学知识	(1%)	
		加工知识的能力	(0.5%)	
		传授知识的能力	(0.5%)	
		组织管理学生的能力	(0.5%)	
		自我控制能力	(0.5%)	
		开拓与创新的能力	(0.5%)	
2. 教学行为(30%)	备课 (7%)	参加集体备课	(1%)	
		中心发言	(2%)	
		一次教案质量高	(2%)	
		二次教案齐全	(2%)	
	授课 (6%)	教学目标	(2%)	
		教学过程	(2%)	
		教学效果	(2%)	
	批改作业 (6%)	经常布置适量作业	(2%)	
		及时批改作业	(2%)	
		讲评作业	(2%)	
	课后答疑 (5%)	鼓励学生提问	(1%)	
		经常为学生解答疑问	(2%)	
		努力寻求答案	(2%)	
	组织考试 (6%)	组织期中考试	(1%)	
		组织期末考试	(1%)	
		公正评卷	(2%)	
		填写学生信息技术学习报告单	(2%)	

续表

一级指标	二级指标	三级指标	记分
3. 教学效果（40%）	教学成绩评价（20%）	学生信息素养的提升 （10%）	
		在信息技术考试中获得的成绩 （10%）	
	教学中教育效果（20%）	培养激发学生强烈的学习动机 （3%）	
		正确的学习目的 （3%）	
		浓厚的学习兴趣 （3%）	
		顽强的学习意志和毅力 （3%）	
		充分的学习信心 （3%）	
		实事求是的科学态度 （3%）	
		独立思考勇于探索的创新精神 （2%）	
4. 课外活动竞赛辅导(10%)	组织得力 （2%）	报名有序 （0.5%）	
		日常考勤 （0.5%）	
		分组合理 （1%）	
	指导有方 （3%）	了解每个学生的水平 （1%）	
		为每个小组和学生安排合适的学习任务 （1%）	
		指导简明扼要 （1%）	
	组织汇报演示（2%）	每个学生都有的作品 （0.5%）	
		作品质量高 （0.5%）	
		组织周密 （1%）	
	指导学生竞赛得奖（3%）	组织学生报名参加竞赛 （1%）	
		组织学生准备竞赛 （1%）	
		学生获奖 （1%）	
5. 教学研究（10%）	参加教研活动（3%）	按时参加教研活动 （1.5%）	
		积极发言 （1.5%）	
	发表论文 （7%）	在省级以上刊物发表论文一篇 （3.5%）	
		发表更高级别或更多论文 （3.5%）	

三、信息技术教师工作绩效综合评价方法

针对信息技术教师工作绩效评价指标体系，应对各项指标进行综合评价。

素质、教学行为、教学效果、课外活动与竞赛辅导、教学研究等各个方面都需要有自己、同行、领导、学生、家长五个方面的人员来评价。假设用矩阵 G 来代表各个群体对某一名信息技术教师的评价。

$G=$[素质、教学行为、教学效果、课外活动与竞赛辅导、教学研究]；

G_I 表示自评，G_C 表示同行评价，G_L 表示领导评价，G_S 表示学生评价，G_P 表示家长评价。

对于自评，假设某教师给自己的评分为，$G_I=$[78　82　85　80　81]；

而同行评价，则是把各位同行对这位教师在各个一级指标上的评分计算算术平均分，假设某位教师，其同行评价成绩为 $G_C=$[80　86　88　87　84]；

领导评价、学生评价、家长评价,依此类推,假设得分为

$$G_L = [81\ 87\ 89\ 90\ 92];$$
$$G_S = [94\ 95\ 98\ 88\ 89];$$
$$G_P = [85\ 88\ 86\ 87\ 83];$$

这位教师的得分矩阵为

$$G = \begin{bmatrix} 78 & 82 & 85 & 80 & 81 \\ 80 & 86 & 88 & 87 & 84 \\ 81 & 87 & 89 & 90 & 92 \\ 94 & 95 & 98 & 88 & 89 \\ 85 & 88 & 86 & 87 & 83 \end{bmatrix}。$$

假设用 W 来表示各个评价主体在信息技术教师教学业绩评价总成绩中占的权重,那么 $W_s = [0.1\ 0.1\ 0.1\ 0.6\ 0.1]$。

假设用 Q 表示这位信息技术教师的总评,

$$Q = W_s \cdot G = [0.1\ 0.1\ 0.1\ 0.6\ 0.1] \cdot \begin{bmatrix} 78 & 82 & 85 & 80 & 81 \\ 80 & 86 & 88 & 87 & 84 \\ 81 & 87 & 89 & 90 & 92 \\ 94 & 95 & 98 & 88 & 89 \\ 85 & 88 & 86 & 87 & 83 \end{bmatrix}$$

$$= [88.8\ 91.3\ 94.6\ 87.2\ 87.4]。$$

这个计算结果的含义是:这位教师在素质方面得分是 88.8,在教学行为方面得分是 91.3,在教学效果方面得分是 94.6,在课外活动与竞赛辅导方面得分是 87.2,在教学研究方面得分是 87.4。假设用 W_P 来表示各一级指标的权重,$W_P = [0.1\ 0.3\ 0.4\ 0.1\ 0.1]$,如果用 M 来表示教师的总评得分,那么

$$M = W_P \cdot Q = [0.1\ 0.3\ 0.4\ 0.1\ 0.1] \cdot [88.8\ 91.3\ 94.6\ 87.2\ 87.4] = 91.6。$$

也就是说,如果总分 100 分的话,本学期这名信息技术教师的工作绩效得分为 91.6。

这是量化评价。实际上教学评价不能仅仅反馈给教师一个分数,而应该是反馈给教师一个报告,同行、领导、学生、家长等各个方面的评价主体所给予教师的意见和建议都应该呈现给教师。当教学评价被进行系统开发,利用网络平台进行的时候,将只需要所有评价主体在规定的时间段内登录评价主页,提交自己在各项三级指标上所做的评分,系统将自动计算评价成绩,并呈现评价者所做的评述、建议,使信息技术教师得到全面、细致的反馈,更好地改进教学。

教师队伍的建设和评价管理应该是全方位的,要以关心教师、尊重教师、激励教师、解放教师、发展教师为根本指导思想。对不同年龄、不同层次的教师要设立不同的激励目标,才能推动各个层面的教师都有所发展和提高。

学习活动:
观摩一堂信息技术课程教学,对教师课堂教学情况进行综合评价。

思考与练习：
1. 中小学信息技术课程教学评价的基本原则与要求是什么？
2. 如何评价学生信息技术课程学习效果？
3. 如何评价信息技术教师的教学？

参 考 文 献

1. 郭永青,胡彬.信息技术基础教程[M].北京:清华大学出版社,2006.
2. 肖友荣,郑全军,符传谊.信息技术课程教学教法[M].北京:中国科学技术出版社,2008.
3. 安志宏,张春生.信息技术基础[M].北京:北京理工大学出版社,2007.
4. 周敦,王瑛,等.中小学信息技术教材教法[M].北京:人民邮电出版社,2013.
5. 周克江,张子石.信息技术教育学[M].北京:中国电力出版社,2007.
6. 张祖春,王祖琴.基础教育课程改革简明读本(修订本)[M].武汉:华中师范大学出版社,2003.
7. 陈俊珂,孔凡士.中外教育信息化比较研究[M].北京:科学出版社,2007.
8. 刘霞,陈连松.日本学校普通教育中的信息技术教育[J].辽宁师范大学学报(社会科学版),2007.
9. 杨威,史春秀,巩进生.信息技术教学导论[M].北京:电子工业出版社,2003.
10. 彭绍东.信息技术教育学[M].长沙:湖南师范大学出版社,2002.
11. 董玉琦,等.信息技术课程与教学研究[M].北京:人民教育出版社,2005.
12. 鲁正火,孙名符.信息技术教学论[M].北京:中国科学技术出版社,2001.
13. 解月光.信息技术教学应用研究[M].北京:人民教育出版社,2005.
14. 王吉庆.信息技术课程与教学论[M].杭州:浙江教育出版社,2003.
15. 邬家炜.信息技术教学论[M].广州:华南理工大学出版社,2008.
16. 周敦.中学信息技术教材教法[M].北京:人民邮电出版社,2007.
17. 薛维明.中学信息技术教学论[M].北京:清华大学出版社,2002.
18. 杜媛,刘美凤,钟名扬.美国信息技术教育应用中存在的问题及对策分析[J].比较教育研究,2006,8.
19. 徐万胥,刘向永.美国当代信息技术教育思潮评介[J].中国电化教育,2002,11.
20. 黎加厚.美国第三个国家教育技术计划及其启示[J].远程教育,2005,1.
21. 南国农.信息技术教育与创新人才培养(上)[J].电化教育研究,2001,8.
22. 王永锋,马萌,等.新版学生教育技术标准与信息技术课程改革[J].中国电化教育,2008,3.
23. 王世军.我国中小学信息技术课程:历程与归因[D].长春:东北师范大学,2006.
24. 钟启泉.课程与教学概论[M].上海:华东师大出版社,2004.
25. 沈珺.电子书包在学校教育教学中的应用[J].中小学信息技术教育,2013,2.
26. 张楚廷.教学原则体系的科学性问题[J].基础教育研究,1995,1.
27. 刘清华,王雪萍.教学原则研究的问题与发展[J].中华女子学院学报,2001,6.
28. 霍力岩.加德纳的多元智力理论及其依据探析[J].比较教育研究,2000,3.
29. 肖成全.新课程实施与教学改革例谈——促进直接经验与间接经验的交融[J].四川教育学院学报,2002,8.
30. 王升.研究性学习的理论与实践[M].北京:教育科学出版社,2002.
31. 欧新良.对中小学信息技术教学原则的探索[J].长沙大学学报,2003,12.
32. 张丽霞,郭清水.中小学信息技术教学原则体系初探[J].电化教育研究,2004,6.
33. 李艺,信息技术课程与教学[M].北京:高等教育出版社,2004.
34. 朱新春,等.教学工作技能训练[M].北京:人民教育出版社,2001.

35. 涂荣豹.数学教学认识论[M].南京：南京师范大学出版社,2004.
36. 史洁莹,刘小禾.讲解技能提问技能[M].北京：人民教育出版社,2001.
37. 欧阳芬.有效教学的基本功[M].北京：世界图书出版公司,2008.
38. 杨改学.教育技术教程[M].北京：北京师范大学出版社,2010.
39. [美]国际教育技术协会,《国家教育技术标准》项目组.面向学生的美国国家教育技术标准——课程与技术整合[M].祝智庭,等译.北京：中央广播电视大学出版社,2002.
40. 王珠珠.信息技术环境下学与教的理论与实践[M].北京：中央广播电视大学出版社,2006.
41. 课程标准研制组.普通高中技术课程标准（实验）解读[M].武汉：湖北教育出版社,2004.
42. 祝智庭,钟志贤.现代教育技术——促进多元智能发展[M].上海：华东师范大学出版社,2003.
43. 李艺.信息技术课程：设计与建设[M].北京：高等教育出版社,2003.
44. 郑有才,张正茂.信息技术与语文课程整合[M].广州：暨南大学出版社,2005.
45. 吴庆麟,胡谊.教育心理学——献给教师的书[M].上海：华东师范大学出版社,2003.
46. 李艺,李冬梅.信息技术教学方法：继承与创新[M].北京：高等教育出版社,2003.
47. 李艺,等.信息技术课程与教学[M].北京：高等教育出版社,2005.
48. 陈德怀,梁仁楷.1对1增强学习技术即时互动反馈科技[J].中小学信息技术教育,2007,2.
49. 李群.中学生网络道德教育的路途选择[J].教育信息技术,2008,5.
50. 小学信息技术课教学的心理学探究.http://www.fcwx.net/jxky/ShowArticle.asp?ArticleID=1143.
51. 潘红强.运用心理学提高信息技术课教学质量.http://www.wjedu.net/info/contentview.asp?contentid=5147.
52. 深入理解课程目标 科学培养信息素养.http://blog.cersp.com/index/1002876.jspx?articleId=1104608.
53. 王基一.高中信息技术学科特点.cjy.zjnu.net.cn/07xkcpx
54. 初中生学习的特点和方法.www.ssyxx.com.cn/newsInfo.aspx?pkId=424848K.
55. 信息素养概念及其培养.http://hi.baidu.com/ran20077/blog/item/299393db7d559a62d1164e62.html2.
56. 如何在信息技术教学中培养学生的网络道德.http://www.blog.edu.cn/user3/wsfxczc/archives/2006/1594369.shtml.
57. 以学习者为中心的心理学原理——信息技术教育行思录.http://www.blog.edu.cn/user2/59046/archives/2005/1037727.shtml# 2005.
58. 王荣良,高淑印.信息技术课堂教学案例发展点评[M].北京：教育科学出版社,2011.
59. 李佳.信息技术教学中学生自主学习能力的培养.http://yzyz.yzjy.com.cn/ReadNews.asp?NewsID=4868.
60. 郑金洲.自主学习[M].福州：福建教育出版社,2008.
61. 庞维国.自主学习——学与教的原理和策略[M].上海：华东师范大学出版社,2003.
62. DavidLittle.自主学习方法与途径[M].福州：福建教育出版社,2010.
63. 潘洪建.活动学习教学策略[M].北京：北京师范大学出版社,2010.
64. 徐学福.探究学习教学策略[M].北京：北京师范大学出版社,2010.
65. 刘玉静,高艳.合作学习教学策略[M].北京：北京师范大学出版社,2011.
66. 王琼,董轶男,赵国庆.《全新思维》对完善中小学信息技术教师能力结构的启示[J].China Academic Jouornal Electronic Publishing House. All rights reserved. (1994—2013).
67. 张承芬.教师素质论[M].济南：济南出版社,1990.

68. 朱仁宝.现代教师素质论[M].杭州：浙江大学出版社，2004.
69. 师书恩.信息技术教学应用[M].北京：高等教育出版社，2004.
70. 林刚.信息技术教师专业化研究[D].江西：江西师范大学，2004.
71. 向于峰.美国教师信息技术教育研究[D].北京：首都师范大学，2002.
72. 季茂生.北京市新任信息技术教师信息技术素养研究[D].北京：首都师范大学，2007.
73. 姜河.提高宣化区中小学信息技术教师教育技术能力的对策研究[D].呼和浩特：内蒙古师范大学，2007.
74. 杜玉霞，徐福荫.网络教师的能力及其发展研究[J].电化教育研究，2007(2)：28—31.
75. 卢正芝，洪松舟.我国教师能力研究三十年历程之述评[J].教育发展研究，2007(2)：70—74.
76. 中国中小学教育教学网.http://www.k12.com.cn/.
77. 高中信息技术教师网.http://www.lobocai.com/it/.
78. 中小学信息技术教师之家.http://www.gaopeng.com/.
79. 信息技术课程网.http://www.ictedu.cn/.
80. 中国教育和科研计算机网.http://www.edu.cn/jiaoyu_xinxi_1611/index.shtml